レジリエンスに着目した構造設計の考え方

日本建築学会

応用力学シリーズの発刊について

建築構造学は，新しい空間創造の可能性を求め，より高性能な建築を合理的かつ経済的に建設する方法を求めて発展を続けている。特に最近では，新しい構造材料の出現や，ふるまい自体を制御するさまざまな技術など，建築構造の分野に新たな座標軸が加えられつつある。また，コンピューターやAIの高度利用が急速に加速しつつある。これによって，建築構造物の挙動が一層深く把握されるようになり，安全性，信頼性の向上に向けて構造設計法はますます進歩するであろう。

このように,現代の建築構造は広範かつ高度な力学,解析,設計技術によって支えられており，その状況はますます加速する傾向にある。建築構造学諸分野の研究においても，構造設計の実務においても，さらに高度な力学理論や解析を必要とする場面が増加している。このような要求に適切に対処するには，当該分野の必要情報を的確に入手し，現状と動向を正しく把握しなければならない。しかしながら，専門分化が進行し，膨大な情報が流布している今日では，その分野の専門家でないかぎり的確な状況把握と情報入手を行うことは極めて困難な状況にある。このことは，現在の研究者，技術者，構造設計者が抱えている共通の問題である。

このような状況に鑑み，応用力学運営委員会の前身であった応力小委員会は，建築構造学に関係する力学諸分野の発展を取りまとめた展望集「建築構造力学の最近の発展」を1987年11月に刊行して好評を得た。しかし，近年新しい潮流が形成された分野や，発展の著しい分野などに対しては，さらに焦点を絞った展望と整理が必要であった。この要望に応える趣旨で発足したのが応用力学シリーズである。1994年1月には，その第1巻としての「構造物の不安定現象と限界状態」が，1994年11月には第2巻「建築構造物の設計力学と制御動力学」が刊行されるに至った。その後も第14巻まで刊行されている。

この応用力学シリーズでは，発刊の趣旨に従って次のような執筆方針がとられている。

(1) 読者として，新進の技術者，研究者，および専門課程後期の学部学生，大学院学生を主として想定する。

(2) 理論や方法の基礎的思想や論理のカラクリを明快に描き出すとともに全体の流れも見えるようにする。

(3) 過去の歴史や並存する種々の理論や方法を平坦に紹介するのではなく，最近特に著しい展開の見られる問題や，今後ますます重要性が高まると思われる問題に重点を置いて展望する。

(4) “読み物”として拾い読みする場合でも，アイデアや基本的カラクリは読み取れるような書き方をする。

(5) 実務との関連についても言及するよう努める。

なお，各執筆者には，各専門分野の最先端の展望であるので，自己の論文の解説に偏りすぎないよう十分留意してくださるようお願いした。それでも偏りは多かれ少なかれ避け難いことから，各章の執筆担当者名を明示することとした。

このたび，第 15 巻として「レジリエンスに着目した構造設計の考え方」を刊行する運びとなった。構造工学関係の研究者，設計技術者，学生その他の読者各位が，このシリーズを手引書ないしハンドブックとして，また，解説付文献集として，大いに役立てていただければ誠に幸いである。

2025 年 3 月　　　　日本建築学会

まえがき

レジリエンスは，心理学など広範に使用される用語であるが，建築・都市という点では，2011年3月11日の東日本大震災以後，頻繁に使用されるようになった。一方，同じ回復性を意図する事業継続計画（BCP）はさらに10年遡った2001年9月11日にニューヨークなどで発生した同時多発テロ以後，よく議論されるようになった。レジリエンスおよびBCPは，建築単体で考えるものではなく都市やインフラ，社会システムにおけるバックアップ体制などの仕組み，さらには人々の日常における訓練や意識改革など様々な要因により向上させることができるものと考えられるが，建築とその中に存在する人々も含めた財産を守ることがその根底にあり，個々の建築が強靭であることが第一に求められる。建築が強靭であるためには，建築の骨である構造が強靭であることが必要条件となり，建築構造におけるレジリエンス性能の向上について議論を深めながらその指標を明確にし，事例をまとめることは非常に重要なことである。

本会では，建物のレジリエンスとBCPレベル指標検討特別調査委員会およびその後に設置されたレジリエント建築タスクフォースで報告書をまとめ，2020年にはレジリエント建築シンポジウムを開催し，2021年には日本建築学会技術部門設計競技「新時代のレジリエント建築・都市」を行った。構造分野においては，2013年に応用力学シリーズ12として「建築構造設計における冗長性とロバスト性」が刊行され，2021年に日本建築学会大会構造部門（応用力学）パネルディスカッション「レジリエンスに着目した建築構造設計とは？」が開催された。レジリエンスの特性は，ロバストネス（頑強性），リダンダンシー（冗長性），リソースフルネス（臨機応変さ），ラピディティ（即時対応力）の頭文字をとった4Rと関連づけることができる。

本書は，本会で開催されたパネルディスカッションなどの議論も踏まえ，レジリエンスに着目した構造設計について，研究的な視点だけではなく実務的な視点からもアプローチを行った。第1章から第3章の前半部分ではレジリエンス性能およびレジリエンス指標について述べ，第4章から第8章までの中盤部分では復旧プロセス，確率論的耐震レジリエンス評価，崩壊危険性と発破解体およびモニタリングなどについて説明を行っている。第9章から第14章の後半部分では，レジリエンスを考慮した構造設計を具体的に紹介している。さらに付録として，レジリエンスに関する研究および関連する組織を列記した。構造種別として，主に鉄骨構造および免制振構造に関して記述しており，今後その他の分野の研究者および実務者とともにレジリエンスに着目した構造設計について議論を深めることも重要であると考えている。

本書を通じて，大学（院）生・研究者・実務者の方々にレジリエンスに着目した構造設計について考えていただく機会を提供し，議論が深まることでレジリエンス性能の高い建築が普及することになれば幸いである。

2025年3月　　日本建築学会

本書作成関係委員

—五十音順・敬称略—

構造委員会

委員長　五十田　博

幹　事　楠　浩一　永野正行　山田　哲

委　員　（略）

応用力学運営委員会

主　査　山川　誠

幹　事　朝川　剛　高田豊文　向井洋一

委　員　天野　裕　荒木慶一　伊藤拓海　大塚貴弘
金澤健司　近藤典夫　崎野良比呂　笹谷真通
新宮清志　高田毅士　竹脇　出　橘　英三郎
趙　衍剛　永野正行　中村尚弘　西田明美
野村圭介　濱本卓司　藤田皓平　本間俊雄
松本慎也　水島靖典　村本　真　元結正次郎
森　保宏　山田貴博

レジリエンス構造設計小委員会

主　査　朝川　剛

幹　事　高田豊文

委　員　磯部大吾郎　伊藤拓海　寒野善博　竹脇　出
谷　翼　趙　衍剛　中村尚弘　福田隆介
村瀬　充　山本雅史

前委員　山川　誠

執筆担当

第 1 章	高田豊文	
第 2 章	竹脇　出	明橋弘樹
第 3 章	福田隆介	
第 4 章	伊藤拓海	
第 5 章	葛　方雯	趙　衍剛
第 6 章	中村尚弘	
第 7 章	磯部大吾郎	
第 8 章	朝川　剛	
第 9 章	山本雅史	
第 10 章	村瀬　充	
第 11 章	福田隆介	矢口友貴
第 12 章	浅岡泰彦	
第 13 章	山川　誠	三澤　温
第 14 章	谷　翼	
付　録	竹脇　出	

レジリエンスに着目した構造設計の考え方

レジリエンスに着目した構造設計の考え方

1. 構造設計とレジリエンス

1.1 はじめに

レジリエンスは，擾乱などによる環境の大きな変化に対して，一時的に機能を失ったシステムが，時間の経過とともに回復する能力を表す概念であり，生態学や心理学の分野で発展してきた考え方である。1995 年の阪神・淡路大震災において，被災して倒壊を免れたものの継続使用できなくなった建物が数多く発生したことや，2011 年の東日本大震災において，甚大な津波被害や原発事故の経験から，最近では，自然災害に対する建築・都市の抵抗力・復旧力だけでなく，経済活動における抵抗力・復旧力など，レジリエンスが様々な分野で注目され，議論が展開されている[1.1],[1.2]。我が国の国土強靭化基本計画[1.3] では，いかなる災害などに対しても，①人命保護，②致命的な障害の回避，③被害の最小化，④迅速な復旧復興を基本目標とすることとし，「国土強靭化」（National Resilience）という言葉を用いて，「強さ」と「しなやかさ」を持った国土・地域・経済社会の構築を目指している。

ライフラインなどのインフラの被災・復旧は，都市・地域・社会に大きな影響を及ぼすため，広い枠組みでレジリエンスが検討される[1.4],[1.5]。一方，建物のレジリエンスは，都市・地域といった広い枠組みと同時に，単体でも考える必要がある。建物のレジリエンス評価には，構造のレジリエンスや，設備・ライフラインなどのレジリエンスも影響を及ぼすため，それぞれの分野で，レジリエンス性能の定量的な評価方法や，具体的な設計方法とレジリエンス性能との関係についての議論が必要である。

日本建築学会では，常置調査研究委員会の小委員会で建築・都市とレジリエンスに関する議論が行われている。その成果として，文献[1.6],[1.7]では，ロバスト性や冗長性の考え方を包括する概念としてのレジリエンスを捉え，建築構造設計に対象を限定して，レジリエンスの評価方法などの理論的な研究やレジリエンスを考慮した実際の構造設計の事例について紹介し，レジリエントで高い安全性を確保する構造設計について報告している。また，文献[1.8]では，建物のレジリエンスの能力と事業継続計画（BCP）レベルの評価手法が提案されている。被災後の復旧性能を総合的に考えるレジリエンスを，建築設計に導入する方法・考え方が注目され，レジリエント建築社会についての議論が広がりつつある[1.9]-[1.12]。

本章では，建築構造設計を対象として，レジリエンスの定量化，耐震性能グレードとレジリエンス，レジリエンスによる建物の構造性能評価に向けた課題について，本書の各章の関連とともに述べる。

1.2 レジリエンスの定量化

1981 年に導入された新耐震設計基準は，現在の我が国の耐震基準のベースとなっているが，大地震時には建物の損傷は許容しつつ，建物が倒壊して人命が奪われないことを目標にしている。この考え方は，地震被害時における人命確保の観点では成果を挙げたといえるが，建物の

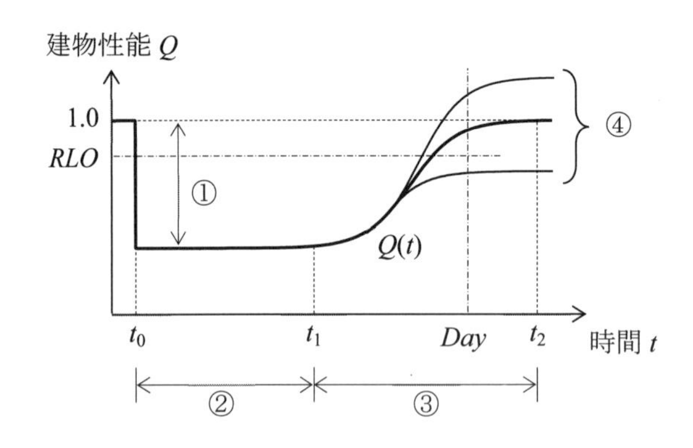

図 1.1　被災した建物の復旧曲線の概念図

損傷を許容しているため，建物の継続使用や改修方法の観点では課題もあった。そのため，被災した建物が復旧するまでの建物性能の経時変化，すなわちレジリエンスの概念が注目されるようになった。

レジリエンスは非常に漠然とした概念であるので，これに工学的意味を持たせるためには，レジリエンスの定量的な評価が必要である。レジリエンスの定量的な評価方法として，Bruneau らが提案したレジリエンストライアングル[1.13],[1.14] が参照されることが多い。その考え方は，被災した建物が復旧するまでの建物性能の経時変化において，被災前からの性能の低下量の時間に関する積分値（後述する「指標 R」）が小さいほど，レジリエンスが高いとするものである。さらに，伊藤や朝川[1.6] は，地震などで大きな被害を受けた建物では，通常，被災後の構造調査（応急危険度判定や被災度区分判定など）や補修計画の立案が行われることから，建物の復旧曲線にこれらに要する期間も付加している。これらを踏まえて，大地震で被災した建物の復旧曲線の概念図を図 1.1 に示す。建物性能は時間の関数 $Q(t)$で表され，この図では被災前の建物性能を 1.0 としている。構造安全性に関わる具体的な性能としては，保有水平耐力や最大応答層間変形角（の逆数），構造耐震性指標（Is 値）などが考えられる。文献[1.8]では，建物の利用可能床面積割合（被災前の利用可能床面積に対する，ある時間 t での利用可能床面積の割合）が用いられている。Bruneau のレジリエンストライアングルの考え方[1.13],[1.14] に従えば，性能低下量の時間に関する積分値である指標 R は次式で定義される。

$$R = \int_{t_0}^{t_2} [1.0\ \mathbf{0}\ Q(t)]\, dt \qquad (1.1)$$

指標 R は，その値が小さいほどレジリエンスが高いが，値の大きさと性能（レジリエンス）の良さを対応させるため，本書では次式のレジリエンス指標を定義し，R^*と表記する。

$$R^* = \int_{t_0}^{t_2} Q(t)\, dt \qquad (1.2)$$

式(1.1),(1,2)の定義では，実時間の長さが影響するので，$(t_2\ \mathbf{0}\ t_0)$ で基準化（無次元化）する場合もある[1.5]。文献[1.8]では，「1 か月以内に 90%の復旧」というように，ある期間 Day と目標性能比 RLO を設定し，指標 R^*に相当する考え方によってレジリエンス指標を定めている（ただし，文献[1.8]では $t_0 = 0$ としている）。Day と RLO の例を図 1.1 にも表記している。

$$R^* = \int_{t_0}^{Day} Q(t)dt \,/(Day \cdot RLO) \qquad (1.3)$$

図 1.1 において，t_0 で建物が被災し，建物性能が①だけ低下する。これまでの構造設計では，耐震化や免震・制振装置の導入などにより，①の量をできるだけ小さくするような努力が払われてきた。また，想定を超える外力や構造性能の変動に対して，建物性能の低下量（①の値）が大きくなりすぎないように，ロバスト性や冗長性の概念を導入する試みもなされている[1.15]。第 3 章では，レジリエンスが，「外力レベル（耐力）」「性能低下のしにくさ（強靭さ）」「復旧力」の関数として表される簡易なモデルを設定し，ロバスト性・復旧力・強靭さ・耐力・使用限界がレジリエンスに及ぼす影響について考察している。

図 1.1 の t_0 から t_1 の期間で，被災後の構造などの調査や補修計画の立案が行われる（②)。朝川[1.6] は，この時間が，モニタリングシステムの導入により短縮することができ，レジリエンスの向上につながることを指摘している。第 8 章では，モニタリングの有無がレジリエンスに及ぼす影響を考察しており，モニタリングによって，構造部材だけでなく非構造部材や設備などの損傷の程度や部位をある程度限定することができること，それによって効率的な補修・修繕計画が可能となりレジリエンスが向上すること，損傷の抑制と迅速な復旧のバランスが重要であることを指摘している。

補修工事は図 1.1 の t_1 から t_2 の期間（③）で行われ，t_2 で建物性能が 1.0 に復旧する。③の長さ（あるいは区間③での $Q(t)$ の平均勾配）は，補修工法の難易度や作業人員・資材の確保のしやすさなどに依存する。補修後の性能は 1.0 を目指すが，補修工法によっては性能が 1.0 を超えることもあれば，工期・コストなどの影響で 1.0 に満たない補修となることもある（図 1.1 の④)。さらに，あえて補修後性能の目標を 1.0 未満に設定することも考えられる。第 4 章では，地震で被災した鉄骨骨組を補修して再使用することを前提として，損傷の調査・診断方法，補修方法，補修後骨組の耐震性評価法，補修工事プロセスについて示しており，これらの内容がレジリエンスに及ぼす影響を解説している。

一方で，被災建物の解体・新築を前提として，図 1.1 の③の長さの短縮化を図る考え方もある。第 7 章では，建物の全体強度に対する各柱の寄与度を定量的に示すキーエレメント指標を導入して，建物の解体容易性を評価しており，解体容易性が迅速な建て替えに寄与し，社会・都市のレジリエンス向上に資する可能性があることを指摘している。

1.3　耐震性能グレードとレジリエンス

日本建築構造技術者協会では，建物の耐震性能設計のために，地震動の大きさと被害の程度から目標とする耐震性能グレードを定めている（図 1.2）[1.16]。耐震性能グレードとレジリエンスとの関係を示すための一例として，「極めて稀に発生する地震動」に対する 3 つの耐震グレード建物の復旧曲線を図 1.3 に示す（以降では，図 1.1 で示す復旧曲線のうち，②の期間を除いた復旧曲線を考える)。耐震グレードによって被災直後の被害の程度が異なるが，一般に，被害の程度が大きいほど復旧速度も遅くなると考えられるので，この図では，復旧速度（曲線の平均勾配）も耐震グレード間で変えている。$Q = 1.0$ から低減した部分の面積は，補修費や病院や工場など

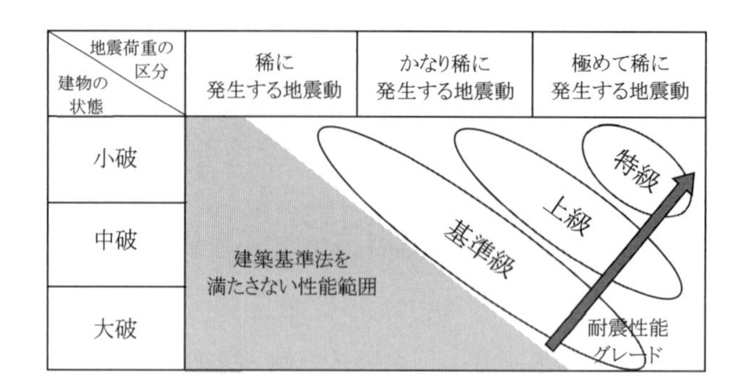

図 1.2　地震の大きさと建物の状態の関係（概念図）（文献[1.16]を参考）

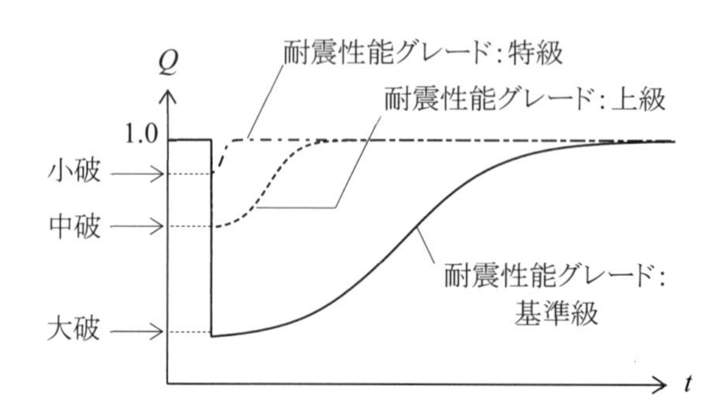

図 1.3　「極めて稀に発生する地震動」に対する 3 つの耐震性能建物の復旧曲線

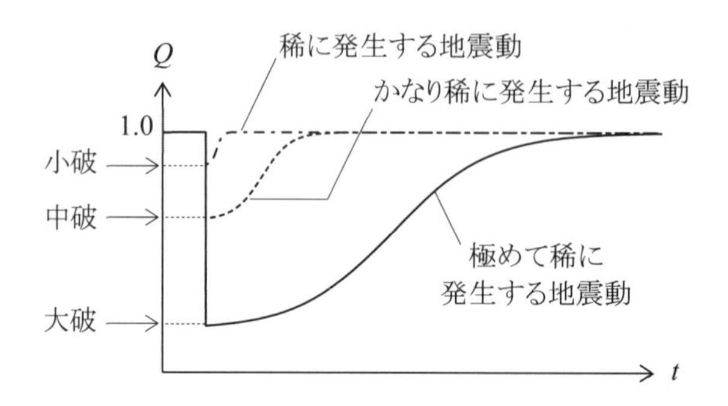

図 1.4　3 つの地震動レベルに対する「基準級」建物の復旧曲線

では事業継続性にも影響し，この図はそれらを視覚的に理解することができる。

図 1.3 は，あるレベルの地震動に対する複数の耐震性能建物のレジリエンスを表しているが，ある耐震性能を有する建物の，複数のレベルの地震動に対するレジリエンスも，同様の図として描くことができる。例として，3 つの地震動レベル[1.16] に対する「基準級」建物の復旧曲線を図 1.4 に示す。地震動レベルに応じて，被災の程度と復旧時間を視覚的に捉えることができる。なお，「上級」「特級」建物の復旧曲線も同様に描くことができ，それらは図 1.4 の曲線よりも全体に左上方に移動する。

以上のように，地震後の建物被害の程度だけでなく，レジリエンスの考え方を導入することによって，目標性能に関する判断材料が増え，建築主と設計者との対話を通して，より良い耐震性

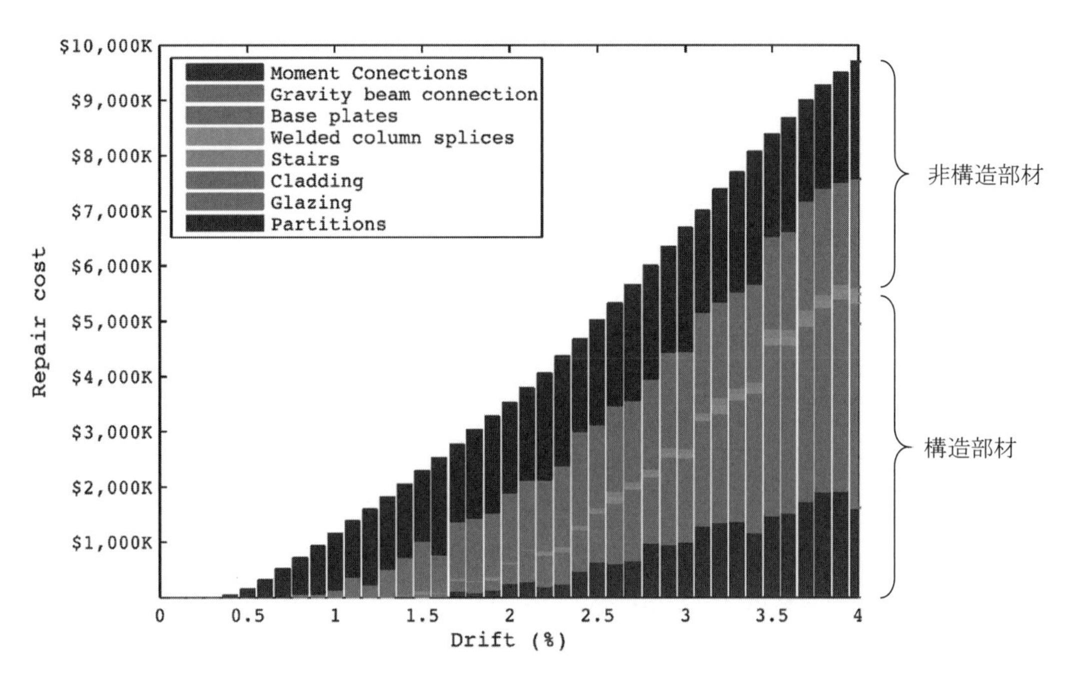

図 1.5　層間変形角（Drift）と補修費（Repair cost）の関係（文献[1.17]の図に加筆）

能設計が可能となる。なお，図 1.3,1.4 で示した復旧曲線は概念図であり，レジリエンスを導入した設計を具体的にするためには，今後，被災した建物が復旧するまでの建物性能の経時変化の情報の蓄積が必要である。

1.4　レジリエンスによる建物の構造性能評価に向けた課題

レジリエンスに着目した建築構造設計を行うにあたり，ここでは考えられる 2 つの課題を挙げる。

■建物性能として何を指標とするか？

具体的な建物性能（復旧曲線の縦軸）として何を指標にするかは，重要な課題である。構造性能に関わる指標を用いるならば，保有水平耐力や最大応答層間変形角（の逆数），構造耐震性指標（*Is* 値）などが考えられる。第 5 章では，確率論を導入した鉄骨構造耐震レジリエンスの定量的評価法について述べられており，ブレースの有無がレジリエンスに及ぼす影響を考察している。

Mahin[1.17] は，3 層鉄骨構造の解析を通して，最大応答層間変形角の大きさと構造・非構造部材の被害額（補修費）との関係を具体的に示している（図 1.5）。この図から，最大層間変形角が小さい範囲（1.5%程度以下）では，構造部材の補修費はほぼ 0 であるが，非構造部材の補修費は増加していくこと，層間変形角があるレベル（1.5%程度）を超えると，非構造部材の補修費はほぼ一定で，構造部材の補修費だけが増加していくことが確認される。これは，構造性能の指標として層間変形角を用いることで，構造・非構造部材のレジリエンスを同時に評価できることを示唆している。構造部材だけでなく非構造部材や設備の被災の程度を考慮したレジリエンス性能評価に

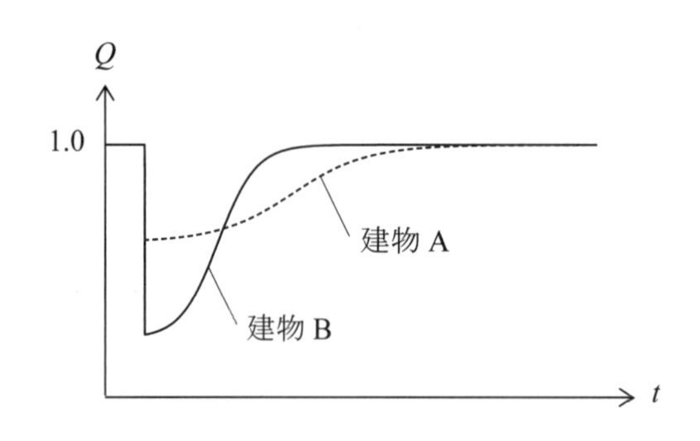

図 1.6　復旧曲線が異なる 2 つの建物

ついては，本書の第 2,10,13 章でも述べられている。第 2 章では，「復旧人員数の不確実性」「電気設備系統とライフライン（電力）の冗長性」「付加減衰（ダンパー）の有無」がレジリエンス性能に及ぼす影響を考察しており，第 13 章では，レジリエンス指標に半導体製造装置の再調達価格を設定している。

以上のように，建物性能には様々な指標が考えられる。指標を 1 つに限定せず，複数の指標を設定すれば，当然，指標間の優先度・重要度や多目的最適化（パレート最適）の考え方も必要となる。

■レジリエンスによる耐震性能評価の可能性

今，図 1.6 に示すような，異なる復旧曲線を持つ 2 つの建物を考える。式(1.1)で評価されるレジリエンス指標 R（あるいは式(1.2)の指標 R^*）が等しければ，これらの 2 つの建物は同じ性能を持つと判断してよいであろうか？

例えば，図 1.3 中の実線に相当する建物（耐震性能グレード「基準級」）のレジリエンスを向上させる方法としては，①耐力などを高めて，被災時の性能低下を小さくする（図 1.6 の建物 A に相当），②被災後の修復時間を短縮させるような構法・装置を用いる（図 1.6 の建物 B に相当）などが挙げられる。②の建物として，被災時には，あらかじめ想定した部位・部材に損傷を限定させるように設計し，被災後に容易に取り替えられるようにする方法が考えられる。変形・損傷する部位・部材を限定させるという考え方を導入したものが制振・免震構造であろう。第 9～12 章では，制振・免震構造によってレジリエンス性能を向上させた実設計建物や本会設計競技案が解説されている。特に第 12 章では，制振・免震建物は減衰性能向上や入力低減により被災時の損傷レベルの低減を実現しているだけでなく，損傷を許容する部位・部材を限定してレジリエンス性能を向上させていることを，実設計建物を事例に解説している。

耐震性の低い既存建物において，耐震性能を大幅に向上させることが困難な場合（例えば，大幅な耐震改修を行うと文化的価値が損なわれるような建物など），レジリエンスによって建物の性能を評価することができれば，最低限の耐震性は確保しながらも，建物強度よりも補修の容易性を優先させた耐震改修も可能となる。ただし，このような耐震改修の方法を実現するためには，レジリエンスによる評価方法について，社会的なコンセンサスを得る必要がある。図 1.6 の建物 B を極論すると，地震によって建物に相当の被害が生じても，被災後に短期間で容易に修復できれば，高いレジリエンス性能を付与することが可能となる。一方で，レジリエンスで建物性能を評価することによって，「修復性のみを極端に重視した建物や脆弱でも修復しやすい建物の方が好ましい」といったミスリーディングは避けなければならない。構造性能（被害の大きさ）と修復の容易性とのトレードオフ関係を十分に議論する必要がある。

1.5 まとめ

建物のレジリエンス評価には，構造のレジリエンスや，非構造部材・設備・ライフラインなどのレジリエンスも影響を及ぼすが，これらを総合的に評価すると同時に，個々のレジリエンスの定量的な評価も必要である。本章では，特に建築構造設計に焦点を絞って，レジリエンスの概説に続き，以下の内容について述べた。

1. 建物の耐震性能設計のために，地震動の大きさと被害の程度から目標とする耐震性能グレードを設定することは有用である。この耐震性能グレードとレジリエンス指標との関係（概念図）を示した。地震後の建物被害の程度だけでなく，被災後の補修の容易性を考慮することによって，目標性能に関する判断材料が増え，建築主と設計者との対話を通して，より良い耐震性能設計が可能となる。
2. 建物性能（復旧曲線の縦軸）として何を指標とするかを，レジリエンスに着目した建築構造設計を行う際の課題として挙げた。建物性能には様々な指標が考えられ，複数の指標を設定すれば，当然，指標間の優先度・重要度や多目的最適化（パレート最適）の考え方も必要となることを指摘した。
3. レジリエンスによって建物の性能を評価することができれば，耐震性能だけではなく，補修の容易性を考慮した構造設計や耐震改修も可能となるが，一方で，修復性のみを極端に重視した建物や脆弱でも修復しやすい建物への志向の危険性もはらんでいることを指摘した。構造性能（被害の大きさ）と修復の容易性とのトレードオフ関係は議論すべき点であり，レジリエンスによる建物性能評価の適切な利用法に関する議論が，今後必要であることを指摘した。

建物のレジリエンス評価には課題もあるが，新たな可能性もある。第6章では，地盤 - 基礎 - 建物連成系の非線形地震応答解析を通して杭基礎のレジリエンスに関わる課題を挙げながら，杭基礎を有する建物のレジリエンス向上に向けた各種の動きを紹介している。また，第14章では，構造要素に食・水・電気の供給という付加価値を与える斬新なアイデアを提案し，広い意味で建築・都市のレジリエンス向上に，構造設計者が貢献できる新たな可能性を示している。

本書の最後には，付録として，建築・都市のレジリエンスに関する研究動向や関連組織の情報が網羅的にまとめられているので，ぜひ参考にされたい。

本書に関連する重要な用語

レジリエンス（resilience）：変形後に元の形や位置に戻る能力であり，擾乱などによる環境の大きな変化に対して，一時的に機能を失ったシステムが，時間の経過とともに回復する能力を表す概念。

レジリエンストライアングル：レジリエンスの定量的な評価のためにBruneauらが提案したモデルであり，建物が被災から復旧するまでの時間と建物性能の関係によって定義される。

ロバスト性（robustness）：構造物の特性を不確定なものとしてとらえ，外力・構造特性・材料特性のばらつきが出力・応答に過大に影響しない性質。外乱に対するシステムの鈍感性。

冗長性（redundancy）：本来は「余分なもの」の意味で，そこから派生して，「装置が故障したときの代行能力」などの意味として用いられる。想定外のイベントによる部材・機能の部分的損失が構造全体の致命的な崩壊（想定した荷重に対する支持能力の喪失）につながらない性質であり，構造システムの変化や外乱に対する余裕度。

抵抗力（resistance）：レジリエンストライアングルにおける抵抗力は，被災前後で建物性能を低下させない能力であり，外乱に対する抵抗性能や冗長性・ロバスト性を確保することで向上する。被災前後の建物の性能低下量に大きく関わる。

復旧力（recoverability）：レジリエンストライアングルにおける復旧力は，復旧開始から復旧が完了するまでの平均的な勾配（復旧速度）に相当し，損傷した部位・部材の補修のしやすさや復旧にかけられる人員数に依存する。

復旧性能：被災直後から復旧完了までに要する期間の長短に影響する様々な性能。抵抗力や復旧力の向上だけでなく，被災後の損傷状況の調査や補修計画の立案が行われる期間の短縮化も，復旧性能の向上に寄与する。

章のまとまりと各章の概要

●レジリエンスの概念の基礎・理論

第 1 章　構造設計とレジリエンス

第 2 章　系統別復旧シナリオに基づく建物のレジリエンス性能評価
　復旧人員数の不確実性・設備の冗長性・ダンパーの有無がレジリエンスに及ぼす影響を考察

第 3 章　レジリエンスを表す指標と性質
　ロバスト性・復旧力・強靭さ・耐力・使用限界がレジリエンスに及ぼす影響について考察

●レジリエンス性能を向上させる方法

第 4 章　震災鉄骨骨組の震災後復旧プロセスと修復による構造レジリエンス
　地震で被災した鉄骨骨組の復旧プロセスや補修方法とレジリエンスの関係について解説

第 5 章　単体建物の確率論的耐震レジリエンス評価
　鉄骨構造を対象として，確率論を導入した耐震レジリエンスの定量評価法について解説

第 6 章　地盤－基礎－建物連成系のレジリエンス
　杭基礎のレジリエンスに関する課題を指摘し，レジリエンス向上に向けた取組みを紹介

第 7 章　建物の崩壊危険性を定量化する指標と発破解体への応用
　建物の解体容易性が社会・都市のレジリエンス向上に貢献する可能性を解説

第 8 章　モニタリングなどによるレジリエンス性能を高める手法
　構造部材・非構造部材・設備のモニタリングがレジリエンス性能向上に資することを指摘

●レジリエンスを考慮した構造設計の具体例

第 9 章　制振建物および免震建物における設計事例
　「大変形可能な制震構造システム」と「積層ゴムと滑り支承を併用した免震支承」の解説

第 10 章　連結制振構造の連結ダンパー最適設計
　連結制振を対象として，地震動特性の変動が耐震性能や補修コストに及ぼす影響を考察

第 11 章　制震構造のレジリエンス
　TMD とオイルダンパーを検討対象として，レジリエンス向上の事例紹介

第 12 章　レジリエンス性能を高めるための構造設計における工夫
　レジリエンスを高める構造設計として，耐震・制振・免震の具体例を比較・考察

第 13 章　半導体製造工場における地震保険と耐震レジリエンス
　半導体製造工場の建物と生産設備の地震リスクを考慮したレジリエンス評価について解説

第 14 章　食・水・電気を供給する構造
　構造要素に食・水・電気の供給という付加価値を与える斬新なアイデアを提案

注）第 1～8 章はタイトル名，第 9～14 章はサブタイトル名

参考文献

[1.1] 丸山宏，Roberto Legaspi，南和宏：レジリエンスのタクソノミと共通戦略，オペレーションズ・リサーチ，pp.446-452，2014.

[1.2] 新領域融合研究センター：システムのレジリエンス－さまざまな擾乱からの回復力，近代科学社，2016.

[1.3] 国土強靭化基本計画－強くて，しなやかなニッポンへ－，内閣官房 https://www.cas.go.jp/jp/seisaku/kokudo_kyoujinka/kihon.html（参照 2023.10.1），2014.

[1.4] Cimellaro, G.P., Solari, D. and Bruneau, M.: Physical infrastructure interdependency and regional resilience index after the 2011 Tohoku Earthquake in Japan, *Earthquake Engineering & Structural Dynamics*, 43(12), pp.1763-1784, DOI:10.1002/eqe.2422, 2014.

[1.5] Cimellaro, G.P., Villa, O. and Bruneau, M.: Resilience-Based Design of Natural Gas Distribution Networks, *Journal of Infrastructure Systems*, DOI:10.1061/(ASCE)IS.1943-555X.0000204, 2014.

[1.6] レジリエントで高い安全性を確保する構造設計とは，2016年度日本建築学会大会（九州）構造部門（応用力学）PD資料，2016.

[1.7] レジリエンスに着目した構造設計とは？，2021年度日本建築学会大会（東海）構造部門（応用力学）PD資料，2021.

[1.8] 事業継続計画策定のための地震災害等に対する建物の機能維持・回復性能評価指標の提案に向けて，2019年度日本建築学会大会（北陸）建物のレジリエンスとBCPレベル指標検討特別調査委員会PD資料，2019.

[1.9] Almufti, I. and Willford,M. et al.: Resilience-based Earthquake Design Initiative for Nest Generation of Buildings (REDi^{TM} Rating System), Version 1.0, October 2013.

[1.10] 高口洋人ほか：災害に強い建築物－レジリエンス力で評価する，東京安全研究所・都市の安全と環境シリーズ4，早稲田大学出版部，2018.

[1.11] レジリエント建築社会の到来，建築雑誌，pp.7-35，日本建築学会，2020.1

[1.12] レジリエント建築シンポジウム，日本建築学会レジリエント建築タスクフォース，2020.

[1.13] Bruneau, M. et al.: A framework to quantitatively assess and enhance the seismic resilience of communities, *Earthquake Spectra*, 19(4), pp.733-752, 2003.

[1.14] Bruneau, M. and Reinhorn, A.: Overview of the resilience concept, *Proceedings of the 8th US National Conference on Earthquake Engineering*, pp.18-22, 2006.

[1.15] 日本建築学会：建築構造設計における冗長性とロバスト性，応用力学シリーズ12，2013.

[1.16] 「JSCA性能設計【耐震性能編】」パンフレット，日本建築構造技術者協会，https://www.jsca.or.jp/vol5/p4/pamphlet2.php（参照 2023.10.1），2018.

[1.17] Mahin, S.: Resilience by design: A structural engineering perspective, *Proceedings of the 16th World Conference on Earthquake Engineering*, 2017.

2. 系統別復旧シナリオに基づく建物のレジリエンス性能評価

2.1 はじめに

本章では，建物の簡易的なレジリエンス性能評価モデルを紹介する。特に，復旧人員数（復旧力）が最小・最大となる 2 つの端的な復旧シナリオに着目する。数値例題では，共振的な長周期長時間地震動を受ける弾塑性高層建物を扱い，復旧人員数の不確実性や設備システムの冗長性，さらにはダンパーの有無がレジリエンス性能に及ぼす影響について説明する。なお，損傷を受けた建物の復旧時間の計算方法については，米国の Federal Emergency Management Agency (FEMA) による文献[2.1]や，Arup 社の文献[2.2]などで提案されている。

米国では FEMA と Applied Technology Council (ATC)の協力による新しい性能設計法の開発が 2006 年頃より推進されており，復旧時間が性能設計における評価指標の 1 つとして取り入れられている[2.1]。そこでは性能評価の方法論が整理された後に，計算ツール PACT が開発され，構造部材や非構造体・設備のフラジリティ曲線も収集，提示されるなど，包括的な取組みが行われている。日本においては，1995 年兵庫県南部地震および 1995 年発行の Vision 2000 により性能設計の考え方が広く普及し，事業継続性（BCP）の観点からの建物のレジリエンス性能（能力）の評価法の開発が検討されている[2.3]。

2.2 レジリエンス性能評価モデル

2.2.1 レジリエンス性能評価モデルの基本的な考え方

Bruneau と Reinhorn[2.4]は，被災から復旧までの建物の性能低下量の時間積分を小さくすることがレジリエンス性能を高めることになると定義している。本章でも同様の考え方に基づいたレジリエンス性能評価モデルを紹介する。まず復旧時間評価モデルについて述べ，性能低下量に関しては後で言及する。

ある建物の総復旧時間 T_{total} を構造体の修復に要する総時間 T_{total}^{S} と設備・非構造体の修復に要する総時間 T_{total}^{F} の和として，式(2.1)のように定義する。

$$T_{total} = T_{total}^{S} + T_{total}^{F} \tag{2.1}$$

構造体に損傷が生じている場合には，安全性の観点から建物の使用が規制される場合が多い。式(2.1)では，構造体の復旧が完了した後に設備および非構造体の復旧作業が始まることを仮定している。なお，ここでは地震後被災度調査（post-earthquake inspection）や交通インフラストラクチャーの不全などに起因する作業開始の遅延は考慮しないものとする。

2.2.2 設備および非構造体の修復に要する時間の評価方法

建物内の個々の設備および非構造体を要素と呼び，また，各要素が有する機能が連関する場合にはそれらを1つの系統に分類する。ある系統において要素の機能が直列的に連関する場合，要素のうち1つでも損傷した場合には系統全体の機能が失われる。また，系統内の全要素の修復が完了すれば系統機能が回復されたと考える。系統 i に属する要素 j の復旧時間を $T_{i,j}$，系統 i の復旧時間および要素数を T_i, M_i とすると，$T_i, T_{i,j}$ の間には式(2.2)のような関係が存在する。

$$\max_{j}\{T_{i,j}\} \le T_i \le \sum_{j=1}^{M_i} T_{i,j} \tag{2.2}$$

T_i が左辺に等しい場合は，系統内の全要素を同時に修復開始する場合，すなわち復旧人員が十分に確保可能である場合を表す。T_i が右辺に等しい場合は，系統内の要素を順次修復する場合，すなわち復旧人員が最低限である場合を表す。式(2.2)の関係を建物全体に適用すると，設備および非構造体の修復に要する総時間 T_{total}^{F} に関する不等式が式(2.3)のように得られる。

$$\max_{i,j}\{T_{i,j}\} \le T_{total}^{F} \le \sum_{i=1}^{n} \sum_{j=1}^{M_i} T_{i,j} \tag{2.3}$$

ここで n は建物全体における設備系統の数である。左辺は建物内の全要素を同時に修復開始する場合，右辺は全要素を順次修復する場合に相当する。前者の復旧シナリオを Scenario FA (full ability to recover)，後者を Scenario LA (limited ability to recover)と呼ぶ[2.5]。Scenario LA, FA はそれぞれ復旧時間の上限と下限を与え，実際の復旧シナリオは両シナリオの間に存在する（図 2.1(a)）。建物内の要素数や地震外力レベル（損傷要素数とも関係）が増大するほど，想定可能な復旧シナリオ数も増大する。図 2.1(b)に1つの系統 i に属する3つの要素が損傷した場合の Scenario LA, FA に基づく復旧時間の例を示す。各要素の復旧時間を矢印で表しており，Scenario LA では3つの矢印が直列に，Scenario FA では3つの矢印が並列に並ぶ。

レジリエンス性能や復旧時間の正確な予測を目的とする場合には，復旧力を確率モデル化する必要がある。もしくは復旧シナリオをあらかじめ指定する必要がある。前者の場合，確率モデル化自体が容易でなく，モデル化された場合にもモンテカルロシミュレーションなどを実行する必要があり，煩雑である。後者の場合，床面積あたりの作業可能人員数を考慮して復旧時間を算定する方法（たとえば文献[2.2]など）も存在するものの，必ずしもそれらが復旧時間の正確な予測につながるわけではない。復旧人員数は不確実性が高く予測困難であり[2.1],[2.6]，たとえば地震により広域的に被害が発生するような場合，当該地域で復旧人員が不足する恐れがある。ここでは，Scenario LA, FA に基づく復旧時間評価により復旧人員数の不確実性を簡潔に扱うものとする。

構造体の修復に要する時間の評価に関しても，設備や非構造体と同様の方法で評価を行う。

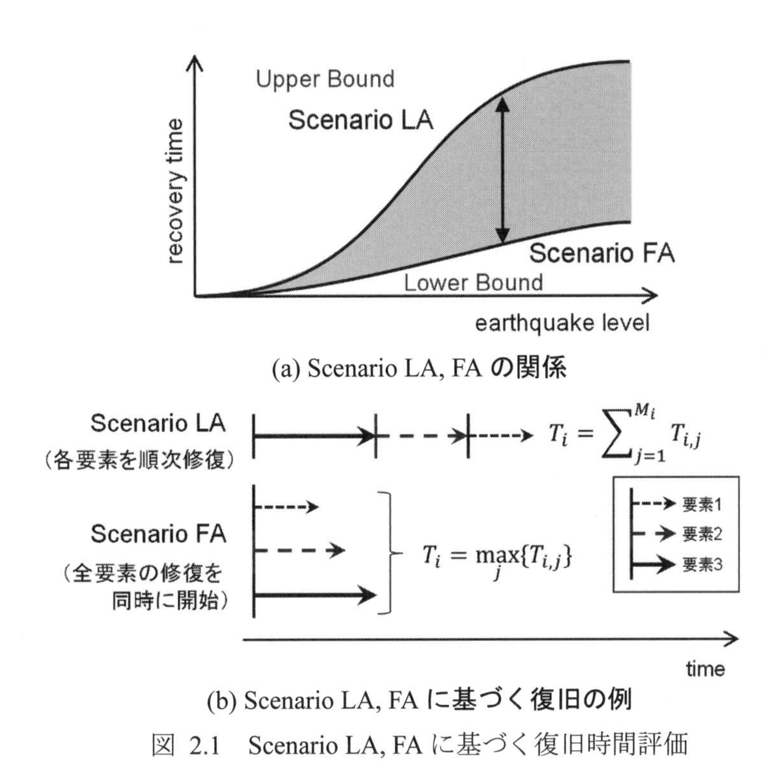

(a) Scenario LA, FA の関係

(b) Scenario LA, FA に基づく復旧の例

図 2.1　Scenario LA, FA に基づく復旧時間評価

2.2.3　設備および非構造体の可用性

本章では，設備系統の機能が維持されているか否かを「可用性」と呼ぶ用語により表現する。建物全体としての設備や非構造体の可用性 r^F および系統 i の可用性 r_i^F を式(2.4)のように表す。

$$r^F = \sum_{i=1}^{n} r_i^F$$
$$r_i^F = \begin{cases} 1/n & \text{(all components are available)} \\ 0 & \text{(otherwise)} \end{cases} \tag{2.4}$$

先述したように，系統内の全要素が無損傷である場合に系統が機能するものとし，建物全体での機能可用性は各系統の可用性の総和として表現する。すなわち，系統同士は並列に，1 つの系統に属する要素同士は直列に並ぶ。各系統への重みづけに関しては検討の余地があるものの，r_i^F は 0 または $(1/n)$ の二値を取るものとする。全系統の設備が機能する場合，建物全体での可用性は 1 となる。

設備機能の可用性と Scenario LA, FA による 4 層建物モデルの復旧例を図 2.2(a), (b)に示す。設備要素としては電気系統設備のみを考慮し，第 1 層の配電盤，第 2, 4 層の分電盤が損傷した場合を扱う。各階への電気供給機能を 1 系統と考えると，建物全体では 4 系統存在する。1 階の配電盤は 4 系統全てに含まれる要素であるため，これが損傷した場合には全系統の機能が失われることになる。また，分電盤よりも配電盤の損傷程度は小さく，復旧時間も短いものとする。全ての要素の修復を同時に開始する Scenario FA では，配電盤の修復後に 1, 3 層への電気供給機能が回復する。2, 4 層の分電盤は同時に修復が完了するため，2, 4 層への電気供給機能も同時に回復する。要素を順次修復する Scenario LA では，2, 4 層への電気供給機能は同時には回復しない。

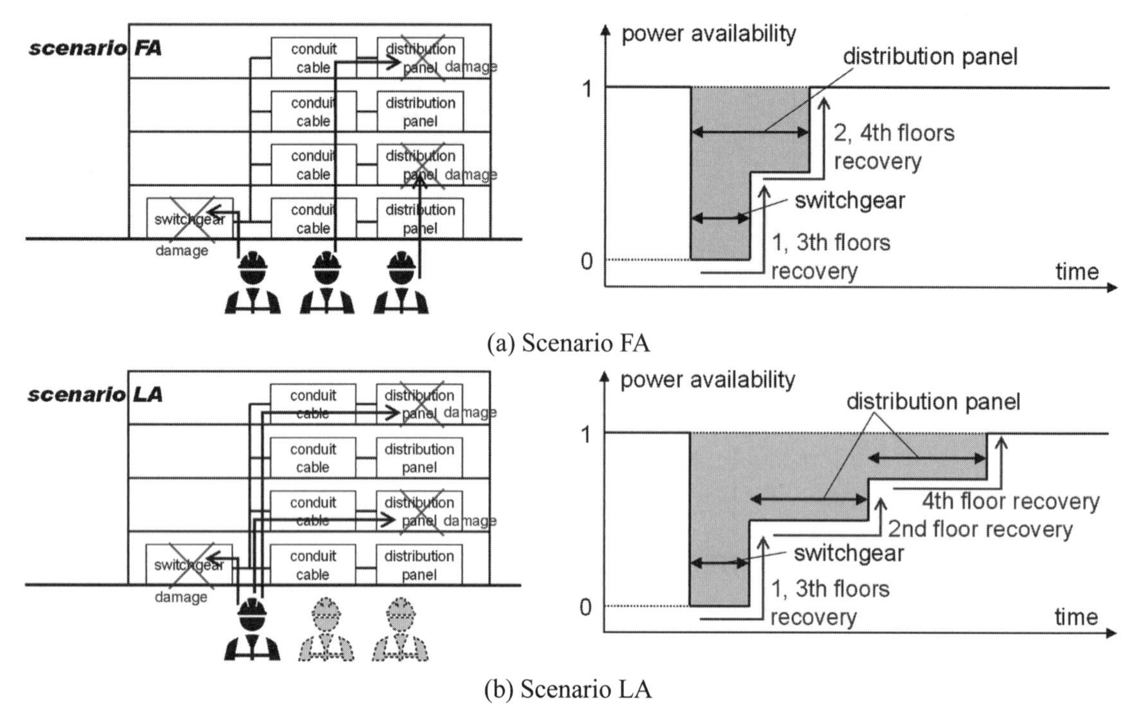

(a) Scenario FA

(b) Scenario LA

図 2.2　電気設備系統の復旧過程の例[2.8]

2.2.4　構造体の可用性

本章では，建物が占用可能か否かを構造体の「可用性」と呼ぶ用語により表現する。構造体の可用性 r^S を式(2.5)で表現する。

$$r^S = \begin{cases} 0 & \text{(damaged)} \\ 1 & \text{(otherwise)} \end{cases} \tag{2.5}$$

r^S は 0, 1 の二値を取るものとする。構造体が損傷した場合， r^S の値は修復後に 0 から 1 へ変化する。構造体および第 1 層の配電盤，第 2, 4 層の分電盤が損傷した場合の 4 層建物モデルの Scenario FA による復旧例を図 2.3 に示す。構造体の修復後に電気設備系統の修復が始まる。

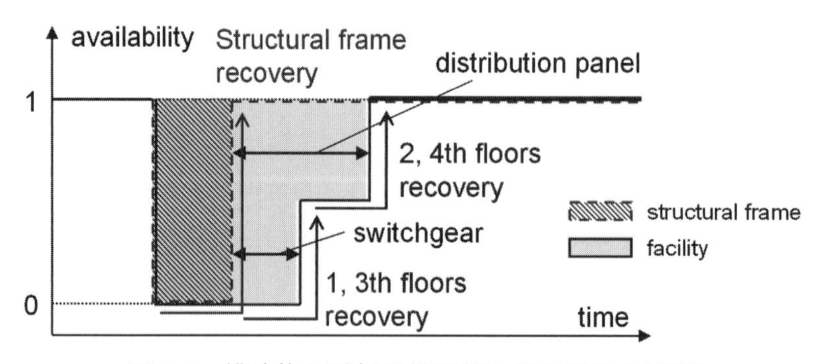

図 2.3　構造体と電気設備系統の復旧過程の例[2.8]

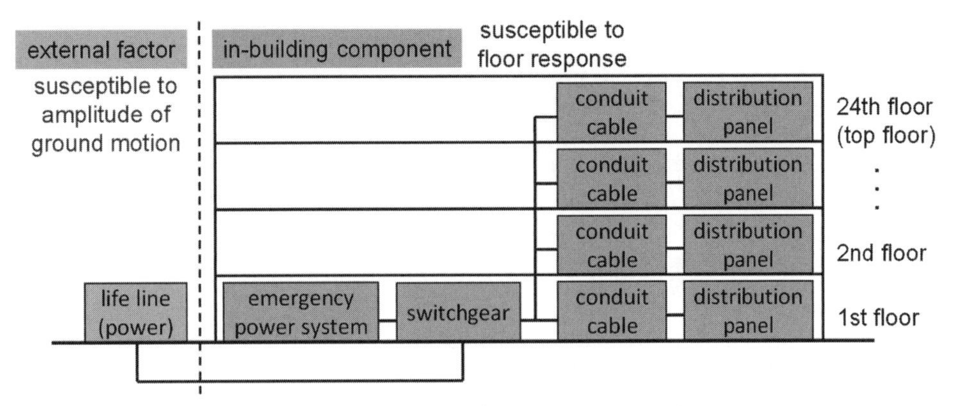

図 2.4　24 層建物モデルと電気設備系統[2.8]

2.3　レジリエンス性能にライフラインの損傷および設備システムの冗長性が及ぼす影響

建物のレジリエンス性能には，建物内設備の損傷状態のみならず，関連するライフラインの機能損失も影響する。ここでは，図 2.4 に示す 24 層建物モデルおよび電気設備系統を例として考える。ライフラインによる電気供給が停止した場合，建物内の設備が無損傷であっても電気供給機能は失われる。このような場合への対策として，非常用発電機を建物に備え付けることが考えられる。ライフラインの機能が停止した場合であっても，非常用発電機が使用可能であれば電気供給機能は一定期間保持される。すなわち，非常用発電機は設備システムに「冗長性」を付与するものであるといえる。ライフラインおよび非常用発電機の可用性 r^{ll}, r^{eps} を考慮すると，式(2.4)の r^F は式(2.6)のように書き換えられる。

$$r^F = U(r^{ll} + r^{eps})\{\textstyle\sum_{i=1}^{n} r_i^F\}$$

$$U(x) = \begin{cases} 1(x > 0) \\ 0(x = 0) \end{cases},\ r^{ll} = \begin{cases} 0(damaged) \\ 1(otherwise) \end{cases},\ r^{eps} = \begin{cases} 0(damaged) \\ 1(otherwise) \end{cases} \tag{2.6}$$

ただし，ライフラインの損傷がない場合には非常用発電機は作動しないため，r^{ll} と r^{eps} が同時に 1 を取ることはない。ライフラインの機能損失といった外的要因により，建物のレジリエンス性能は低下し得る。式(2.6)は，システムに冗長性を付与する要素（ここでは非常用発電機）に十分高い耐力を持たせることにより外的要因の影響を低減可能であることを示している。

2.4　レジリエンス性能の確率的評価

2.2, 2.3 節に示した指標は，個々の要素のフラジリティ曲線（要素の耐力を入力レベルなどに対して描いた脆弱性曲線）を用いて確率的に評価する。2.5 節で扱う数値例題では図 2.4 に示した 24 層建物モデルおよび電気設備系統を扱い，また，特に以下の 3 つの指標に着目する。

(1) 総復旧時間の期待値 T_{total}^{avg}

(2) 地震発生直後の構造体および設備の可用性の期待値 $r^{S,avg}, r^{F,avg}$

(3) 構造体および設備の最尤復旧曲線

(1) 総復旧時間の期待値 T_{total}^{avg}（式(2.1)の期待値）

総復旧時間の期待値 T_{total}^{avg} は次式で表される。

$$
\begin{aligned}
&T_{total}^{avg}=T_{total}^{F,avg}+T_{total}^{S,avg}\\
&T_{total}^{F,avg}=\begin{cases}\max\limits_{i,j}\{T_{i,j}^{avg}\} & \text{(Scenario FA)}\\ \sum_{i=1}^{n}\sum_{j=1}^{M_i}T_{i,j}^{avg} & \text{(Scenario LA)}\end{cases}\\
&T_{i,j}^{avg}=\sum_{k}\mathrm{P}_{i,j}(D_k)\cdot\tau_{i,j}(D_k)\\
&T_{total}^{S,avg}=\sum_{k}\mathrm{P}^{S}(D_k)\cdot\tau^{S}(D_k)
\end{aligned}
\tag{2.7}
$$

ここで$D_k,\tau_{i,j},\tau^S$は，それぞれ損傷レベル，第i系統第j要素の損傷レベルごとの復旧時間，および構造体の損傷レベルごとの復旧時間を表し，Pは事象確率を表す記号である。なお，Scenario FAでは復旧時間の計算にmax演算を要するため，T_{total}^{avg}は厳密な意味での期待値ではない。

(2) 地震発生直後の構造体および設備の可用性の期待値$r^{S,avg}$, $r^{F,avg}$

非常用発電機が備え付けられている場合，式(2.6)の$\mathrm{U}(r^{ll}+r^{eps})$の値はライフラインおよび非常用発電機がともに損傷している場合に0，それ以外では1の値をとる。非常用発電機がない場合，r^{eps}は常に0と見なされ，ライフラインの損傷状態のみにより決まる。

非常用発電機がない場合，$r^{F,avg}$（式(2.6)の期待値）は式(2.8)のように表される。

$$
\begin{aligned}
r^{F,avg}&=\left\{0\cdot\mathrm{P}(r^{ll}=0)+1\cdot\mathrm{P}(r^{ll}=1)\right\}\left\{\sum_{i=1}^{n}r_i^{F,avg}\right\}\\
&=\mathrm{P}(r^{ll}=1)\left\{\sum_{i=1}^{n}\left[(1/n)\prod_{j=1}^{M_i}\mathrm{P}_{i,j}(D_0)+0\cdot\left(1-\prod_{j=1}^{M_i}\mathrm{P}_{i,j}(D_0)\right)\right]\right\}\\
&=\mathrm{P}(r^{ll}=1)\left\{\sum_{i=1}^{n}\left[(1/n)\prod_{j=1}^{M_i}\mathrm{P}_{i,j}(D_0)\right]\right\}
\end{aligned}
\tag{2.8}
$$

ここでD_0は無損傷状態を表し，$\prod_{j=1}^{M_i}\mathrm{P}_{i,j}(D_0)$は第$i$系統の全要素が無損傷である場合の確率を表す。一方，非常用発電機が備え付けられている場合，$r^{F,avg}$は式(2.9)のように書き直される。

$$
\begin{aligned}
r^{F,avg}&=\left\{1\cdot\mathrm{P}(r^{ll}=1)+1\cdot\mathrm{P}(r^{ll}=0)\mathrm{P}(r^{eps}=1)+0\cdot\mathrm{P}(r^{ll}=0)\mathrm{P}(r^{eps}=0)\right\}\left\{\sum_{i=1}^{n}r_i^{F,avg}\right\}\\
&=\left\{\mathrm{P}(r^{ll}=1)+\mathrm{P}(r^{ll}=0)\mathrm{P}(r^{eps}=1)\right\}\left\{\sum_{i=1}^{n}\left[(1/n)\prod_{j=1}^{M_i}\mathrm{P}_{i,j}(D_0)+0\cdot\left(1-\prod_{j=1}^{M_i}\mathrm{P}_{i,j}(D_0)\right)\right]\right\}\\
&=\left\{\mathrm{P}(r^{ll}=1)+\mathrm{P}(r^{ll}=0)\mathrm{P}(r^{eps}=1)\right\}\left\{\sum_{i=1}^{n}\left[(1/n)\prod_{j=1}^{M_i}\mathrm{P}_{i,j}(D_0)\right]\right\}
\end{aligned}
\tag{2.9}
$$

非常用発電機が十分に高い耐力を有する場合には，$\mathrm{P}(r^{eps}=1)\cong 1$となるため，$\left\{\mathrm{P}(r^{ll}=1)+\mathrm{P}(r^{ll}=0)\mathrm{P}(r^{eps}=1)\right\}\cong 1$となる。このとき，非常用発電機がない場合と比較して$r^{F,avg}$の値はおおよそ$\{1/\mathrm{P}(r^{ll}=1)\}$倍に増大する。

なお，地震発生直後の構造体の可用性の期待値$r^{S,avg}$も同様に計算可能である。

(3) 構造体・設備の最尤復旧曲線

最尤復旧曲線とは，各要素が最も尤度（確率）の高い損傷状態に属すると仮定した場合の復旧曲線である。最尤復旧曲線は構造体と非構造体のそれぞれに対して求められ，また，その復旧曲線の尤度（確率）も計算可能である。なお，Scenario FA, LA のどちらを用いるかということは復旧曲線の尤度に影響しない。構造体が健全であり，かつ設備が機能する場合に建物として使用可能であると考えられるため，構造体および設備の 2 つの復旧曲線の下限の包絡曲線が建物全体としての復旧曲線を表すと考えることができる。

なお，復旧曲線を確率的に求める他の方法としてモンテカルロシミュレーションなどが考えられるものの，本検討では扱わない。

2.5　共振的な長周期長時間地震動を受ける弾塑性高層建物のレジリエンス性能評価

2.5.1　建物モデル

1 次固有周期が 2.4 s の 24 層せん断質点モデルを扱う。全層等質量（400×10^3 kg）で，各層高さ 4m とする。剛性分布は第 1 層，第 24 層の剛性の比が 2.5:1 となる台形分布とする。構造減衰は 1%（剛性比例型）とする。各層降伏変位を $d_y = 4/150\,\mathrm{m}$ とし，2 次剛性比 0.1 のバイリニア型復元力特性を仮定する。1～4 次の非減衰固有周期と刺激関数を図 2.5 に示す。

構造体のフラジリティ（対数正規分布）は全層中の最大層間変形 $d_{\max} = \max_i(d_{\max,i})$ のみで評価する。各層塑性率や累積塑性変形倍率を用いて評価する方法も考えられるが，ここではより簡単なものとしている。構造体のフラジリティ曲線を図 2.6(a)に示し，それを規定するパラメータを表 2.1 に示す。

設備モデルには図 2.4 に示した電気設備系統とライフライン（電力）を考える。電気設備系統およびライフラインのフラジリティ曲線（対数正規分布）を図 2.6(b)~(e) に示し，それを規定するパラメータを表 2.2, 2.3 に示す。配電盤，分電盤および非常用発電機の耐力は各層最大床加速度 $a_{\max,i}$ で評価し，幹線の耐力は各層最大層間変形 $d_{\max,i}$ で評価する。幹線の耐力は上下層の床加速度と層間変形から生じる最大応力で評価する方が精度は高いと考えられるものの，簡単のために層間変形のみで評価する。ライフラインの耐力は入力の速度振幅 V により評価する。また，非常用発電機は 0.1 month の電気供給が可能とする。ライフラインの損傷レベルが slight である場合の復旧時間も 0.1 month であるため，非常用発電機が無損傷であれば，建物への電気供給機能は維持される。

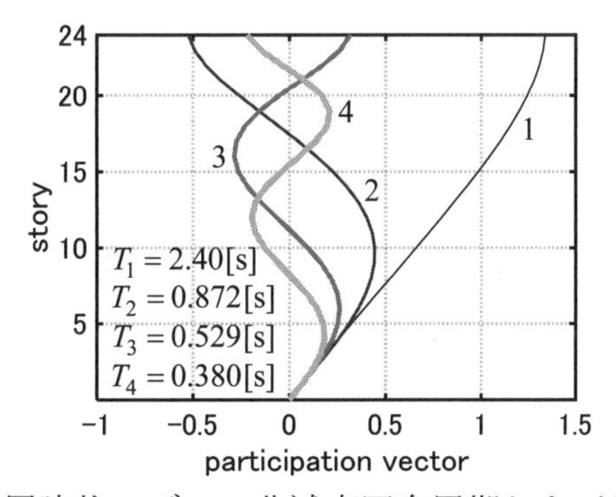

図 2.5　24 層建物モデルの非減衰固有周期および刺激関数[2.8]

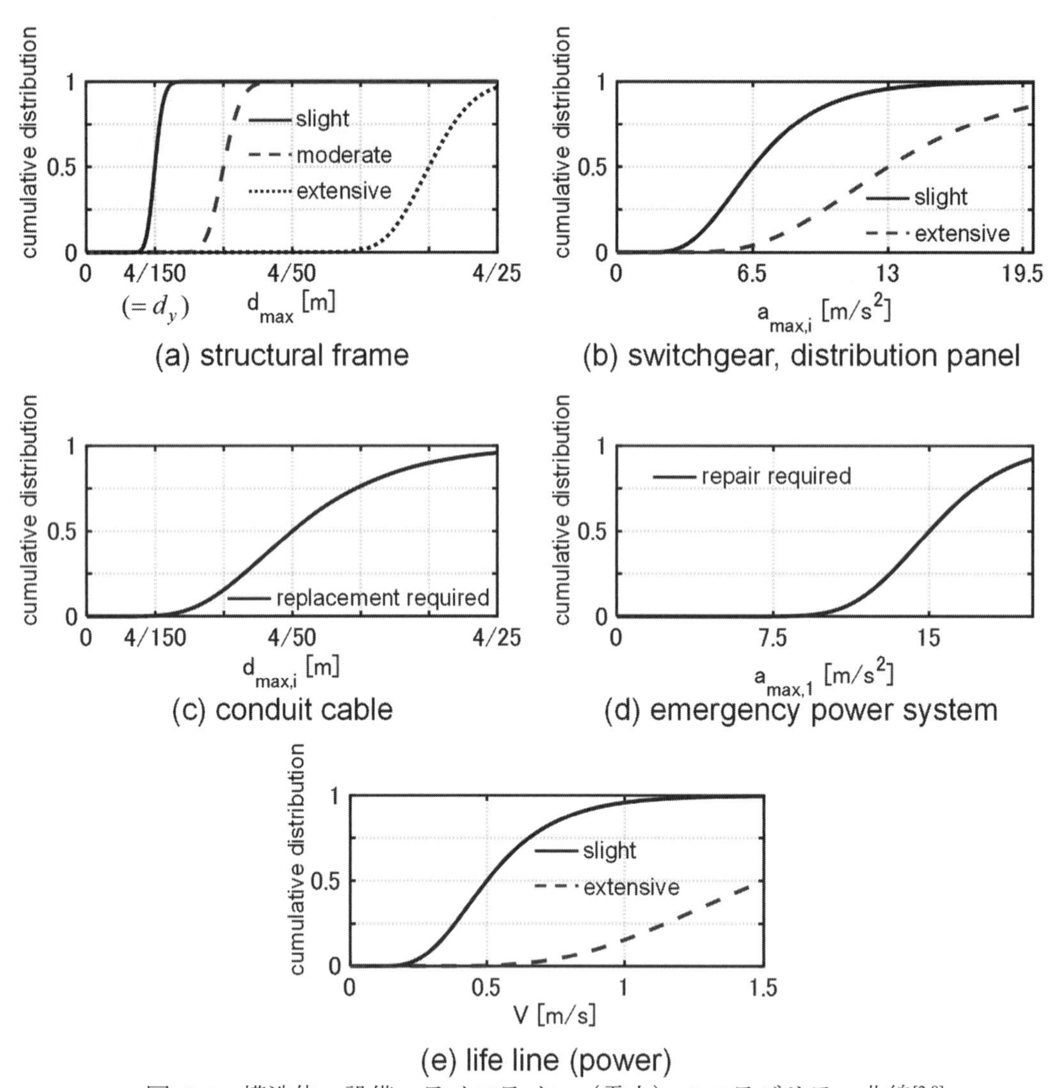

図 2.6　構造体・設備・ライフライン（電力）のフラジリティ曲線[2.8]

表 2.1　構造体のフラジリティ関数を規定するパラメータ

damage state	median value	logarithmic standard derivation	recovery time [month]
Slight	4/150 m $(=d_y)$	0.1	0.1
Moderate	4/75 m $(=2d_y)$	0.1	3
Extensive	4/30 m $(=5d_y)$	0.1	12

表 2.2　電気設備系統のフラジリティ関数を規定するパラメータ

component	floor	damage state	median value	logarithmic standard derivation	recovery time [month]
emergency power system	1st floor	repair required	15 m/s^2	0.2	1
switchgear	1st floor	slight	6.5 m/s^2	0.4	0.25
		extensive	13 m/s^2	0.4	1
distribution panel	each floor	slight	6.5 m/s^2	0.4	0.25
		extensive	13 m/s^2	0.4	1
conduit cable	each floor	replacement required	4/50 m	0.4	0.5

表 2.3　ライフライン（電力）のフラジリティ関数を規定するパラメータ

damage state	median value	logarithmic standard derivation	recovery time [month]
slight	0.5 m/s	0.4	0.1
extensive	1.5 m/s	0.4	1

復旧人員数の不確実性，設備システムの冗長性およびダンパーの有無がレジリエンス性能評価に及ぼす影響を明らかにするため，2.5.3 項の数値例題では 3 つのモデルを扱う: 1) 付加減衰のないモデル，2) 各層への一様な付加減衰（5%）を有するモデル，3) 付加減衰を有し，かつ非常用発電機を備えたモデル。

2.5.2　共振的な長周期長時間地震動を模擬した擬似マルチインパルス入力

長周期長時間地震動を模擬した入力モデルとして，調和外乱（マルチサイクル正弦波）を用いることがある。長周期長時間地震動が好ましくない応答を与えるものとして，高層建物がそれに共振することが考えられる。マルチサイクル正弦波に対する弾塑性多自由度系の共振応答を見出すためには，入力周期を変動させた応答解析を繰り返し行う必要がある。これに対して，擬似マルチインパルスを用いることで，繰り返しを伴わずに共振応答を特定することが可能となる [2.7]。詳細な説明は省略するが，擬似マルチインパルスとはマルチサイクル正弦波を複数のインパルスに離散化したもので，振動解析における影響ベクトルに非減衰 1 次刺激関数を用いた水平衝撃外力である（図 2.7）[2.7]。なお，影響ベクトルを適切に操作すれば，高次モードに共振する場合も扱うことが可能となる。

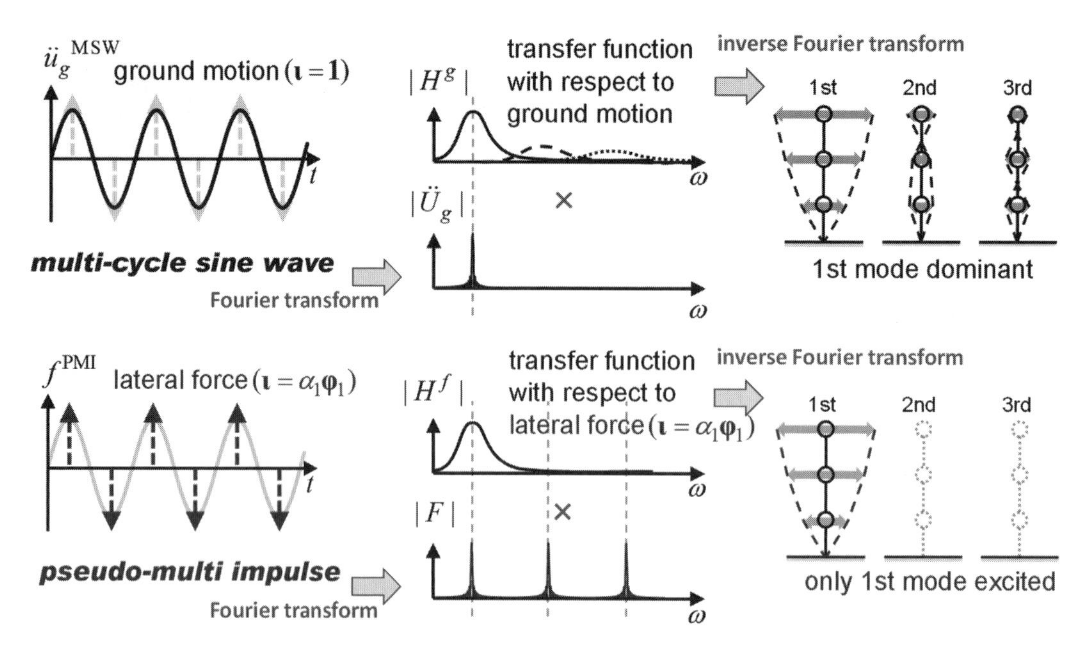

図 2.7　マルチサイクル正弦波および擬似マルチインパルスの入力・応答特性[2.8, 2.9]

2.5.3　数値例題

地動速度レベルが $V = 0.4\,\mathrm{m/s}$ の擬似マルチインパルスに対するレジリエンス性能評価を図 2.8, 2.9 に示す[2.8]。図 2.8 は 1 次モードに共振する場合，図 2.9 は 2 次モードに共振する場合に相当する。各図(a)-(c)内の実線と破線は設備と構造体の最尤復旧曲線を表しており，図中に示した P の値は，上が設備の最尤復旧曲線の尤度，下が構造体の最尤復旧曲線の尤度を表している。また，図中の丸と三角は，総復旧時間の期待値 T_{total}^{avg} および地震発生直後の設備の可用性の期待値 $r^{F,avg}$ を表している。なお，構造体のフラジリティは分散が小さく，地震発生直後の構造体の可用性の期待値 $r^{S,avg}$ は 0 もしくは 1 にほぼ等しいため，省略している。

図 2.8 の場合（1 次モードに共振する場合），ダンパーの有無にかかわらず構造体に軽微な損傷が発生する確率が高い。しかし，ダンパー付加により設備要素の損傷確率は低減され，$T_{total}^{avg}, r^{F,avg}$ の値は改善する。設備の最尤復旧曲線もダンパーの有無により変化しないものの，ダンパー付加により最尤復旧曲線の尤度は向上する。また，非常用発電機を備え付けることによる最尤復旧曲線の変化はないものの，$r^{F,avg}$ は改善する。

図 2.9 の場合（2 次モードに共振する場合），付加減衰のないモデルの構造体の損傷は軽微となる。また床加速度が中層部および高層部において大きくなるため，当該階の設備要素が損傷する確率が高くなる。したがって，ダンパーのないモデルに対しては，1 次モードに共振する場合（図 2.8）よりも復旧時間が長期化し，また設備機能も大きく低下する恐れがある。ダンパーが付加されると構造体の損傷は無被害に低減され，また設備要素の損傷確率も大きく低減されている。これは，1 次モードと比較して付加減衰が高次モード応答を大きく低減するためである。また，非常用発電機を備え付けることによる最尤復旧曲線の変化はないものの，$r^{F,avg}$ は改善する。

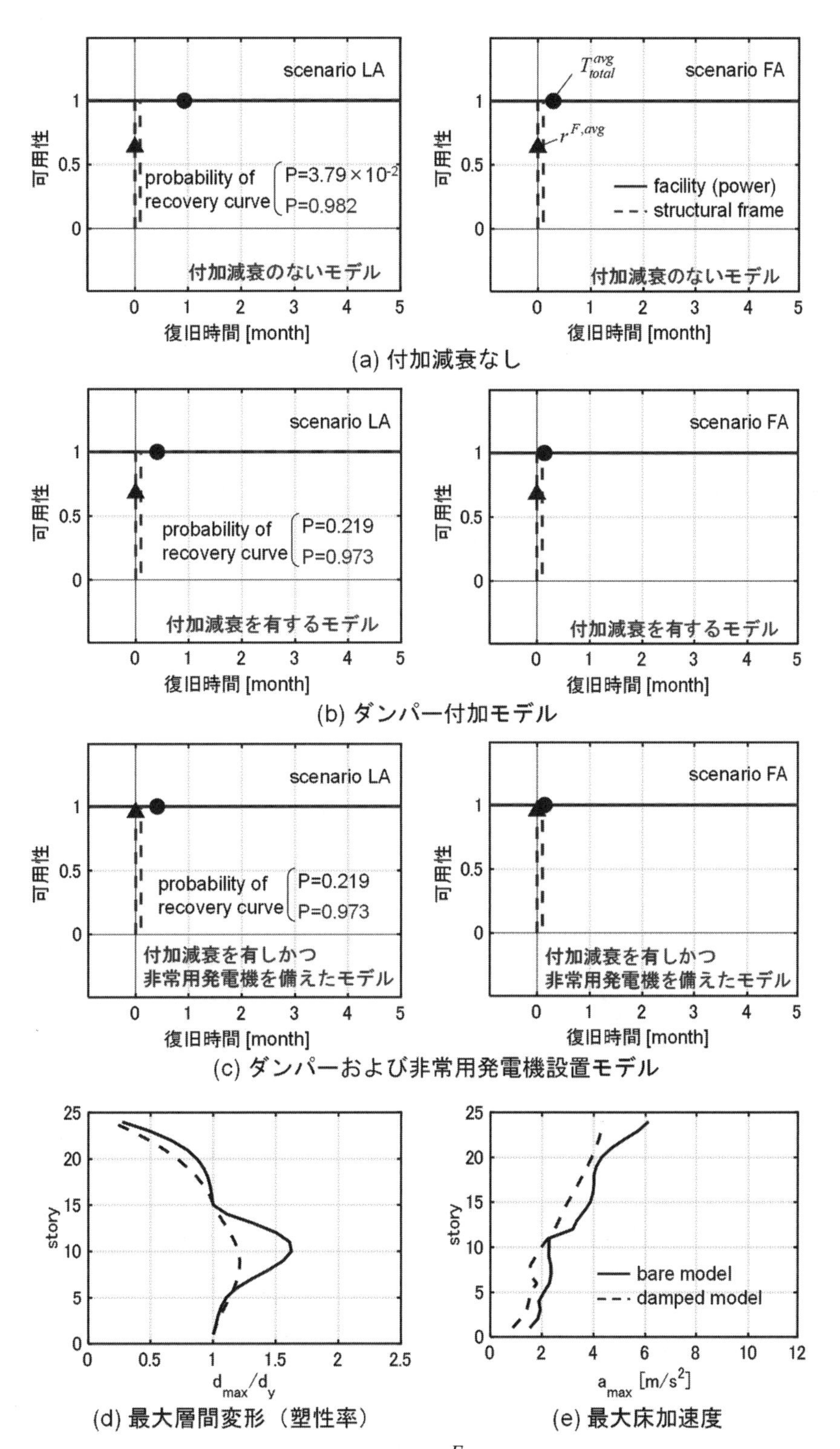

図 2.8　1次モードに共振する場合の T_{total}^{avg}，$r^{F,avg}$，最尤復旧曲線，最大層間変形および最大床加速度[2.8]

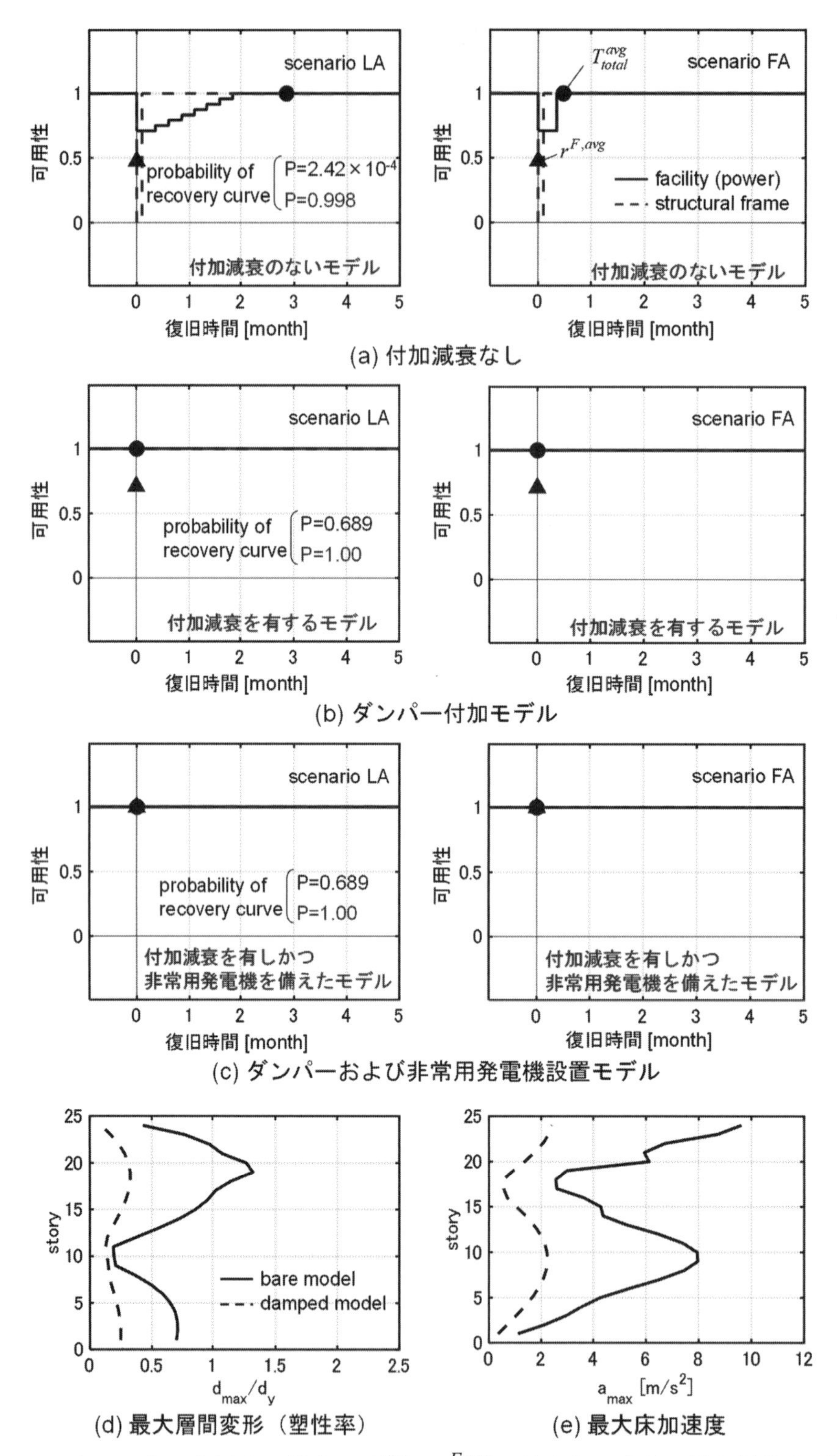

図 2.9　2 次モードに共振する場合の T_{total}^{avg}, $r^{F,avg}$, 最尤復旧曲線, 最大層間変形および最大床加速度[2.8]

また図 2.8, 2.9 に共通して，付加減衰を有する場合には Scenario FA, Scenario LA による T_{total}^{avg} の評価値に大きな差は見られないものの，付加減衰を持たない場合には両シナリオによる T_{total}^{avg} の評価に大きな差が存在する。これは，付加減衰により建物応答が低減し，損傷する要素の個数および各要素の損傷程度も低減するためである。付加減衰を持たない場合には建物応答が十分に低減されず，建物の復旧時間は復旧人員数の不確実性の影響を受けやすくなる。

2.6　まとめ

木章では，建物の簡易的なレジリエンス性能評価モデルを紹介した。特に，復旧人員数（復旧力）が最小・最大となる 2 つの端的な復旧シナリオ（Scenario LA: limited ability to recover, Scenario FA: full ability to recover）に着目している。共振的な長周期長時間地震動を受ける弾塑性高層建物のレジリエンス性能評価を行った結果，以下のような知見が得られた：1) 1, 2 次モードのいずれに共振するかに依存して構造体および設備要素の被害傾向は異なる; 2) ダンパーの付加減衰による建物応答の低減はレジリエンス性能の改善に大きく寄与し，復旧人員数の不確実性が復旧時間に及ぼす影響を低減する; 3) 設備システムに冗長性を持たせることは，建物のレジリエンス性能の向上に一定程度有効である。

なお，本章の内容の一部は文献[2.8]の内容の一部をわかりやすくまとめたものである。

参考文献

[2.1] Federal Emargency Management Agency, *FEMA P-58-1: Seismic Performance Assessment of Buildings, Volume1: Methodology., Second Edition*, 2018.

[2.2] Almufti, I. and Willford, M., Resilience-based Earthquake Design Initiative (REDi) for the Next Generation of Buildings. Arup. https://www.arup.com/perspectives/publications/research/section/redi-rating-system, 2013.

[2.3] 日本建築学会：事業継続計画策定のための地震災害等に対する建物維持・回復性能評価指標の提案に向けて，建物のレジリエンスと BCP レベル指標検討特別調査委員会報告書, 2020.

[2.4] Bruneau, M., and Reinhorn, A., Overview of the resilience concept. In *Proc. of the 8th US National Conf. on Earthq. Eng.*, 2040, April 18-22, 2006.

[2.5] 明橋弘樹，竹脇　出：系統別復旧シナリオに基づくレジリエンス性能評価モデルと粘性ダンパーによるレジリエンス性能の改善，日本建築学会構造系論文集，第 86 巻，第 782 号, pp. 577-588, 2021. (Translated version: Akehashi, H. and Takewaki, I., Modeling of resilience based on categorized recovery scenario and improving resilience with viscous damper, *Japan Architectural Review*, Vol.5, Issue 3, pp. 279-294, 2022)

[2.6] Comerio, M. C., Estimating downtime in loss modeling. *Earthq. Spectra*, Vol. 22, No.2, pp. 349-365, 2006.

[2.7] Akehashi, H., and Takewaki, I., Pseudo-multi impulse for simulating critical response of elastic-plastic high-rise buildings under long-duration, long-period ground motion. *Struct. Design Tall Spec. Build.*, Vol. 31, No.14, e1969, 2022.

[2.8] Akehashi, H. and Takewaki, I., Resilience evaluation of elastic-plastic high-rise buildings under resonant long-duration ground motion. *Japan Architectural Review*, Vol.5, No.4, pp. 373-385, 2022.

3. レジリエンスを表す指標と性質

3.1 はじめに

現在の日本の耐震設計において，極めて稀に発生する地震動に対する基本的な考え方は，構造躯体の塑性化を許容するものの，倒壊は回避して人命を保護するというものである。しかし，1995 年 1 月 17 日の兵庫県南部地震では，倒壊を回避するだけでは都市機能や被災後の人々の生活を維持することが難しいことが明らかとなり，より高い安全性が望まれるようになった。その後も人的被害を伴う地震が頻発し，2011 年 3 月 11 日の東北地方太平洋沖地震は，日本観測史上最大の規模となった Mw9.0 を記録した。平成 28 年（2016 年）熊本地震では，4 月 14 日と 4 月 16 日に相次いで震度 7 を記録する地震が発生し，大きな被害が発生した。1995 年以来，約 20 年の間に震度 7 を 5 回観測したことになる。近い将来には，超高層建物が多く存在する太平洋沿岸地域に大きな影響を与える南海トラフを震源とする長周期・長時間の巨大地震，首都圏では相模トラフを震源とする南関東直下地震，大阪では上町断層を震源とする巨大地震など多くの大規模な地震の発生が懸念されている。これら巨大地震に対して全くの無傷でいられることは技術的にも経済的にも困難である。しかし，社会の要請は，そのような巨大地震に対しても倒壊を回避するだけでなく，建物の機能を維持し，地震後も継続的に利用できることを求めている。被害を防ぐ「防災」ではなく、被害の発生は許容しつつも被害を低減することを目的とする「減災」に基づいた考え方の一つである。

このような被害を抑え，被害が発生しても早期に復旧する能力を表すキーワードとして「レジリエンス (Resilience)」が注目されている。レジリエンスの語源[3.1]はラテン語で跳ね返り（bounce back）であり，多くの分野でレジリエンスという用語が用いられているが，防災の分野では脆弱と対比して強靭（強くて粘りがあること）と言い換えられることもある（たとえば国土強靭化 = National Resilience)。また，2015 年 9 月に国連で持続可能な開発のための 2030 アジェンダ（Sustainable Development Goals : SDGs）が採択され，17 の目標と 169 のターゲットが定められたが，政府による SDGs を推進するための取組みの中に持続可能で強靭な国土と質の高いインフラの整備が掲げられており，レジリエンスの概念は様々な目標に共通する重要な概念となっている。

レジリエンスの定量化に関する研究も数多く行われ，レジリエンスを扱う分野によって様々な指標が提案されている。防災の分野では第 1 章でも紹介した Bruneau らが提案した被災から復旧するまでの時間と建物性能の関係によって定義されるレジリエンストライアングルとレジリエンス指標[3.2]-[3.5]が先駆的であり，多くの論文に引用されている。本章では，建築構造におけるレジリエンス指標の性質や外力レベルとの関係について考察する。

3.2 レジリエンストライアングルとレジリエンス指標

図3.1は，被災前後の建物性能と時間との関係を表す復旧曲線であり，建物性能が復旧していく様子を模式的に表現したものである。縦軸は構造物の性能を被災前の建物性能で基準化した無次元量で表し，横軸に時間をとる。時刻 t_0 で被災し，構造物の性能が一旦低下し，その後，時刻 t_1 に性能が被災前のレベルまで復旧する様子を表している。Bruneauらが提案するレジリエンストライアングルとは，レジリエンスを定量化する指標[3.2]-[3-5]であり，図3.1の塗りつぶしの面積で表される指標 R で定義される[3.2]。指標 R を数式で表せば式(3.1)となり，構造物の質を表すQを式(3.2)で表現した[3.5]。ここで，L or $L(t_{0E})$：損失関数（Loss Function）の大きさ，F or $f_{rec}(t,t_{0E},T_{RE})$：復旧関数（Recovery Function），α_R：機能復旧係数（Functionary Recovery Factor）である。両式から明らかなように指標 R は損失を復旧する過程に要するコストを表し，小さいほどレジリエントであることを示している。Bruneauは文献[3.5]で指標 R はlack of resilienceを表すとしている。一方，第1章では指標 R の相補関係にある R^* をレジリエンス指標として定義し，値の大きさと性能の良さを対応させている。

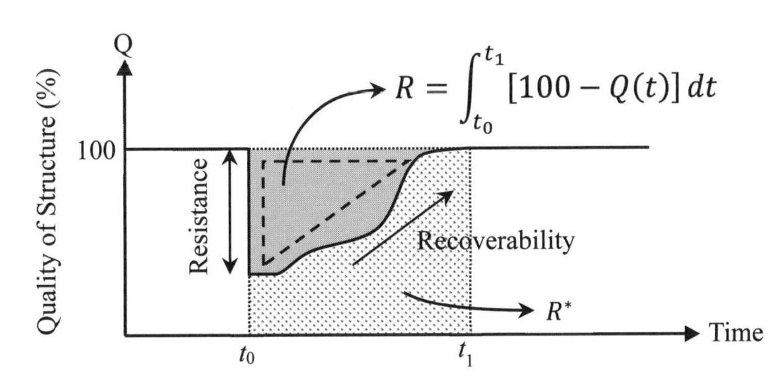

図3.1　復旧曲線とレジリエンストライアングル[3.5]

$$R = \int_{t_0}^{t_1} [100 - Q(t)]\, dt \tag{3.1}$$

$$Q(t) = 100 - [L \cdot F \cdot \alpha_R] = 1 - [L(t_{0E}) \cdot f_{rec}(t, t_{0E}, T_{RE}) \cdot \alpha_R] \tag{3.2}$$

Cimellaroらは，復旧関数の例として図3.2(a)に示すように線形関数，指数関数および三角関数の3種類を例示した[3.4]。線形関数は復旧に関する情報がない場合の最もシンプルな関数，指数関数は災害発生初期に十分なリソースを投入することにより急速に復旧する様子，そして三角関数は初動体制の遅れにより初期の復旧は遅れるものの，他のコミュニティからの支援により急速に復旧する様子を表すとしている。このように，復旧関数の形状は建物の性能あるいは性質のみで決まるものではなく，複数の建物が被災した場合における復旧の優先順位や資材・人員などのリソースによって大きく影響を受ける。したがって，建物のレジリエンスを正確に評価するのであれば，災害が発生する地域や規模による影響を考慮する必要がある。一方，伊藤や朝川[3.6]は，我が国の過去の被災時の復興状況を基に復旧過程について詳細に考察し，復旧関数は図3.2(b)に示すように，被災直後の応急危険度判定および被災度区分判定に至る調査および調査結果に基づく

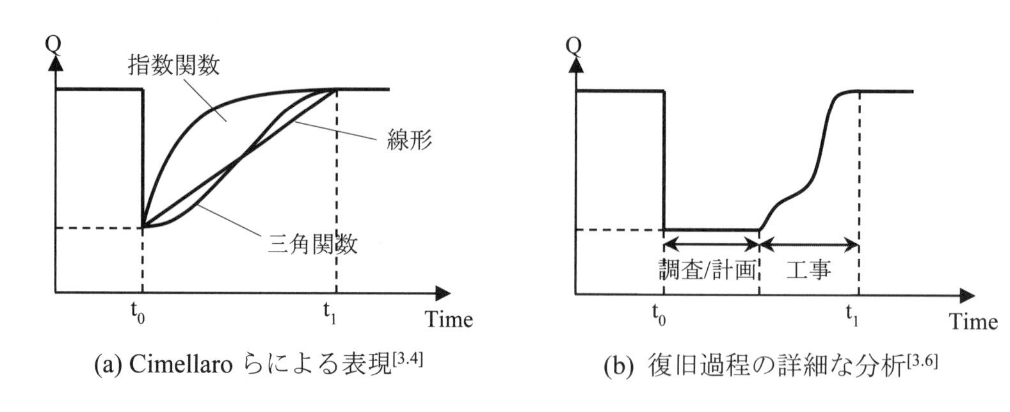

(a) Cimellaro らによる表現[3.4]　(b) 復旧過程の詳細な分析[3.6]

図 3.2　復旧関数の形状と特徴

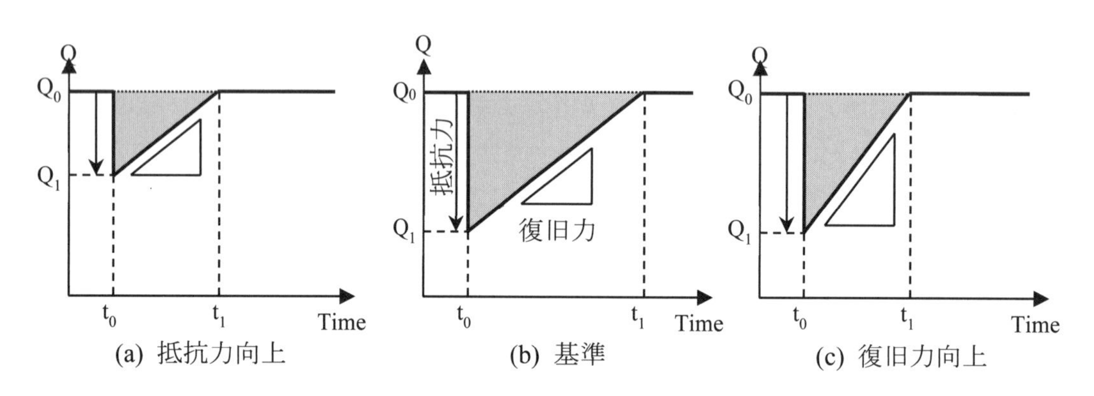

(a) 抵抗力向上　(b) 基準　(c) 復旧力向上

図 3.3　抵抗力と復旧力

施工計画と資材・人材の手配などの準備に要する時間（図中：調査/計画）と復旧工事そのものに要する時間（図中：工事）とにフェーズを分けて考えられることを指摘している。調査/計画に要する時間を短縮するためには，災害発生前におけるリスクマネジメントと災害発生後の被害状況を把握するためのモニタリング技術などが重要となる。文献[3.7]では調査/計画に要する時間を遅延日数と呼んでいる。本章では，簡単のために調査/計画に要する時間は無視し，被災直後から復旧を開始するものとするが，後述する復旧力は被災直後から復旧完了するまでの平均的な勾配と読み替えることで遅延日数を考慮した復旧力と見なすことができる。

Bruneau[3.2]はコミュニティのレジリエンスを構成する要因として 4 つの R（Robustness，Redundancy，Resourcefulness，Rapidity）を挙げている。この中で Redundancy は同様の機能を有する複数の構造物によって，地域などの広い範囲で性能を維持する性質として定義されているが，個別の構造物においては Redundancy を Robustness と同様に外力に対する抵抗性とみなすことができる。例えば，構造物のある応力伝達経路が損傷によって遮断されても別の応力伝達経路が確保されていれば外力に対して抵抗できる。これを応力伝達経路の多重性という観点からみれば Redundancy という性質によって性能低下に対して抵抗するものと考えられる。Minani[3.8]はレジリエンスの構成要素として，外力に対する抵抗力（Resistance）と復旧するまでの時間を短縮する能力として復旧力（Recoverability）の 2 つの要因に分類している。本章では，Minami に倣いレ

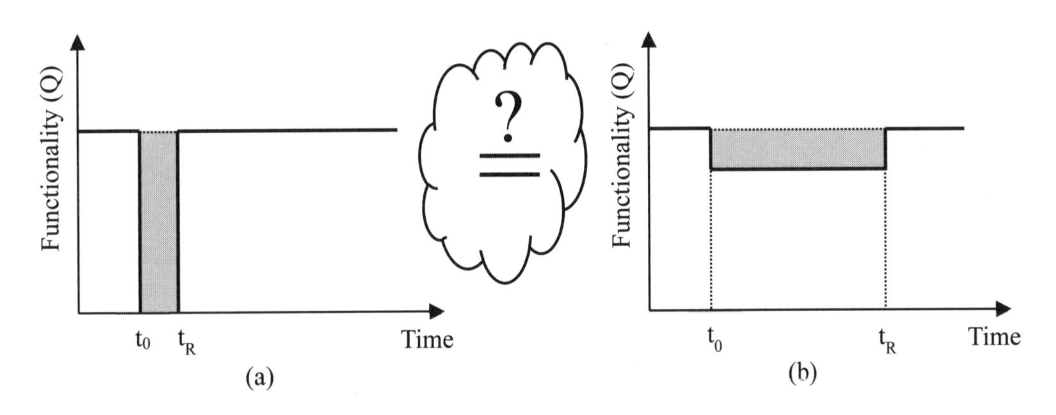

図 3.4　Nonlinearity of resilience concept[3.5]

ジリエンスの構成要素として抵抗力と復旧力の 2 つに分類する。図 3.3 は抵抗力と復旧力がレジリエンスに与える影響を模式的に示したものである。図 3.3(b)に示すように，抵抗力は被災前後の性能低下量を表し，復旧力は発災から復旧完了までの勾配を表す。図 3.3(b)の基準ケースに対し，抵抗力を向上したケースを模式的に示したのが図 3.3(a)である。復旧力である勾配は変化しなくても指標 *R* を表す面積が低減していることが分かる。同様に，抵抗力は変えずに復旧力だけ向上したケースが図 3.3(c)である。抵抗力あるいは復旧力のいずれか一方でも向上すれば，指標 R が低減する，つまりレジリエンスが向上することが分かる。図 3.3(a)と図 3.3(c)では発災時(t_0)から復旧完了時(t_1)までの時間を同一スケールで表現している。図から明らかなように復旧するまでの時間が同一であるならば，指標 *R* は抵抗力が大きい方が小さくなる。この結果を見るとレジリエンスを向上するには抵抗力を大きくすることが有利なように見える。しかし，実際は抵抗力と復元力のそれぞれを向上するために要するコストまで含めて評価するべきである。また，Bruneau は文献[3.5]において図 3.4 を示し，指標 *R* が指す面積が同じ 2 つの事例について，同一のレジリエンスであるかどうか疑問を投げかけた。対象とする事象の性質やサービスを提供される側の立場によって両者に明確な違いが生じ得るとし，機能性と時間との間に優先順位が存在するのであれば重みづけをする必要性を指摘した。建築構造を例にすると，縦軸を機能回復に必要なコスト，横軸を復旧までの期間に損失するコストとすれば両軸を同じ単位で比較することができるが，コストがかかっても復旧時間を重視する立場からすれば違う換算方法が必要になる。

3.3　残余性能とレジリエンス

構造物の種類に応じて異なるが，一般的な構造設計における限界状態には，終局限界状態，使用限界状態，修復限界状態が定義されている[3.9]。各限界状態の定義は以下の通りである。

・**終局限界状態**：想定される作用により生ずることが予測される破壊や大変形などに対して，構造物の安全性が損なわれず，その内外の人命に対する安全性などを確保しうる限界の状態

・**使用限界状態**：想定される作用により生ずることが予測される応答に対して，構造物の設置目的を達成するための機能が確保される限界の状態

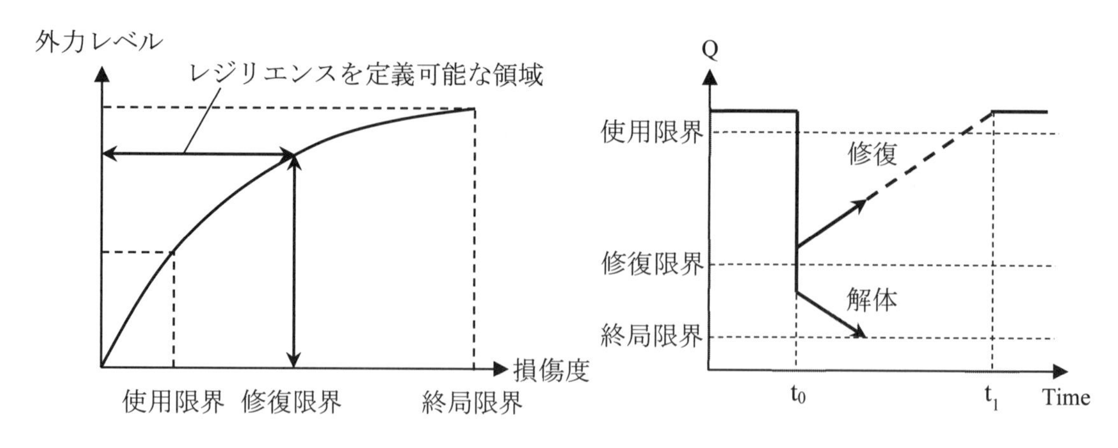

図 3.5　外力レベルと限界状態との関係

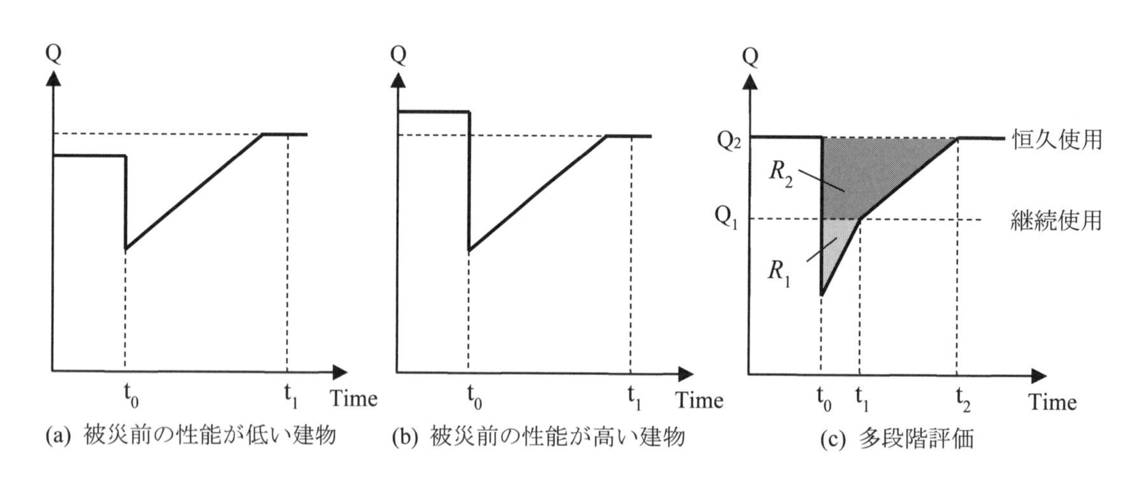

(a) 被災前の性能が低い建物　(b) 被災前の性能が高い建物　(c) 多段階評価

図 3.6　被災前後の性能

・修復限界（損傷限界）状態：想定される作用により生ずることが予測される損傷に対して，適用可能な技術でかつ妥当な経費および期間の範囲で修復を行えば，構造物の継続使用を可能とすることができる限界の状態

図 3.5 に外力レベルと限界状態の関係の概念図を示すが，上記の定義に従えば，レジリエンスを評価可能な範囲には限界があり，損傷が修復限界以下に留まる必要がある。修復限界を超える損傷を受けた場合には解体されることとなる。

被災後に保持すべき性能について考える。被災した建物をその後も使用するために保持しなければならない性能について明確な基準はないが，既存建物に最低限求められる性能を求めることは当然だと考えられる。「震災建築物の被災度区分判定基準および復旧技術指針[3.10]」では，継続使用と恒久使用の 2 段階のレベルを設定し，継続使用は，「被災した建築物に補修や補強などの対策を講じ，恒久使用が認められるまでの間，一時的に建築物を使用すること」，恒久使用は，「被災した建物に恒久復旧を行った後に長時間使用すること」としている。そして，恒久使用するにあたっては，現行の「建築基準法」や「建築物の耐震改修の促進に関する法律（耐震改修促進法）」などが規定しているレベルの耐震性能を確保することとしている。また，継続使用に関しては，余震に対して倒壊しない程度の耐震性能を確保していることを前提とし，できるだけ速やかに恒久使用レベルの耐震性能を確保することとしている。この考えを踏襲すれば，図3.6に示すように，被災前に性能が不足していた建物は復旧後により高い性能が要求されるのに対し，被災前に十分高い性能を有する建物に関しては被災前よりも低い性能までの復旧に留めることも考えられる。また，建物のレジリエンスとして，図3.6(c)のように恒久復旧レベルまでのレジリエンスだけでなく，継続使用レベルまでのレジリエンスを考えることもできる。他にもサプライチェーンや生産施設などにおいて部分的な復旧に要する時間が重要となることが考えられ，要求性能に応じた複数段階の指標を評価することもできる。図3.6(c)の指標 R_1，R_2 は次式で与えられ，$R=R_1+R_2$ の関係を満足している。

$$R_1 = \int_{t_0}^{t_1} [Q_1 - Q(t)]\,dt, \quad R_2 = (Q_2 - Q_1)(t_1 - t_0) + \int_{t_1}^{t_2} [Q_2 - Q(t)]\,dt \tag{3.3}$$

3.4 外力レベルと指標R

一般に外力が大きくなるほど構造システムの損傷は増大し，復旧するまでの時間を要する。そのため，指標 R と外力レベルとは正の相関を有するものと考えられる。本節では外力レベルと指標 R の関係について，簡単な仮定のもとに考察する。実際の復旧過程には段階があり，被災直後の被災度判定，損傷部位の調査，修復工事の計画，そして実際の工事となり，復旧関数の形状を特定することは難しいが，要求されるレベルまで機能を回復するまでの時間が重要であることを考えれば図3.7(a)のように直線で仮定することができる。この時，復旧関数の勾配が復旧力に相当し C とする。復旧に要する時間を T，性能低下量を ΔQ とすると指標 R は次式で表せる。

$$R = \frac{1}{2}\Delta QT = \frac{1}{2C}\Delta Q^2 \tag{3.4}$$

性能低下が生じる外力レベルの下限値（耐力）を F_0，外力に対する性能低下のしにくさ（強靭さ）を S とすれば，外力レベルと性能低下量の関係は図3.7(b)のように表現でき，S と F_0 が外力に対する抵抗力を表す。S と F_0 が大きくなった状態を S，F_0'とし，図中に細線と点線で示す。これらの性質を用いれば，$F>F_0$ の外力レベルにおける指標 R は式(3.5)で表せる。

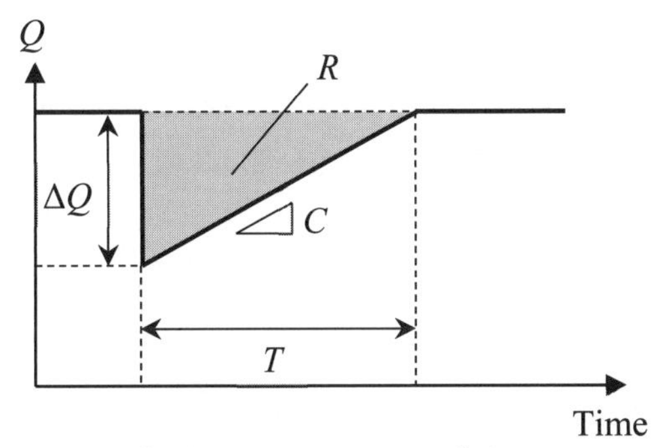

(a) ある荷重レベルにおける指標 R

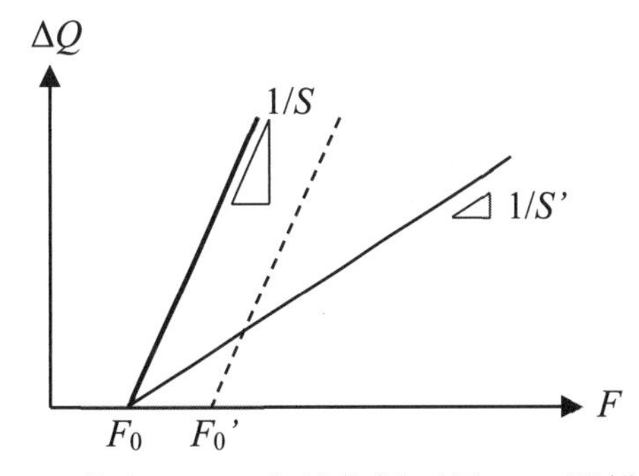

(b) 外力レベルと性能低下量 D の関係

図3.7　外力レベルと指標 R の関係に関する仮定

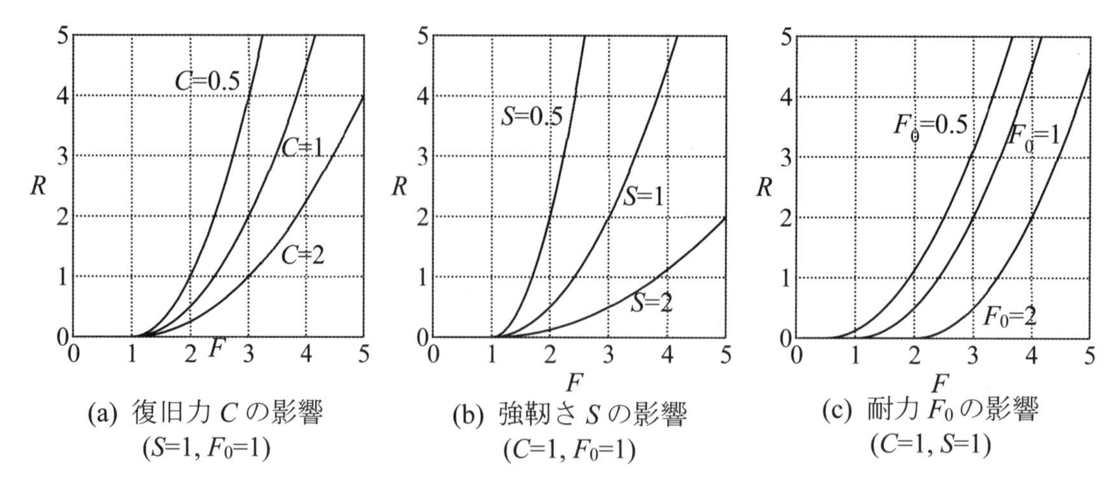

(a) 復旧力 C の影響
(S=1, F_0=1)

(b) 強靱さ S の影響
(C=1, F_0=1)

(c) 耐力 F_0 の影響
(C=1, S=1)

図 3.8　指標 R と外力レベルの関係に対する復旧力と抵抗力の影響

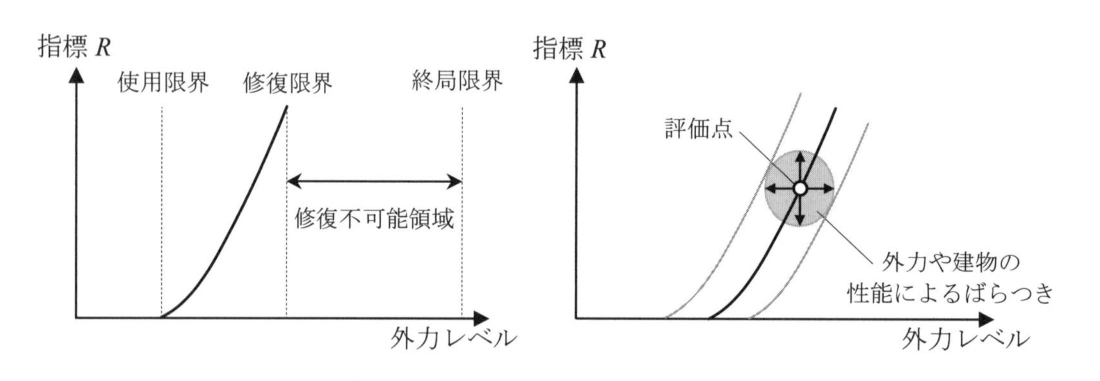

図 3.9　各限界状態と指標 R の関係

図 3.10　ばらつきの影響

$$R = \frac{1}{2C}\left(\frac{F - F_0}{S}\right)^2 \tag{3.5}$$

指標 R を求める式(3.5)における各パラメターの影響を図 3.8 に示す。復旧力 C や強靱さ S は指標 R を小さくする効果があるのに対し，耐力 F_0 はグラフ全体を外力レベルが高くなる方へとシフトする効果がある。なお，復旧力 C と比較して強靱さ S は 2 乗で効果を発揮するため，復旧力よりも抵抗力を向上することでより大きな効果があるように見えるが，3.2 節で述べたように，縦軸は建物性能などを表すのに対し，横軸は時間であり単位が違うため，同じ値であっても対象者によって異なる価値となる可能性がある。また，定義より指標 R は性能低下が修復限界以内であることを前提としているので，外力レベルが修復限界以上となる領域では指標 R の大小関係に意味はない。

レジリエンスの概念では修復限界を超えた領域では建物の性能を評価することができず，修復限界を超えた領域では指標 R そのものに意味を与えることは困難である。なぜなら修復できなければ建て替える必要があり，復旧に要する時間として解体・建設までを考えれば指標 R を定義できる可能性もあるが，建て替えられた建物と元の建物には連続性が途絶えるためである。本節では，図 3.9 のように修復限界を指標 R が定義できなくなる外力レベルと考える。実際には構造物の性能や外力の性質にはばらつきが含まれるため，定量評価にはこれらの考慮が必要である。図3.10は構造物の性能や外力のばらつきと指標 R の関係を模式的に表したものである。ロバスト性の高い建物は，外力や構造性能の変動に対して鈍感であるため，同一外力レベルにおける指標 R の上限値を低減する効果がありレジリエンスにとって有効である。

レジリエンスは抵抗力と復旧力の関係によって定量評価されるため，レジリエンスを向上するにはこれらの能力を向上させればよい。以下に，これらの向上策の例を示す。

・外力に対する抵抗力の向上策
　－性能向上のための安全率の付与（余裕度）
　－外力・構造性能の変動に対する安定性（ロバスト性）
　－機能を維持するための多重的安定性（冗長性）
・復旧力の向上策
　－被災状況の評価（ヘルスモニタリング）
　－損傷箇所の限定（調査時間の短縮）
　－交換・補修しやすいディテール（施工期間の短縮）
　－入手しやすい材料・装置の利用
　－エネルギー吸収デバイスの性能向上による交換作業の低減

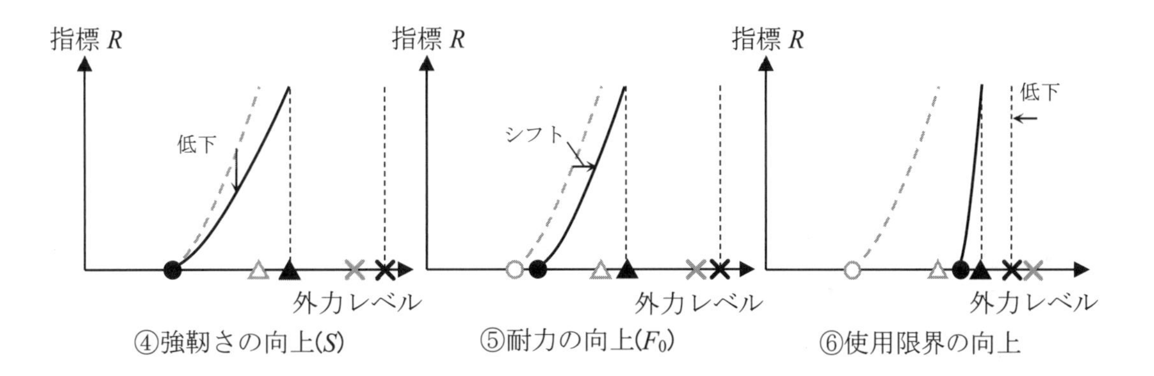

図3.11　レジリエンス評価のイメージ

これらの配慮とレジリエンス指標の評価イメージを図 3.11 に示す。①は基本ケースである。②は基本ケースにロバスト性を付与した例である。ロバスト性が高ければ外力や構造性能の変動に対して指標 R の評価結果は鈍感となる。従って，同一の外力レベルにおける指標 R の最大値を減少することができる。③は復旧力を向上したケースである。復旧力が向上することにより指標 R を低減することができるが，損傷量そのものは低減しないため，修復限界となる外力レベルは変わらない。④は外力に対する強靭さの向上効果を示す。同一荷重レベルでも損傷の程度を小さくすることを示し，修復限界に至る損傷量が一定とすれば修復限界となる外力レベルが向上する。冗長性を付与することにより応力伝達経路を確保することは強靭さを向上する効果がある。⑤は耐力を高めることで安全率あるいは余裕度を高めた構造物の例である。基本ケースと比較して損傷が生じる外力レベルが高くなるため，指標 R が同一の値となる外力レベルが上昇する。さらに修復限界や終局限界となる外力レベルも向上する。⑥は極端なケースだが，他のどのケースよりも使用限界・修復限界となる外力レベルが高く，一方で終局限界となるレベルは小さい脆性的な構造物である。現状の構造設計では脆性的な構造物は忌避されるが，指標 R は使用限界まで 0 となるため，レジリエンスという観点からすれば高性能であるといえる。しかし，安全性という観点からは高性能とは言い切れない建物である。指標 R が構造的な性能のある 1 つの側面しか表していないということには注意が必要であろう。

指標 R を具体的に求めるためには課題も多い。1 つは構造物の能力を定量的に評価する方法である。特に現在の建築基準法で定められる大きさを上回る外力が作用したときの構造物の挙動に現れる強非線形現象を評価する手法は重要である。これらの挙動を評価するためには実験・理論・計算それぞれにさらなる高度化が求められる。もう 1 つは作用である。地震・風・津波などの自然現象だけでなく，事故などについても検討を要するものがあると考えられるが，何をどのレベルまで想定するのか，建築基準法で決められていることだけで良いのか，といった議論はより進められるべきであろう。また想定外という言葉もよく使われるが，想定外の（あるいは想定はするが，対応はできない）問題について，どの程度のリスクがあるのか，その残余のリスクに関する定量的な評価やリスクを受け入れることに対する社会的な同意が必要である。

3.5 まとめ

Bruneau が提案した指標 R の構成要素として，性能低下を防ぐための抵抗力と迅速に性能を復旧するための復旧力に分けて考察した。式(3.1)に示す指標 R は損失を復旧する過程に要するコストを表し，レジリエンスと密接な関係がある。レジリエンスは，強靭性とも訳されるように外乱に対して強くしなやかな様子を表す重要な性質である。しかし，建築構造の分野だけを考えてもレジリエンスは構造性能のある一面を捉えているにすぎない。

SDGs に表されるように，重要なのは持続可能な（Sustainable）社会を構築することであり，そのためにはレジリエンスだけでなく，限りのある資源を投入するための経済的合理性や人命や歴史的建造物などの修復不可能財を保護するための終局限界なども重要な性能である。

参考文献

[3. 1] D. E. Alexander, Resilience and Disaster Risk Reduction: An Etymological Journey, Natural Hazards and Earth System Science, 13, 2707-2716, https://doi.org/10.5194/nhess-13-2707-2013, 2013.

[3. 2] M. Bruneau et al., A Framework to Quantitatively Assess and Enhance the Seismic Resilience of Communities, *Earthquake Spectra*, 19(4), pp.733-752, 2003.

[3. 3] M. Bruneau and A. Reinhorn, Overview of the Resilience Concept, *Proceedings of the 8th US National Conference on Earthquake Engineering*, April 18-22, 2006.

[3. 4] G. P. Cimellaro, A. M. Reinhorn and M. Bruneau, Quantification of Seismic Resilience, *Proceedings of the 8th US National Conference on Earthquake Engineering*, April 18-22, 2006.

[3. 5] M. Bruneau and A. M. Reinhorn, Exploring the Concept of Seismic Resilience for Acute Care Facilities, *Earthquake Spectra*, 23(1), pp.41-62, 2007.

[3. 6] 日本建築学会構造委員会応用力学運営委員会：レジリエントで高い安全性を確保する構造設計とは，2016年日本建築学会大会構造部門（応用力学）パネルディスカッション資料，2016.

[3. 7] 日本建築学会建物のレジリエンスとBCPレベル指標検討特別調査委員会：事業継続計画策定のための地震災害等に対する建物の機能維持・回復性能評価指標の提案に向けて，2019年日本建築学会大会パネルディスカッション資料，2019.

[3. 8] K. Minami, et al.：Formalizing the resilience of open dynamic systems, 合同エージェントワークショップ&シンポジウム JAWS, 2012.

[3. 9] 国土交通省：土木・建築にかかる設計の基本，2002.

[3.10] 日本建築防災協会：震災建築物の被災度区分判定基準および復旧技術指針2015年改訂版，2016.

4. 震災鉄骨骨組の震災後復旧プロセスと修復による構造レジリエンス

4.1 はじめに

本章では，地震で被災した鉄骨骨組について，修復・復旧のプロセスにおけるレジリエンスの考え方を紹介する．損傷度や損傷部位の特定に関わる調査・診断，損傷部位を補修して再使用するための方法，補修した骨組の耐震性評価法，補修工事のプロセスについて示す．これにより，レジリエンストライアングル[4.1]の縦軸（本章では，構造性能とする）の変化と横軸（時間）に関わる評価項目を整理する．なお，本章では，震災前の性能を意識して回復することを「補修」とするが，意図的に震災前の性能以上に向上させることを「補強」とする．

自然災害などで被災した建築物は，建物の現況や継続性，被災状況や残存耐震性能を総合的に判断し，取り壊して建て替えるか，補修して再使用することになる[4.2]．被災後の建築物の修復・復旧プロセスは，図 4.1 のフローのようになる．

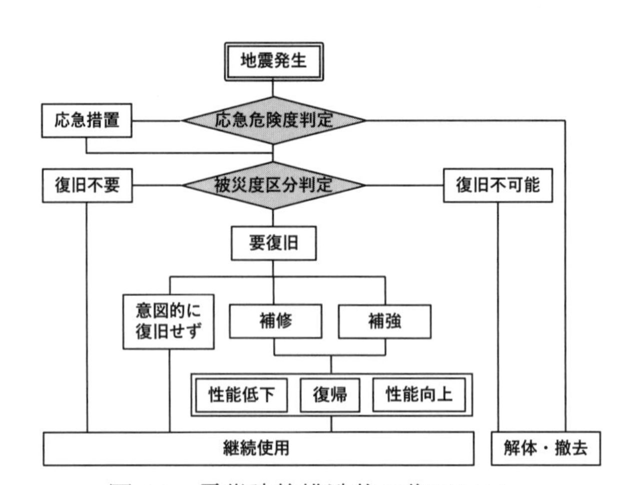

図 4.1　震災建築構造物の復旧フロー

震災建築物については，構造種別・形式ごとに補修法があり，具体的な工法・手順とともに，補修した後の耐震性能の目安などが示されている（日本建築防災協会：「震災建築物の被災度区分判定基準および復旧技術指針」[4.2]，以降，復旧技術指針と呼ぶ）．これらを参考にして，被災後から復旧までの耐震性能の回復量や工程・時間が明らかになれば，構造物の耐震性に関わるレジリエンストライアングル（図 4.2）の評価が可能になる．

建築物の耐震設計では，安全性や使用性に関わる設計規準に対して，強度型の耐震設計と，靭性型がある．構造物の耐力・靭性の照査と，塑性変形能力に富んだ崩壊機構，すなわち全層崩壊モードの形成を保証する[4.3]．補修して再使用する場合，これらの要求耐震性能を満足する必要がある．既往の補修法によると，損傷部位は補強されるが，局所的であるがゆえに，部材の耐力・剛性が過度に上昇し，骨組として局所層崩壊機構が生起しやすくなることが指摘されている[4.4]．ローカルな部材の補強にとどまらず，グローバルな視点で耐震性を回復させるための修復設計が望ましい．木を見て森を見ず，ではなく，補修が台無しにならないように設計する必要がある．

要求耐震性能の実現にあたり，補修した骨組の耐力・剛性が適切な分布となるように，具体的な補修法や耐震性評価法の考え方を示す．災害発生後，震災都市・建物の復旧・復興のプロセス，すなわち，1) 調査・診断，2) 修復計画・設計，3) 補修工事，の観点から述べる．

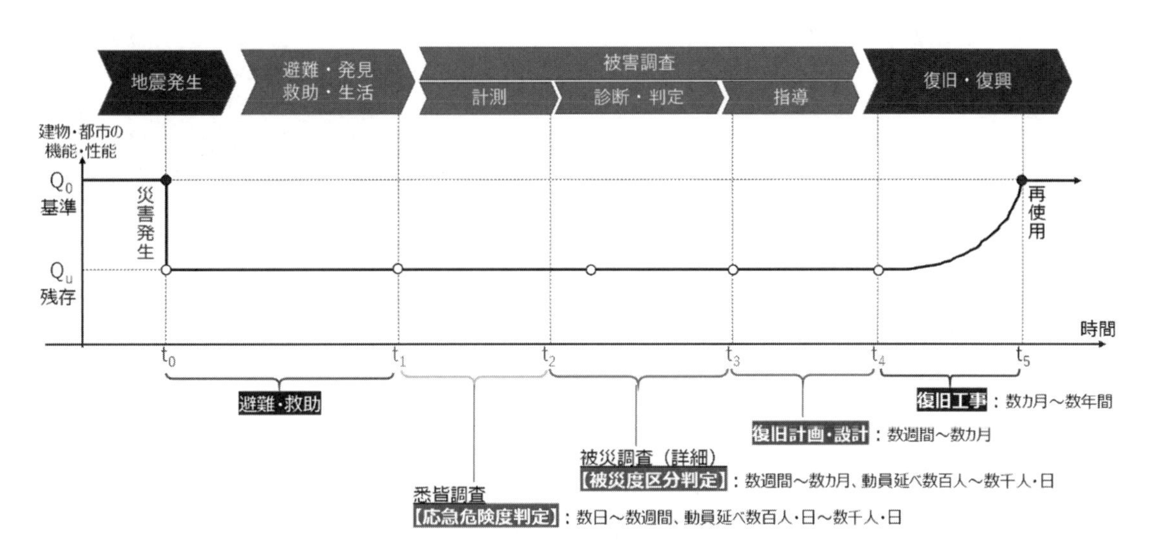

図 4.2　震災鉄骨骨組の耐震性に関するレジリエンス

4.2 震災鉄骨骨組の被害調査・診断とレジリエンス

修復・補修の要否を判断するためには，現地での詳細調査により，部材レベルの損傷状況を明らかにする必要がある．鉄骨骨組の被災度区分と復元力特性の関係を図 4.3 に示す．

震災鉄骨骨組の被害調査・診断により，部材や骨組の損傷状態と残存耐震性能を明らかにし（図 4.3 (a)），再使用の可否を判断して，補修によって耐震性能の回復が見込めるかどうかを判断する．建築物の被災度調査・診断等は，専門家の現地調査による方法をはじめ，振動特性に基づく評価法，ICT やロボットによる方法などがある（表 4.1）[4.5], [4.6]．構造体は内外装材等に覆われていることがあり，各種モニタリング手法の特性や適用範囲に合わせて診断し，構造性能が回復する補修法を採用する（図 4.3 (b)）．

表 4.1　震災鉄骨骨組の調査・診断 [4.6]

手法	計測の対象と方法	評価・診断	範囲
現地調査	変形角：下げ振り，水平器，他 損傷：目視，工具，他	応急危険度 被災度区分判定	残留変形 骨組，部材
振動計測	加速度：震度計，加速度計，他	最大値，振動特性，他	骨組，層
微動測定	加速度：加速度計，小型センサ，スマート機器，他	振動特性，他	骨組，層
ICT, IoT	ひずみ・加速度：小型センサ，スマート機器，他	最大値，振動特性，AI，他	部材
画像解析 (写真,点群)	全体変形，局所変形：ドローン，ロボット，他	損傷状況，変形，ひずみ	骨組，部材

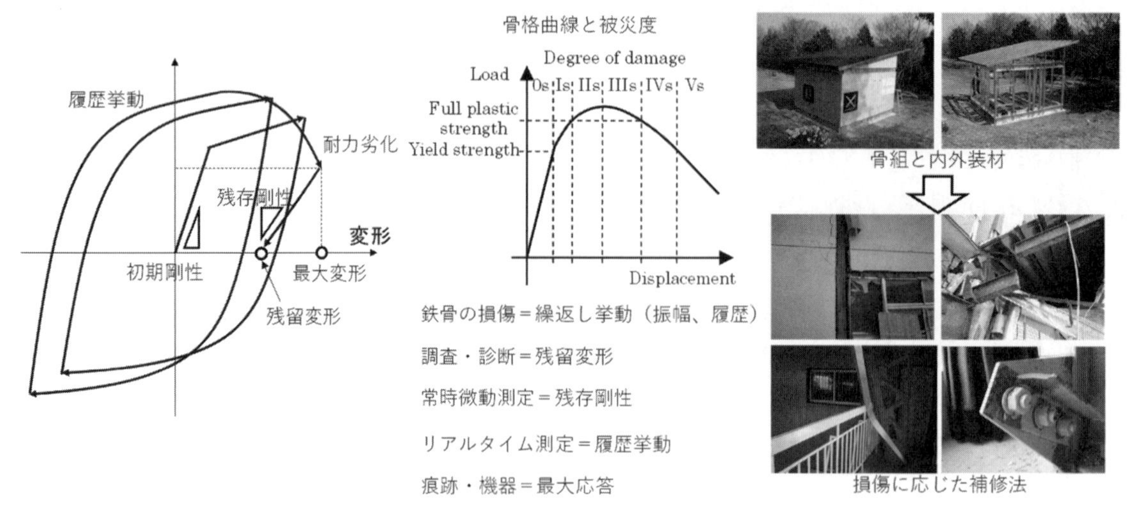

(a) 復元力特性と残存性能，モニタリング手法の対象と範囲　(b) 構造体と損傷部位の様子

図 4.3　震災建物の復元力特性とモニタリングによる評価点，損傷部位と補修法

鉄骨造建築物は，ラーメン構造とブレース構造に大別される．多くの構造骨組は内外装材などに覆われており，仕上げ材などの取り外しを伴うことがある．鉄骨骨組が露出された状態とそうでない状態では，調査・診断の方法や難易度が異なる．

現地調査の目視や簡易な計測機器により，被災度区分の判定が可能であるが，精度にばらつきが生じることがある．加速度データに基づくモニタリングは，内外装材などの振動の影響が含まれるとともに，骨組全体としての損傷の有無や，層レベルでの推定は可能であるが，部位レベルの損傷状態や崩壊モードの特定は困難な場合がある．また，ドローンやロボットを利用した撮影と画像解析による診断方法も実用化されている[4.7], [4.8].

実際の震災建築物は，骨組や部材の残留変形のみを観察・測定することができる．部材や骨組の残留変形から損傷度を予測する方法が提案されている[4.9] – [4.13]．また，地震応答中の最大応答は，簡易な機構の計測器で得ることができる．地震動の振動特性と組み合わせることで，損傷に関わる変形の繰り返し数を推定することも可能である．

このように，内外装材などの裏側にある鉄骨骨組に対して，部材レベルの損傷度と崩壊モードの特定が可能なモニタリングシステムの導入と運用が望まれる．震災鉄骨骨組は，地震応答中の累積塑性変形や塑性振幅履歴によって損傷度が決まる[4.14], [4.15]．後述の通り，損傷度と補修法により，耐震性の回復は様々である[4.4], [4.16]．リアルタイムでデータを連続的に記録していない限り，弾塑性挙動の履歴に基づく真の損傷度を評価することはできない．

レジリエンスは，性能・機能の回復量と時間軸をセットにして評価される．そのため，震災建築物の調査・診断，その後の復旧計画・工事の短縮は，高レジリエンスな構造物に直結する．余震が続く被災地では，ライフライン・インフラ・交通網などが被災して寸断することもあり，調査・診断は困難を極める[4.17] – [4.19]．作業員不足，調査・診断の長期化などが現実問題となる．詳細調査の対象建物をスクリーニングし，トリアージする方法も検討されている．

被災していることがわかっても，破断はともかく，降伏，座屈，亀裂は振動特性からでは判別が困難である．部材レベルの損傷度と崩壊モードが特定されない限り，完全なるリモート化は叶わない．現状，部材レベルでの連続モニタリングは，様々な課題により限定的であるが，計測箇所の最適化，環境発電機能，センサの小型化，省電力通信などの技術によって製品化され，実建物への実装研究も一部で進められている[4.6].

これらの被災情報は，建物所有者だけでなく，建設業者，建材メーカー，行政，保険業者などと共有し，その後の救助・復旧・復興に向けた，データサービス利用が検討されている（図4.4）．行政は，災害対策本部を設置し，リアルタイムのハザードマップの作成や公開，被災者支援，復旧計画などを手配し，被災生活や復旧・復興に向けた各種手続きを執行する．設計者（構造設計）は，震災建築物の被災状況より補修計画，すなわち，有効な補修法の採用，耐震性の回復量の評価，工事計画を策定する．建材メーカーは，補修計画に基づき，必要な資材を手配する．建設業者は，補修工事に向けて作業員，資材，工具，重機などを準備し，工事計画を立案して実施する．保険業者は，損傷度や被災状況より，復旧に向けた資金補助などを進める．これらが迅速に，確実に進められることで，復旧までの時間が短縮される．（表4.2）

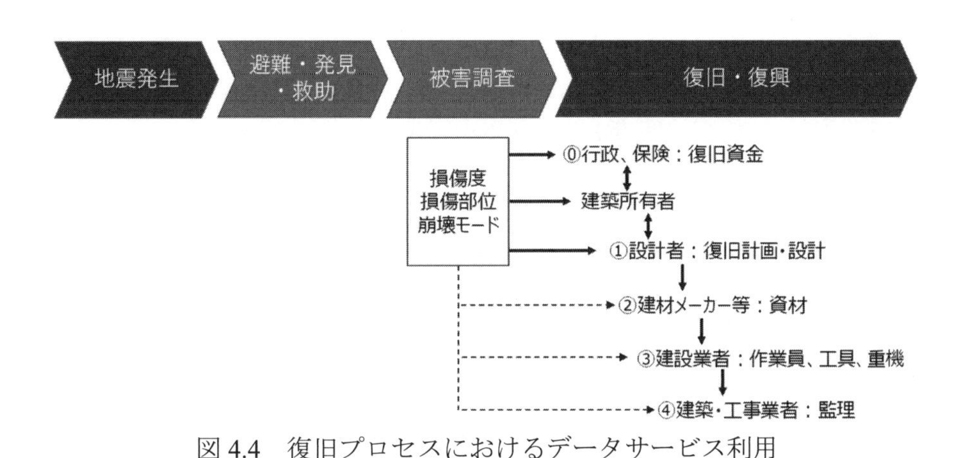

図4.4　復旧プロセスにおけるデータサービス利用

表4.2　モニタリングとレジリエンス

手法	災害時	災害後	詳細調査	復旧指針	計画・設計	ﾚｼﾞﾘｴﾝｽ
現地調査		長期	必須	個別説明	通常通り	標準
振動計測	即時可 →		要・推奨	個別説明	通常通り	標準
微動測定		中長期	必須	個別説明	通常通り	やや優位
ICT, IoT	即時可 →			即時可	短縮可	優位
画像解析 (写真点群)		中長期	必須	個別説明	3D 反映	一部優位

4.3　震災鉄骨骨組の補修法と耐震性評価法

4.3.1　震災鉄骨骨組の損傷状態と耐震性

崩壊機構を形成した鉄骨骨組は，曲げ降伏，座屈，亀裂・破断が生じる（図4.3）[4.17]－[4.19]．鉄骨部材は，累積塑性変形や塑性振幅履歴によって損傷度が決まる[4.15], [4.16]．構造設計過程では，損傷評価法によって求めることできるが，実際の震災鉄骨骨組の損傷度と残存耐震性能を把握するには，限界がある．

4.3.2　震災鉄骨骨組の補修法と補修後の復元力特性

震災鉄骨骨組を補修する場合，耐震部材を追加したり，損傷部位の取替えや補修などの方法がある[4.2]．具体的な方法は技術書や専門書を参照することができる．ここでは，損傷部位の補修について，復旧技術指針で示されている代表的な補修法を示す（図 4.5）．

補修した部材の力学特性や復元力特性に基づき，骨組全体としての耐力，剛性，靭性など耐震性を適切なレベルまで回復させる必要がある．塑性ヒンジ部は，崩壊機構における塑性挙動の関節として重要である．補修後も塑性変形を期待する場合，適切な補修が望まれる．（図 4.6）

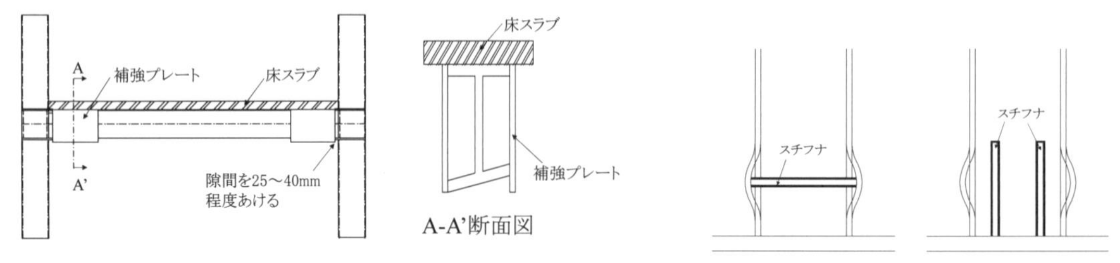

(a) 補強プレートによる剛な補修法　(b) リブやスチフナによる柔な補修法

図 4.5　震災鉄骨骨組の損傷部位の補修法[4.2]

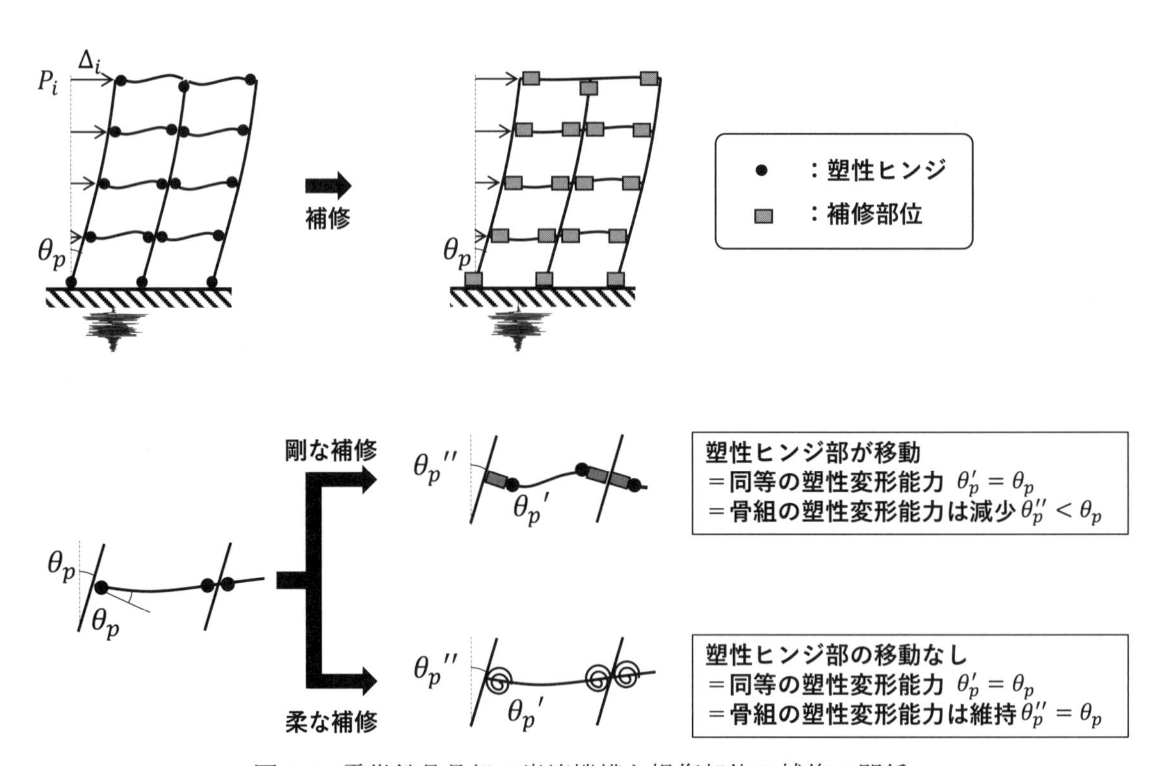

図 4.6　震災鉄骨骨組の崩壊機構と損傷部位の補修の関係

補修部材を取り付けて，補修する方法が一般的である．また，塑性ヒンジ部の形成箇所を調整し，部材耐力・剛性を元の状態と同じとする目的で，断面を切削・穿孔して断面特性を低減する方法もある．これにより，部位の曲げ剛性や耐力が周囲よりも低くなり，部材の耐力・剛性分布が変化し，変形や塑性化部位を調整することができる．これを減弱型と呼ぶ．さらに，前者の補強型と後者の減弱型を複合する方法もある（図4.7）．[4.16]

補修部材を取り付ける場合，補修部位を全面的に覆う方法や，部分的に覆う方法，リブやスチフナを取り付ける方法がある．十分な板厚の補修部材を全面的に覆うと曲げ剛性が上昇し，周囲の部位と比べて，力学的には剛な状態となる．これに対し，部分的に覆う方法やスリットを設けた補修部材，リブ，スチフナによる方法は柔な弾塑性体となりやすい．全面的に覆う方法では，補修部位は変形の進行を食い止め，その他の損傷していない部位を利用した骨組力学モデルとする．ただし，この方法では，耐力や剛性が上昇しすぎることで，周辺部材とのバランスが崩れ，局所層崩壊になるなど，塑性変形能力の乏しい骨組になることがある．これに対し，柔な弾塑性体とする方法では，剛性や耐力の調整が可能であり，骨組の崩壊機構の制御の幅が広がる（図4.8）．なお，損傷度に応じて，補修法による効果は様々であり，目標耐震性能に合わせて採用する必要がある．部材の応力分布と耐力分布の関係から決定することができる．

また，補修・復旧工事にあたり，耐震性の回復量と合わせて，補修による建物の空間・構成の変化や，諸経費（工事費用など，退去期間中の住居費，事業停止期間中の損失ほか）などを考慮する必要がある．なお，損傷度に対する回復との関係について，損傷度が軽微で簡易な補修で復旧できる場合や，大破相当で大規模な復旧が必要な場合は，コストや時間は様々であるとともに，回復の精度や信頼性も様々である．補修に要するコストや工事期間中の損失について，自己費用の他，公的支援・保険などを利用する場合，これらの手配や手続きに要する時間も考慮する必要がある．（図4.9）

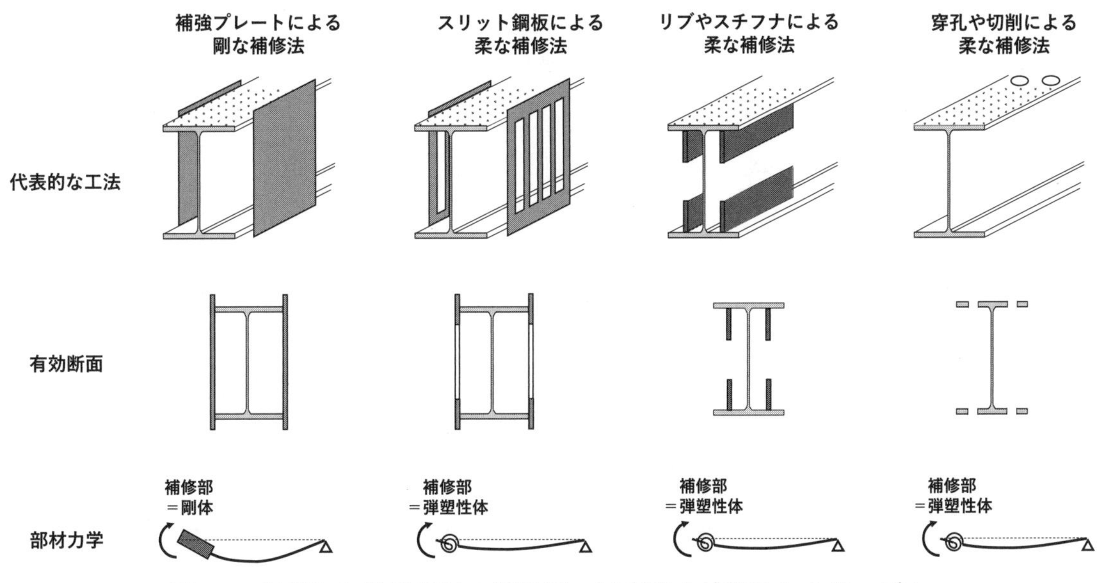

図4.7　損傷した鉄骨部材の補強型・減弱型の補修法と力学モデル

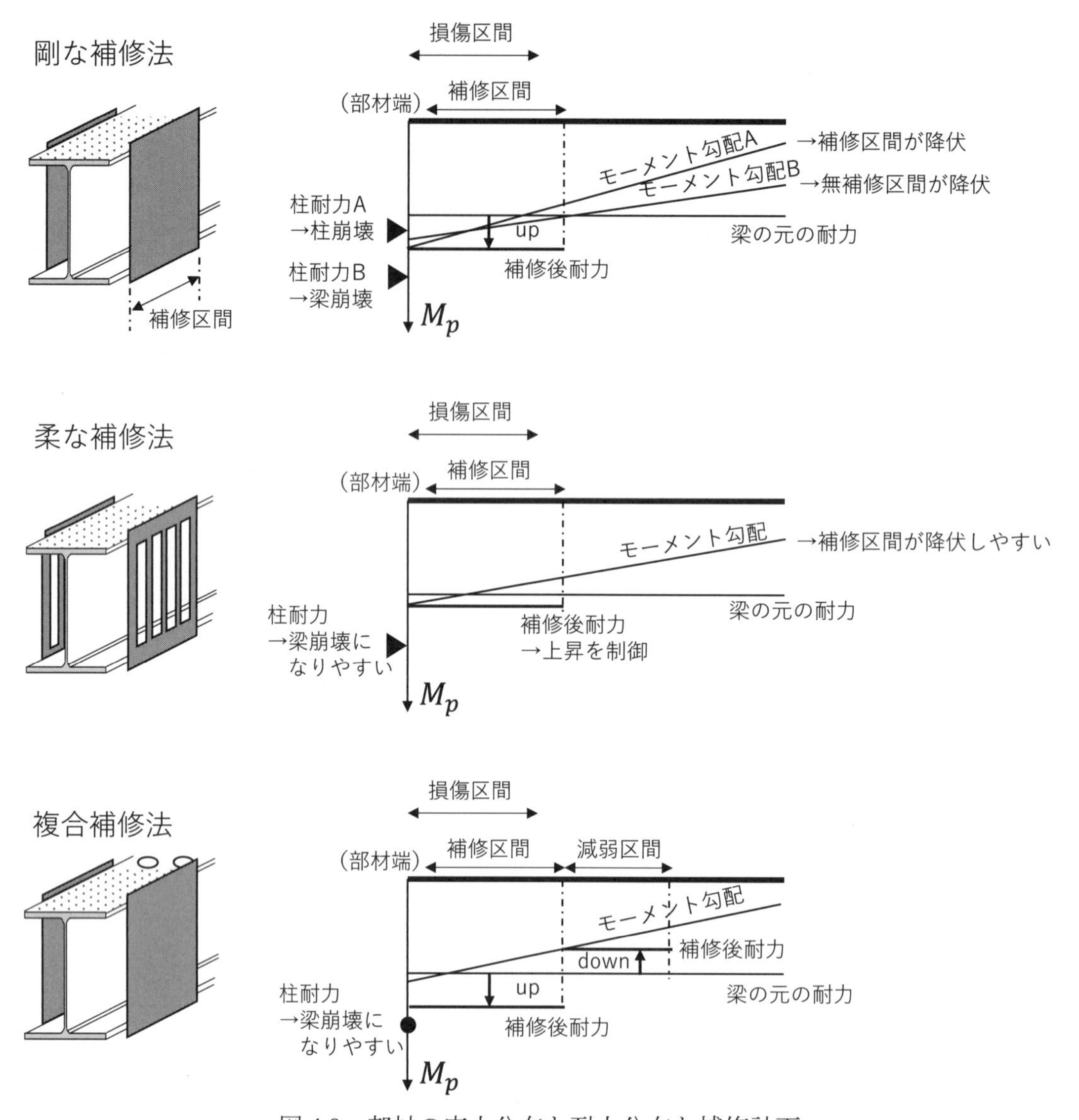

図 4.8　部材の応力分布と耐力分布と補修計画

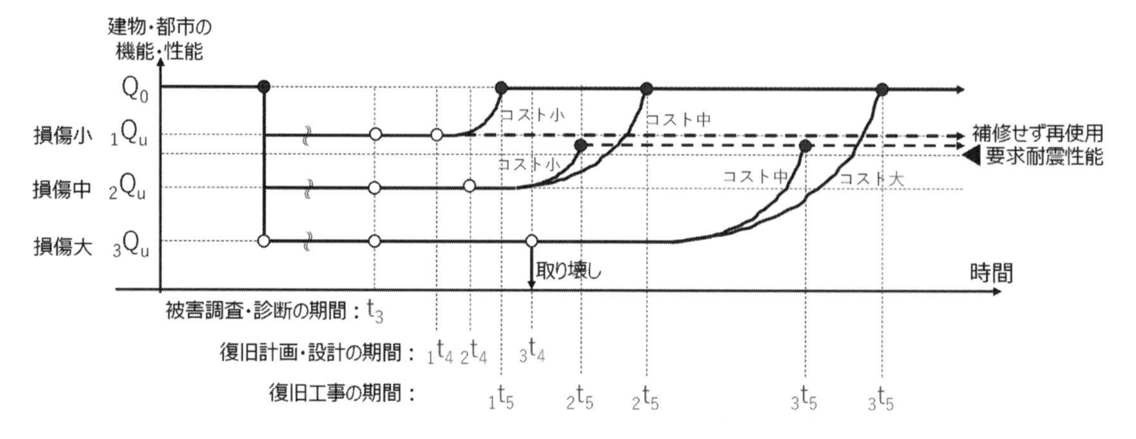

図 4.9　復旧計画・設計から復旧工事における回復・時間・コストの関係

4.3.3　補修した震災鉄骨骨組の耐震性に関する解析手法

復旧技術指針では，補修した鉄骨骨組の耐震性の評価方法が示されている[4.2]．同指針が示す補修法は，補修部位が比較的剛に近くなるため，損傷部位の耐力と剛性は上昇し，部材は十分に補強される．例えば，節点振り分け法により，各部位の耐力分布から塑性ヒンジ形成箇所を求めることができ，梁端崩壊として設計することができる．しかし，骨組に作用する水平荷重分布により，柱崩壊となることがある（図4.10）[4.4],[4.16]．これは，部材を補強するだけでは，骨組の補修にならないことを示唆している．

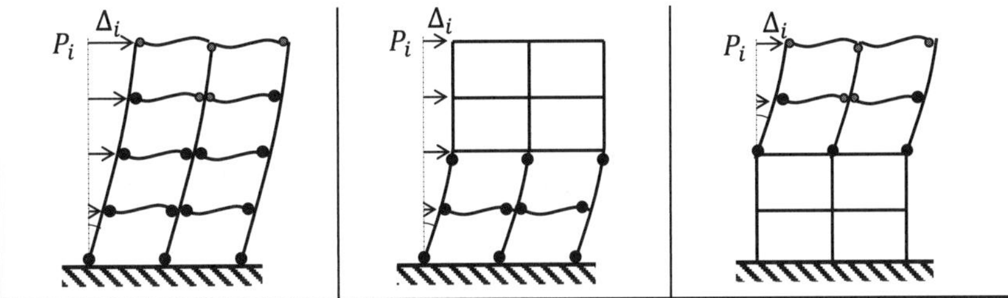

荷重効果	低次振動モードが卓越	高次振動モードも卓越	高次振動モードも卓越
ベースシア Q_{u0}	大	中〜大	小
塑性吸収エネルギー $E_p = \sum P_i \Delta_i$	大	中	小

図4.10　地震動による荷重効果と骨組の耐震性と崩壊機構

すなわち，原骨組の損傷度や補修法により，部材レベルの剛性や耐力の変化は様々で，地震動や骨組の振動特性を考慮し，補修した骨組の力学的性質や復元力特性，崩壊機構に与える影響を踏まえて，骨組の耐震性を明らかにする必要がある．具体的には，補修した部材の力学的性質と復元力特性をモデル化し，構造解析によって骨組の耐力や剛性，変形能力を評価する必要がある．

(1) 補修した部位の力学的性質と復元力特性の解析モデル

補修した部位は，その他の部位の剛性や耐力との関係から，力学的に剛体や弾塑性体と仮定することができる（図4.7）．補修部位は，損傷による材料特性の劣化や変形の影響を無視し，補修部位の耐力や剛性は，補修部材や断面欠損による有効断面の断面特性より計算でき，補修部位のバネを考慮した部材の力学モデルを骨組解析に用いればよい．なお，震災鉄骨骨組の塑性ヒンジ部の長さや補修対象部位の領域は，部材長に対して短い．このことは，補修部位の剛性は，部材や骨組の剛性に与える影響が少ないことを意味する．すなわち，耐力は考慮するのが望ましいが，剛性を考慮しなくても影響は小さい．（図4.11）

(2) 補修した骨組の構造解析

構造解析法は，静的・動的・擬似動的，弾性・塑性・弾塑性がある．補修した骨組の種別や規模などに応じた構造計算ルートに基づき，組み合わせを選択すればよい．（表4.3）

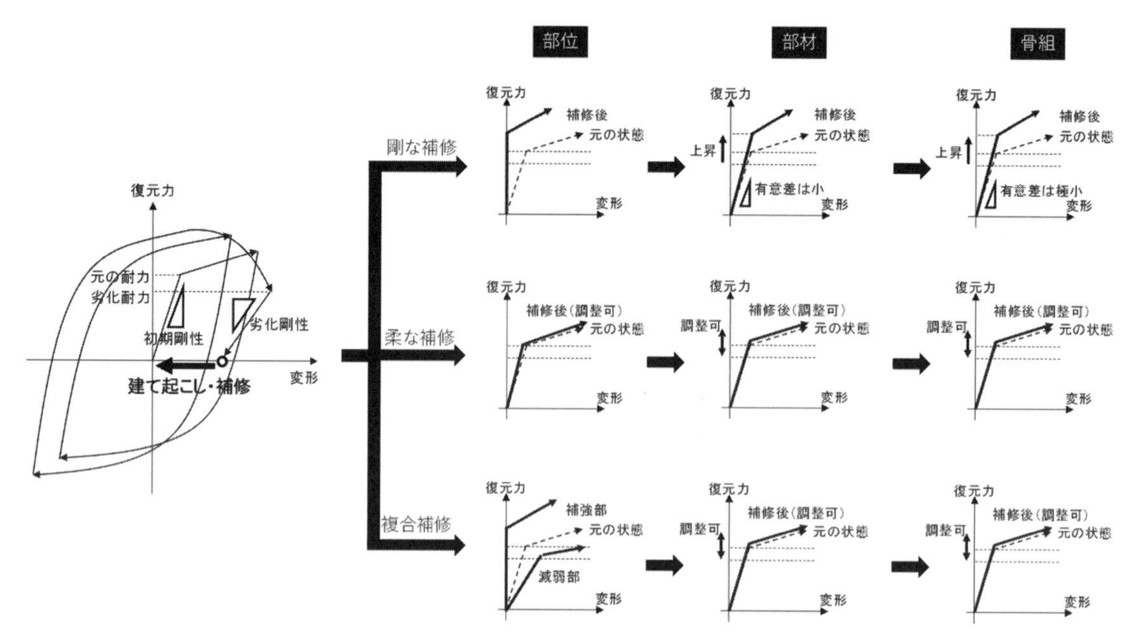

図 4.11　補修した部材と骨組の復元力特性

表 4.3　構造解析法

設計法	設計荷重	解析	規範	補修後解析モデル
許容応力度設計	公称荷重	弾性解析	作用応力度< 許容応力度	弾性剛性 許容応力度
終局耐力設計	係数倍荷重	塑性解析	崩壊荷重> 係数倍荷重	塑性耐力
限界状態計算	係数倍荷重	弾塑性解析	保有耐力> 必要耐力	弾塑性復元力特性
時刻歴応答解析による設計	地震動	時刻歴応答解析	応答値< 設計クライテリア	弾塑性復元力特性

(3) 設計用地震荷重

設計用地震荷重は，補修した骨組が遭遇する将来の地震動が対象となる．建築物に作用する地震荷重は，地震動が骨組の振動特性を介してもたらす荷重効果として作用する．すなわち，補修した骨組に関わる地震動と骨組の振動特性を考慮して算定する．

静的構造解析では，地震地域係数や振動特性係数などにより計算する．動的・擬似動的の構造解析に用いる地震動は，振幅や位相の時刻歴特性を考慮する．

地震荷重は，震源，断層，地盤などの特性により決定されるが，地震被害をもたらした地震イベントが，その過程で将来の地震動にどのような変化や影響をもたらすのかは定かではない．そこで，現在設計で使用されている地震荷重を採用することも一つである．骨組に関して，損傷部位の補修が骨組の剛性，すなわち固有周期や減衰などの振動特性に与える影響は小さい(図 4.12)．

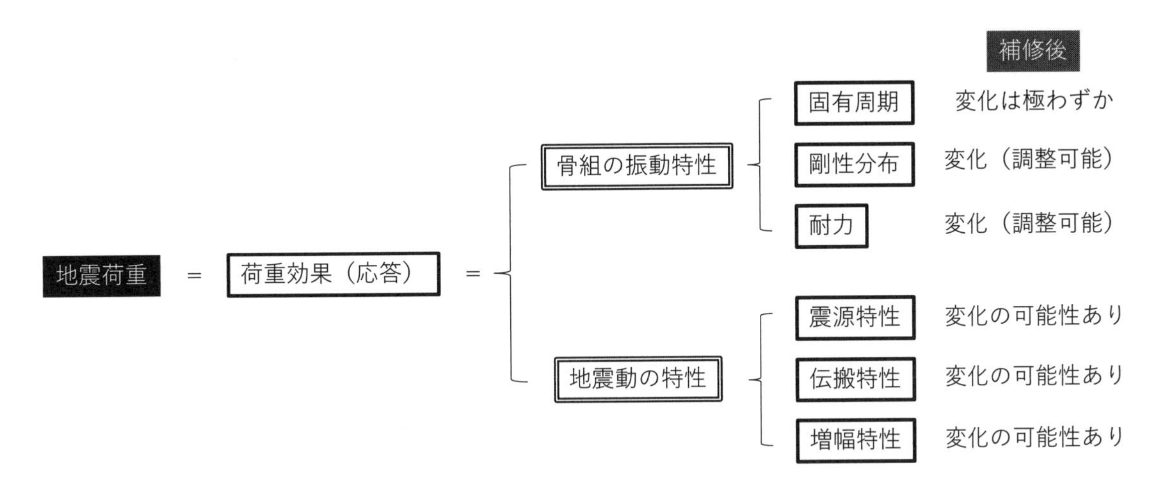

図 4.12　元の状態と補修した状態の骨組に対する設計用地震荷重

(4) 目標耐震性能

補修した骨組の目標耐震性能は，通常の耐震基準をクリアするのは最低条件ながら，どの程度の余裕度を付与すべきかの判断は，建築物の重要度や，その後の建物使用期間，復旧時コスト（工事費，工事期間中の損失など）も考慮して判断される[4.20], [4.21]．図 4.13 は，震災後の補修の違いにより，その後の経年変化と改修の関係を示している．震災後に再使用する期間により，復旧による目標性能は様々である．築年数が浅い場合，再び震災で損傷する可能性や耐久性を考慮して決定することが望ましい．一方，築年数が古い場合，建替えを視野に入れて，必要最低限の耐震性を確保しておくとする考え方もある．

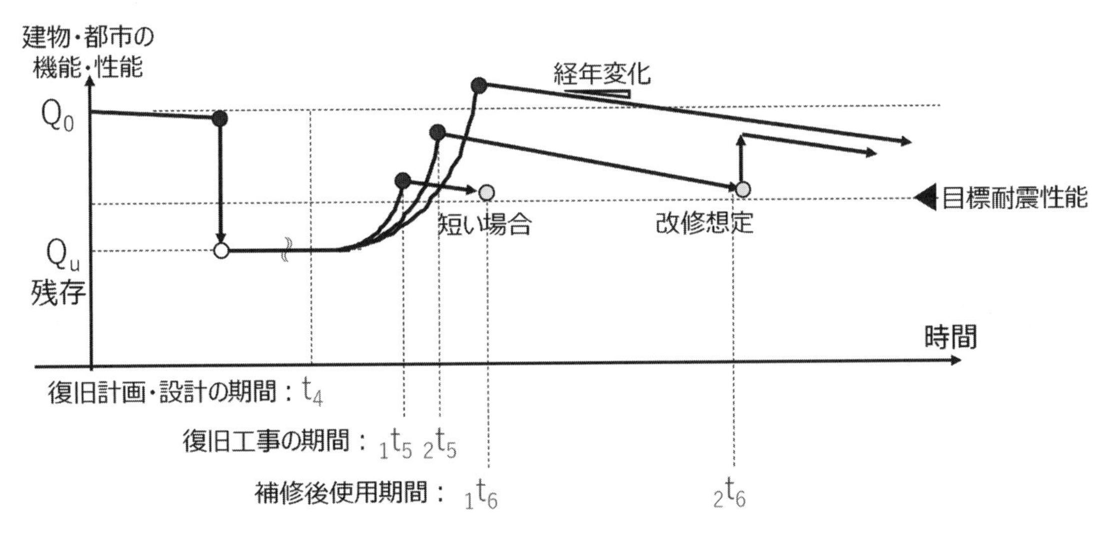

図 4.13　補修した骨組の目標耐震性能とレジリエンス

4.4　震災鉄骨骨組の補修過程とレジリエンス

震災建築物の補修設計・計画が適切で，理に適ったものであっても，具体的な補修法が存在し，耐震性の回復が保証されたものでなければならない．また，使用材料や補修工事が特殊なものでなく，汎用性のあるものが望ましい．

図 4.14 に，建築物の工程と災害時の状況を示す．鉄骨構造の生産のシステムやプロセスは合理化されており，人的・物的・事的の資源が管理され，ネットワーク化されている．震災都市・建物の状況を勘案すると，建築関係業者が被災することがある．補修に関わる作業員・資材・工具・重機などの人的・物的資源や，工事などの事的資源は，通常時と状況が異なるため，機能しないことが考えられる．そのため，被災地だけでなく，周辺地域や日本国内までを対象エリアとして広げ，復旧に関わる各種資源を広域で捉えて手配し，生産学に基づいてネットワークを再構築して最適化する方法や，BIM と連携させる方法も検討されている（図 4.14）[4.22], [4.23].

被災地では，人的・物的・事的な資源が被災し，不足する事態も想定されている．また，日常時と異なり，足元が不安定な現場での物資運搬・工事・監理が求められる．限られた資源を有効利用し，作業時の安全確保のため，復旧工事の工夫や，建設用ロボットの導入などにより，工程の合理化，操作や管理の省人化，遠隔化の方法が検討されている．震災鉄骨骨組は，部材の塑性変形や座屈・破断などにより，部材や骨組の傾斜やねじれ，凹凸の変形が生じる．このような立体不整地で補修作業を行う必要があり，デジタル・ファブリケーションや高耐久吹付け材による補修法も検討されている[4.24] - [4.26].

これらの補修法による耐震性の回復（縦軸）と，人的・物的・事的な資源のネットワーク化と運用に関わる時間（横軸）を考えて，補修の方法や工程を計画することが望ましい．

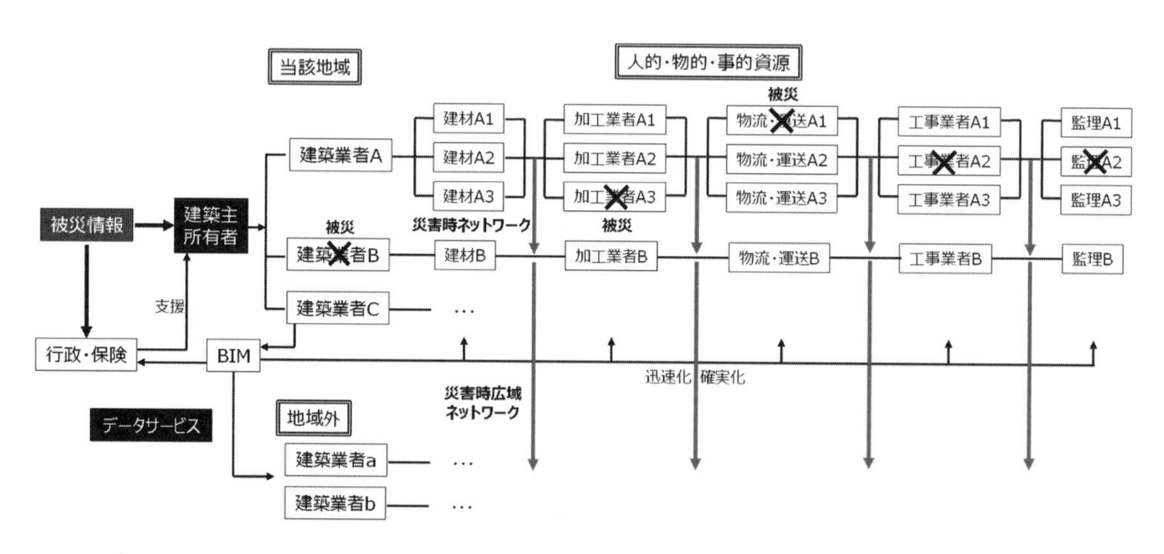

図 4.14　補修プロセスと人的・物的・事的ネットワークのイメージ図

4.5 まとめ

本章では，震災鉄骨骨組を対象とし，災害後の復旧・復興のプロセスにおいて，耐震性に関わるレジリエンスの考え方について，耐震性（縦軸）と工程・時間（横軸）を整理した．レジリエンスは，設計・計画の段階で考えることと，発災後に対応していくべきことがある．

復旧・復興に向けた第一歩は，骨組の損傷度と残存耐震性能の把握にある．耐震性を回復させるための具体的な復旧を進めるためには，部材レベルの損傷度や部位，状況を迅速に，確実に把握する必要がある．鉄骨構造の損傷度は，累積塑性変形や塑性振幅履歴によって決まる．多くのモニタリング手法が開発されている中，準備・設置・運用・コスト，ならびに評価の精度・範囲について示し，レジリエンスとの関係を述べた．

損傷した部位の具体的な補修法と耐震性の回復の関係について，復旧技術指針や学術研究成果を整理した．補修した部材や骨組の耐震性の目安が示されている場合もある．しかし，補修後の復元力特性により荷重効果が異なることから，補修した骨組の耐震性は一律的に定まらないことがある．そのため，補修した骨組の耐震性評価法に関して，部材・骨組の解析モデル，構造解析法，設計用荷重，目標耐震性能とレジリエンスの関係を整理した．

震災鉄骨骨組の補修過程について，補修計画・設計を迅速に，確実に，具体的に実行する手段や方法が必要となる．また，鉄骨構造の生産のシステムとプロセスにおいて，人的・物的・事的なネットワークは，災害により交通インフラなども含めて被災すると寸断し，機能しなくなることがある．そこで，生産学に基づき，非常時のネットワークの考え方や，復旧工事・工程・方法の複数化により，リダンダントにすることも有効である．

参考文献

[4.1] Bruneau, M., and Reinhorn, A. (2006). Overview of the resilience concept. In *Proc. of the 8th US National Conf. on Earthq. Eng.*, 2040, 18-22.

[4.2] 日本建築防災協会:震災建築物の被災度区分判定基準および復旧技術指針, 2016. 3

[4.3] 大井謙一：複数の荷重条件に対する架構の終局限界状態設計と耐震設計における崩壊機構保証設計，坂本順教授退官記念論文集，pp.213-224，1997

[4.4] 森健士郎，伊藤拓海：塑性崩壊した鉄骨骨組の補修法と補修後骨組の終局耐震限界状態の評価法，日本建築学会構造系論文集，第 83 巻，第 745 号，pp.439-449，2018.3

[4.5] 日本建築学会：鋼構造建物の震災後被災度評価・損傷評価技術，2017 年度日本建築学会大会（中国）構造部門（鋼構造）パネルディスカッション資料，2017.9

[4.6] 伊藤拓海：震災に立ち向かう AI・IoT 技術，IoT 技術による建物の地震被害検知，日本地震工学会誌, No.42, 2021.2

[4.7] 宮内博之，二村憲太郎：屋内狭所空間調査におけるマイクロドローンの活用と性能検証，第 20 回建設ロボットシンポジウム，2022.8

[4.8] 伊賀上卓也，速水桃子，吉田健一，山中哲志，淺間一，山下淳：三脚・UAV・4 脚ロボット搭載型計測装置による光切断法に基づくトンネル 3 次元計測の比較，第 20 回建設ロボットシンポジウム，2022.8

[4.9] 吉敷祥一，山田　哲：露出柱脚の基礎コンクリート周辺ひび割れに基づく損傷評価－“見える損傷”の定量化に基づく鋼構造骨組の即時損傷評価法　その 1－，日本建築学会構造系論文集，第 79 巻，第 704 号，pp.1547-1557，2014.10

[4.10] 吉敷祥一，巽　信彦：単一山形鋼ブレースの残留たわみと両脚の開きに基づく損傷評価－“見える損傷”の定量化に基づく鋼構造骨組の即時損傷評価法　その 2－，日本建築学会構造系論文集，第 81 巻，第 719 号，pp.143-153，2016.1

[4.11] 吉敷祥一，岩﨑祐介：局部座屈変形に基づく鋼柱の残存耐力評価－“見える損傷”の定量化に基づく鋼構造骨組の即時損傷評価法　その 3－，日本建築学会構造系論文集，第 82 巻，第 735 号，pp.735-743，2017.5.

[4.12] 加藤淳一朗，松本由香，小林遼壱，山崎謙太：被災した鋼部材の局部座屈波形計測に基づく残余耐震性能の推定, その 1~3, 2019 年度日本建築学会大会学術講演梗概集, pp.1139-1044, 2019.9

[4.13] 伊山潤：地震後残留変形から累積損傷を推定する確率的手法に関する研究，日本建築学会構造系論文集，第 81 巻，第 730 号，pp.2005-2012，2016.12

[4.14] 桑村仁，高木直人：「破断履歴の相似則」の検証，日本建築学会構造系論文集，66 (548), pp.139-146，2001

[4.15] 小山毅，伊山潤，桑村仁：ランダム振幅を受ける鋼部材の破断変形能力の予測，日本建築学会構造系論文集，78 (687)，pp.997-986，2013.5

[4.16] 伊藤拓海：被災した建物の調査・診断とレジリエンス，2021 年度日本建築学会大会構造部門（応用力学）パネルディスカッション，2021.9

[4.17] 日本建築学会：阪神・淡路大震災調査報告，建築編 3，1998.3

[4.18] 日本建築学会：東日本大震災合同調査報告，総集編，2016.12

[4.19] 日本建築学会：東日本大震災合同調査報告，建築編 3，2014.3

[4.20] 岩田善裕，杉本浩一，桑村仁：鋼構造建築物の修復限界：鋼構造建築物の性能設計に関する研究　その 2，日本建築学会構造系論文集，70 (588)，pp.165-172, 2005

[4.21] 杉本浩一，田中直樹，寺岡勝，岩田善裕，桑村仁：兵庫県南部地震における修復実績コストを基にした鋼構造建築物の修復限界，日本建築学会大会 PD 資料，pp.53-72，2003.9

[4.22] Tomoki OSHIMA, Aya ISHIGAKI, Takumi ITO, Kenjiro MORI: Inventory routing problem for building members to shorten the period of damaged building restoration, *Proceedings of 17th World Conference on Earthquake Engineering*, 2020.9

[4.23] 池上晃司：建設 DX における BIM について－データを建築生産プロセスへ組み込む－，第 20 回建設ロボットシンポジウム，2022.8

[4.24] 日本建築学会：建築鉄骨ロボット溶接の過去・現在・未来 ― 先端技術を使いこなすための道筋，2019 大会 PD 資料，2019.9

[4.25] 日本建築学会：第 12 回　ワークショップ「建築施工に有効な作業ロボットの活用と今後展望について」（シンポジウム資料），2021.3

[4.26] 戸田武，宮口幹太，錦古里洋介，倉知星人，千葉力：四足歩行ロボットによる建設施工管理，第 20 回建設ロボットシンポジウム，2022.8

5. 単体建物の確率論的耐震レジリエンス評価

5.1 はじめに

レジリエンス(Resilience)は辞書[5.1]によれば，変形後に元の形や位置に戻る能力とされている。システムにおいては，しなやかに適応して生き延びる力だけではなく，備えておくべきリスク対応能力，あるいは危機管理能力としてレジリエンスが注目されている。2003 年，Bruneau ら[5.2]はレジリエンスの概念から出発し，ロバスト性(Robustness)，回復迅速性(Rapidity)，冗長性(Redundancy)と臨機応変さ(Resourcefulness)の 4 つの特性(4Rs) からそれぞれ技術的(Technical)，組織的(Organizational)，社会的(Social) と経済的(Economic) との 4 次元(TOSE) を評価することで耐震レジリエンスを評価する概念的な枠組を提案した。

耐震レジリエンスに関する研究はここ 15 年程度で世界で目まぐるしく進歩しているが，日本においては，主に理論と概念についての検討が先行している[5.3]-[5.5]。近年，日本建築学会では高レジリエンス構造システム小委員会および建物のレジリエンスと BCP レベル指標検討特別調査委員会が設置され，耐震レジリエンスについての研究活動が数多く実施された。様々な議論を通じて研究はより一層の進展を見せたが，一方で具体的な構造物を対象とした耐震レジリエンスの定量的な評価に関する研究がほとんど見当たらない。耐震レジリエンスを評価することで，構造物が地震災害から効率的に耐え，回復することの重要性を認識することができる。よって，本章では，耐震レジリエンスを概念化段階から定量化が可能な実践化段階に進めるべく，単体建物の確率論的耐震レジリエンス評価法をまとめる。

5.2 単体建物の耐震レジリエンス評価法

5.2.1 耐震レジリエンス指標

建物単体の耐震レジリエンスは，地震災害が発生しても，建物が一定の機能を維持し，回復できる能力として定義される。レジリエントな建物は構造損傷確率を低く抑えること，発災時損失をできるだけ軽減することと発災後速やかに回復することの 3 点を目指している[5.6]。これは，従来の防災課題のように災害の損失に着目するだけではなく，災害が発生する前に建物を

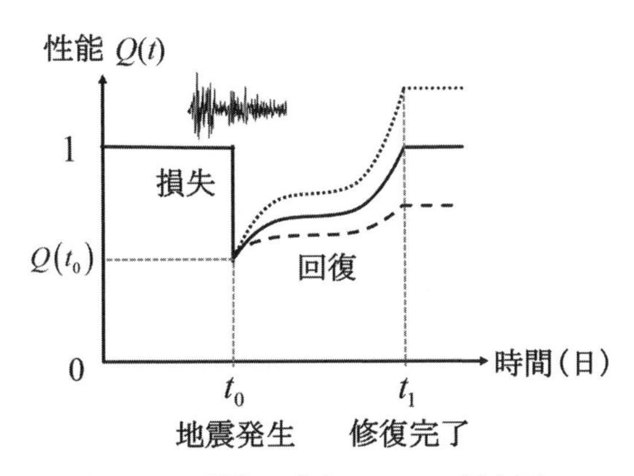

図 5.1　耐震レジリエンスの概念図

適切に補強することで損傷確率を減らし，災害が発生した際にできるだけ短い時間で回復することを目標としている。

耐震レジリエンスの概念図を図 5.1 に示す。横軸は時間で，縦軸は建物の性能を表す。具体的には，災害が発生する前($0\sim t_0$) を建物の性能は無傷で 1 と仮定し，地震災害の発生(t_0)に伴い，性能もある程度減少し，t_1までの回復過程($t_0\sim t_1$) を経て元の性能に戻る建物の経時的な性能変化を表す建物の災害対応能力としている。

耐震レジリエンスの定量化において，様々な研究が行われているが，構造物災害後の性能低下量の変化(レジリエンストライアングル)を把握することによって，耐震レジリエンスを定量的に評価することは基本である。よく使われる耐震レジリエンス指標式[5.2], [5.7]は次の 2 つの式で表される。

$$R=\int_{t_0}^{t_1}\left(1-Q(t)\right)dt \tag{5.1}$$

$$R^*=\int_{t_0}^{t_1}\frac{Q(t)}{t_1-t_0}dt \tag{5.2}$$

ただし，

$$Q(t)=1-L\times\left[H\left(t-t_0\right)-H\left(t-t_1\right)\right]\times f_{\mathrm{REC}} \tag{5.3}$$

ここで，$Q(t)$: 建物の経時的な性能変化を表す性能関数，t_0: 地震災害の発生時間，t_1: 回復段階の終了時間，$H(\cdot)$: ヘヴィサイドの階段関数，L: 損失関数，f_{REC}: 回復関数である。

式(5.1)が，評価建物の時間経過とともに予想される性能低下量(レジリエンストライアングル)を測定することによって耐震レジリエンスを定量的に評価する。一方，式(5.2)が地震災害後に建物の残余性能比(残余性能/総性能) によって耐震レジリエンスを定量化する。2 つの指標式とも評価対象の耐震レジリエンスを異なる角度から映すことができるが，式(5.2)の評価結果の増大傾向は式(5.1)のよりも「レジリエンス」本来の意味に近いし（指標の値が大きいほど耐震レジリエンスが良い），耐震レジリエンスを定量的に評価するのに適しているので，本章では，式(5.2)に示す耐震レジリエンス指標式を用いて，単体建物の耐震レジリエンス評価を行う。

5.2.2 損失関数

式(5.3)に示すように，耐震レジリエンス指標の定量化に対し，性能関数においての損失関数 L がまず必要となる。システムの耐震レジリエンス評価における損失関数について，概ね直接経済損失，非直接経済損失，直接人命損失と非直接人命損失の 4 種類に分けて検討したが[5.7]，本章では建物単体構造上の耐震レジリエンス評価に着目するので，直接経済損失(Direct Economic Loss)のみを考えて評価を行う。主に構造的損失である直接経済損失は，建物の修繕費用と建て替える費用の比率として次式で表すことができる。

$$L_{DE}=\sum_{j=1}^{n}\left[\frac{C_{s,j}}{I_s}\times\prod_{i=1}^{T_i}\frac{\left(1+\delta_i\right)}{\left(1+r_i\right)}\times P_j\right] \tag{5.4}$$

ここで，j: 建物の損傷程度により定まる性能限界状態，$C_{s,j}/I_s$: 各性能限界状態に対する構造損失比($C_{s,j}$: 各性能限界状態に対する建物の修繕費用，I_s: 建物の建替え費用)，r_iと$\boldsymbol{\delta}_i$: 国情による定まる年間割引率と年間償却率，T_i: 地震災害が発生した際の建物の経過年数，P_j: 各性能限界状態が出現する確率(総破壊確率)である。

耐震信頼性解析では，建物の各性能限界状態に対する総破壊確率 P_j を式(5.5)によって評価する[5.8]。

$$P_j = \sum_{IM} P_f\left(IM\right) f\left(IM\right) \tag{5.5}$$

ここで，IM: 地震動強度を表す指標，$P_f(IM)$: フラジリティ評価から得られる各性能限界状態の地震動強度ごとの損傷確率，$f(IM)$: 地震ハザード評価から得られる検討したい地域の各地震動強度の発生確率である。

これから，単体建物の耐震レジリエンス評価における必要な耐震フラジリティ評価と地震ハザード評価の詳細について述べる。

(a) 建物の耐震フラジリティ評価

地域によって建物の地震動強度ごとの各性能限界状態の損傷確率が条件づき確率の形式とし，次式で表すことができる。

$$P_f\left(\alpha\right) = \mathrm{Prob}\left[DM > Ds \mid IM = \alpha\right] \tag{5.6}$$

ここで，DM: 地震動強度 IM に対する建物の最大応答値，Ds: 建物種類ごとに定義される各性能限界状態の限界値である。フラジリティ曲線の作成に当たり様々な方法が提案されているが，その中の数値シミュレーションに基づく対数空間における線形回帰法[5.9]は，主に以下の 3 つの仮定に基づいて，フラジリティ曲線を求めることとなる。

1) 建物の最大応答値 DM が地震動強度 $IM = \boldsymbol{\alpha}$ のとき対数正規分布$\boldsymbol{\Lambda}(\boldsymbol{\mu},\boldsymbol{\sigma}^2)$ に従う。

2) DM の中央値 m_{DM} が地震動強度 IM と式(5.7)のような指数線形の関係があって，その対数平均値$\boldsymbol{\lambda}$を式(5.8)のように計算する。

$$m_{DM} = aIM^b \tag{5.7}$$

$$\lambda = \ln m_{DM} = \ln a + b \ln IM \tag{5.8}$$

ここで，a と b は対数空間における線形回帰で決められる。

3) DM の対数標準偏差$\boldsymbol{\xi}$は地震動強度 IM と関係なく，IM の全範囲にわたって定値と見なす。

上述の 3 つの仮定から，式(5.6)のフラジリティ曲線は次式の対数正規分布関数で表すことができる。

$$P_f\left(\alpha\right) = 1 - \Phi\left(\frac{\ln Ds - \lambda_\alpha}{\xi_\alpha}\right) = 1 - \Phi\left(\frac{\ln Ds - \ln a - b \ln \alpha}{\xi}\right) \tag{5.9}$$

ここで，$\boldsymbol{\Phi}(\cdot)$は標準正規分布の累積分布関数である

非線形動的解析における各 IM レベルの構造的な倒壊の場合を考慮すると，式(5.9)で示す関数

は，以下のように書き直す必要がある。

$$P_f(\alpha) = 1 - \mathrm{Prob}\left[NC \mid \alpha\right] \times \Phi\left(\frac{\ln Ds - \ln a - b\ln\alpha}{\xi} \mid NC\right) \tag{5.10}$$

ただし，

$$\mathrm{Prob}\left[NC \mid \alpha\right] = \frac{N_{NC,\alpha}}{N_{total}} \tag{5.11}$$

ここで，$N_{NC,\boldsymbol{\alpha}}$は$IM = \boldsymbol{\alpha}$のとき構造非倒壊の件数，$N_{total}$は各$IM$レベルの入力地震動の総数である。

前述の方法は解析の簡便さにより実用に最も使われているが，2 つのパラメターのみ考える確率モデルとして結果の精度に及ぼす影響を考えなくてはいけないとの指摘があるので，本章では，その方法の弱点に着目して改善された 3 つのパラメターを用いる対数正規分布に基づくフラジリティ評価法[5.10]を採用する。

具体的には，まずフラジリティ関数は以下のようになる。

$$P_f(\alpha) = 1 - \mathrm{Prob}\left[NC \mid \alpha\right] \times \Phi\left(\frac{\ln\left|\frac{\alpha - \mu_\alpha}{\sigma_\alpha} - u_b\right| - \ln\frac{|u_b|}{\sqrt{A}}}{\sqrt{\ln A}} \mid NC\right) \tag{5.12}$$

ただし，

$$A = 1 + \frac{1}{u_b^2} \tag{5.13a}$$

$$u_b = (c+d)^{\frac{1}{3}} + (c-d)^{\frac{1}{3}} - \frac{1}{\eta_\alpha} \tag{5.13b}$$

$$c = -\frac{1}{\eta_\alpha}\left(\frac{1}{2} + \frac{1}{\eta_\alpha^2}\right) \tag{5.13c}$$

$$d = \frac{1}{2\eta_\alpha}\sqrt{\eta_\alpha^2 + 4} \tag{5.13d}$$

ここで，$\boldsymbol{\mu}$，$\boldsymbol{\sigma}$と$\boldsymbol{\eta}$はDMの平均値，標準偏差と歪度である。

また，IM レベルごとに繰り返さなければならない多数の構造解析を回避するため，以下のような 3 つのパラメターとIMの関係を利用することを勧める。

$$\mu = e_1 IM + e_2 \tag{5.14a}$$

$$\sigma = e_3 IM + e_4 \tag{5.14b}$$

$$\eta = \frac{1}{n}\sum_{i=1}^{n}\eta_i \tag{5.14c}$$

ここで，e_1，e_2，e_3とe_4は線形回帰で決定できる係数で，nは考慮するIMのレベル数である。

以上で，動的解析の結果に基づき，陽的な目標建物のフラジリティ関数は式(5.12)で表示することができる。

(b)想定地点での地震ハザード評価

ある地点に注目した場合，地震動強度の超過確率を地震ハザードといい，それを定量的に解析する方法として，確率論的地震ハザード評価(PSHA)があげられ，以下のように計算することができる。

$$H_Y\left(y\right)=\mathrm{Prob}[Y>y]_{t=1}=1-\exp\left[-\lambda\left(y\right)\right] \tag{5.15}$$

ただし，

$$\lambda\left(y\right)=\sum_{i=1}^{n}\lambda_i\times\int_{M_{\min}}^{M_{\max}}\int_{R_{\min}}^{R_{\max}}P\left(IM>y\mid M,R\right)f_M\left(m\right)f_R\left(r\right)dmdr \tag{5.16}$$

ここで，MとRはマグニチュードと震源距離で，$f_M(m)$と$f_R(r)$はMとRの確率密度関数で，$\boldsymbol{\lambda}$は各断層で地震の発生を表す年間超過率で，nは考慮する震源数である。

いくつかの確率モデル(例えば，地震の発生はポアソン過程に従うこと，MとRを固定した場合IMは対数正規分布に従うこと，1つの震源上で発生し得る地震の震源距離は均一分布に従うことなど)を仮定する上で，地震ハザードの結果は離散的な解析値として得られ，日本ではこの部分の結果は国立研究開発法人防災科学技術研究所が提供するネットである J-SHIS[5.11]から公開されている。そして，超過確率の相補累積確率という概念に従い，PSHA の地震ハザード結果を用いて，各場所の任意地震動強さの年間発生確率は下式のように略算できる。

$$f\left(IM=\frac{\alpha_i+\alpha_{i+1}}{2}\right)\approx\mathrm{Prob}\left[\alpha_i<IM\le\alpha_{i+1}\right]=H_Y\left(\alpha_i\right)-H_Y\left(\alpha_{i+1}\right) \tag{5.17}$$

ここで，$\boldsymbol{\alpha}_i$と$\boldsymbol{\alpha}_{i+1}$は目標$IM$の PSHA で解析した隣接する地震動強さである。

5.2.3 回復関数

式(5.3)に示すように耐震レジリエンス評価において，回復段階のモデル化，あるいは回復関数を設定する必要がある。地震災害を受けてから，建物自身の耐震性能のほか，時間，空間，経済など，様々な外因に影響されるから，この段階のモデル化が非常に複雑となる。実際には，単体建物の耐震レジリエンス評価を行うとき，建物の具体的な状態に合わせてより正確に回復モデルを設定することが望ましいが，建物の回復段階には様々な不確定性が含まれるため，そのようなモデルを作成するのが非常に困難になる。この部分については様々な研究[5.12]-[5.13]が行われていたが，よく使われるのが式(5.18a)~(5.18c)のような3つの簡略された回復関数である。

$$f_{REC_1}=1-\frac{t-t_0}{t_1-t_0} \tag{5.18a}$$

$$f_{REC_2}=\exp\left[-\ln 200\times\frac{t-t_0}{t_1-t_0}\right] \tag{5.18b}$$

$$f_{REC_3} = \frac{1}{2}\left\{1 + \cos\left[\pi \times \frac{t - t_0}{t_1 - t_0}\right]\right\} \tag{5.18c}$$

式(5.18a)は線形関数であり，限られた情報が実際の回復過程に関していかなる合理的な仮定も許さない場合使用される。式(5.18b)は指数関数であり，建物ほとんどの性能を迅速に回復することができるが，完全な回復には長い時間がかかる場合に適する。式(5.18c)は三角関数であり，回復過程の最初と最後の段階が建物の性能に小さな影響を与える場合に適する。耐震レジリエンス評価では回復過程のモデル化を非常に重要な部分としているため，同じ解析モデルであっても異なる回復モデルを選択すると，言い換えれば，異なる回復過程を経ると，算出した耐震レジリエンス指標が異なる結果となる。

5.2.4 単体建物の耐震レジリエンス評価の流れ

上述より，単体建物の耐震レジリエンス評価の流れを図 5.2 に示す。この流れに従い，単体建物の解析モデルを損失と回復両方面から考察し，耐震レジリエンスを定量的に評価できる。

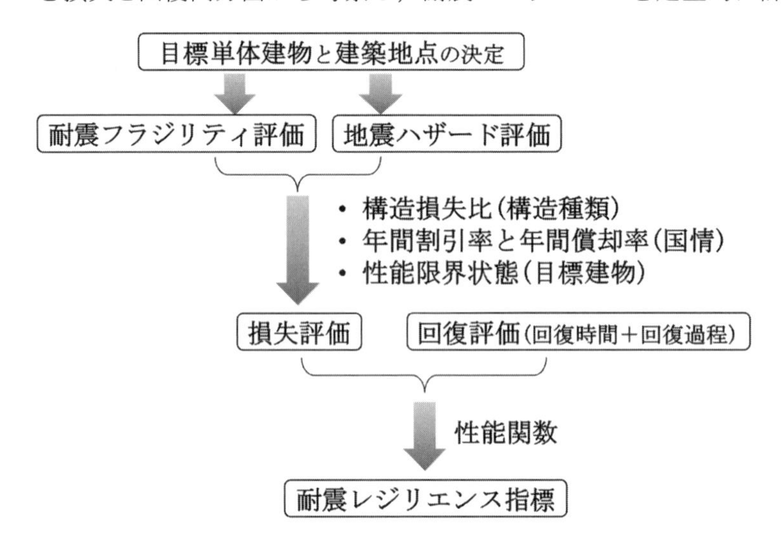

図 5.2　単体建物の耐震レジリエンス評価の流れ

5.3 評価例—鉄骨骨組の耐震レジリエンス評価

5.3.1 解析モデル

本章では，１つの数値例として鉄骨骨組を対象とした耐震レジリエンス評価を行い，ブレースで主体構造の耐震レジリエンスをどの程度改善されるかを定量的に明らかにすることを目標とする。文献[5.14]を参考した上で、図 5.3 に示す 5 層 3 スパンの純骨組鉄骨構造(モデル 1)と中央スパンにブレースを K 形に配置したブレース付き鉄骨骨組構造(モデル 2)を解析対象とする。2 つのモデルともに鉄骨造でブレースの有無の他，寸法，部材強度など，全て同じに設定する。柱は角形鋼管で，梁は H 形鋼で設定し，解析モデルの部材断面の詳細を表 5.1 に示す。また，動的解析の初期設定として，層重量は，梁 1m あたり 39kN として，全ての節点に均等配分した。部材の降伏応力度を 235N/mm^2 に設定した。

表 5.1　構造部材の詳細(mm)

階	柱	梁	ブレース
5	□-250×250×6	H-240×170×7×11	PL-9×25
4	□-350×350×8	H-300×200×9×14	PL-12×32
3	□-350×350×9	H-340×250×9×14	PL-12×45
2	□-350×350×11	H-360×300×9×14	PL-12×60
1	□-400×400×11	H-390×300×9×14	PL-12×70

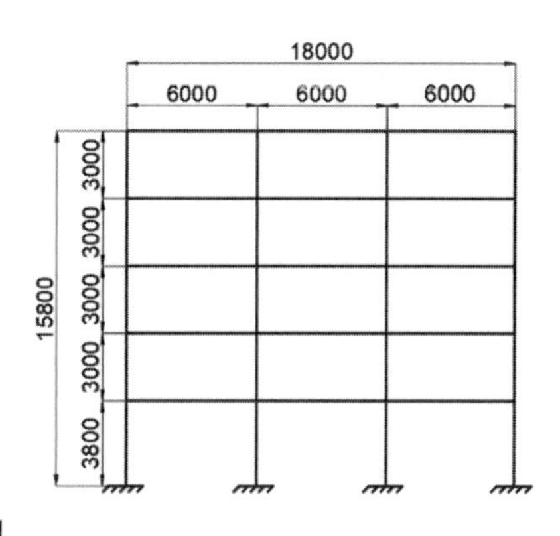

(a) モデル1

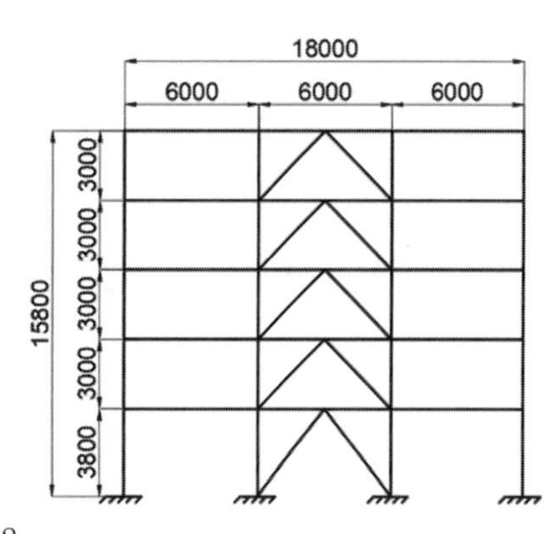

(b) モデル2

図 5.3　解析モデル(mm)

5.3.2 損失評価

まず，2つの解析モデルについて建築物の立体地震応答解析ソフトウエア STERA_3D[5.15]で非線形時刻歴解析によりDMを求める。DMを建物の最大層間変形角とし，Dsを文献[5.16, 5.17]により定める。表5.2に鉄骨構造の各損傷限界状態における限界値Dsと対する構造損失比[5.18]$C_{s,j}/I_s$を示す。

表 5.2　鉄骨骨組の各性能限界状態の限界値と構造損失比

性能限界状態	限界値 Ds(最大層間変形角)	構造損失比
軽微	1/200	5%
小破	1/150	15%
中破	1/100	45%
大破	1/75	85%

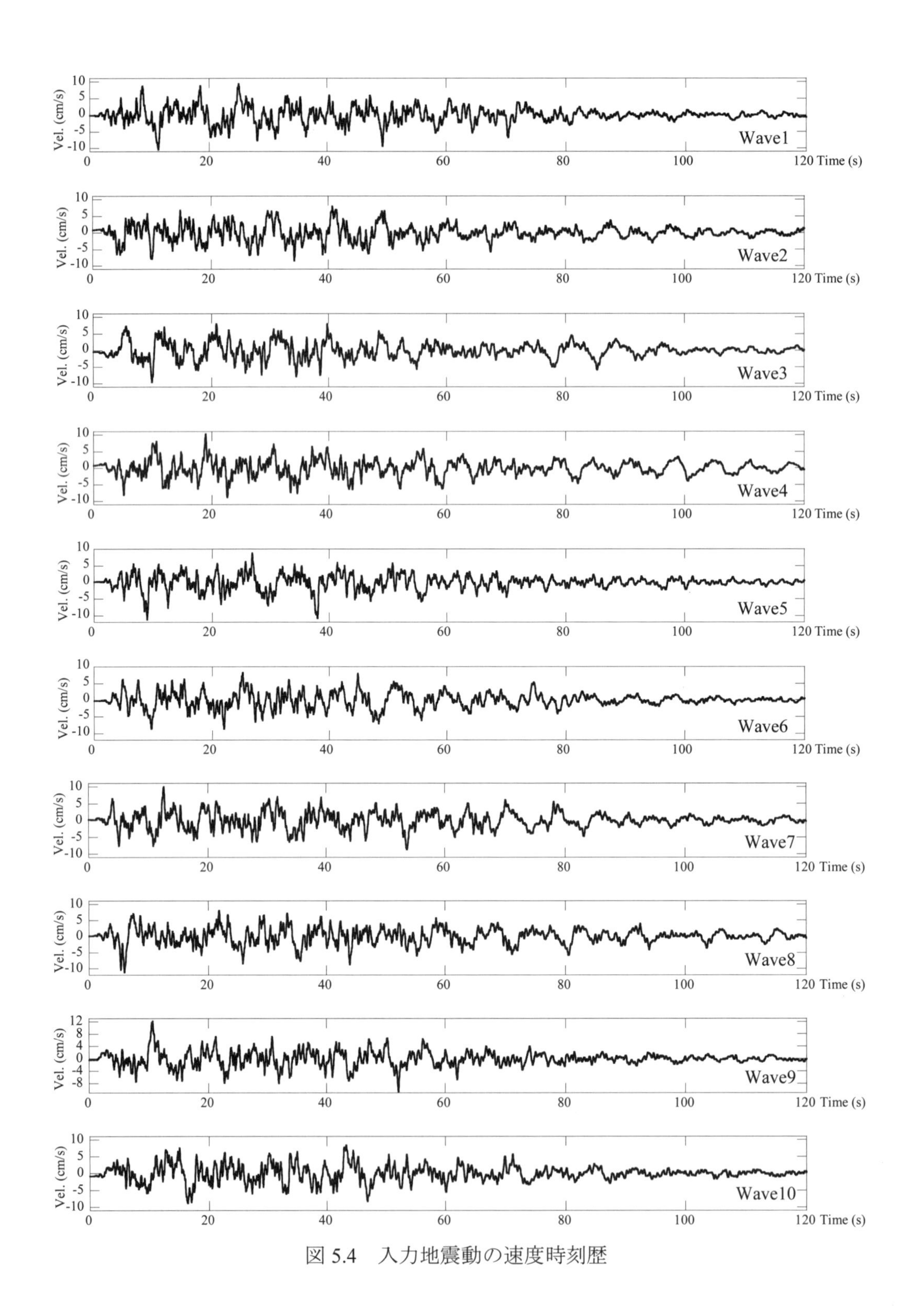

図 5.4　入力地震動の速度時刻歴

鋼材のヤング係数は 205 kN/mm^2 とする。部材の復元力特性はバイリニアモデルとし，二次剛性は初期剛性の 1/50 とする。減衰は瞬間剛性比例型とし，一次固有周期に対する減衰定数を 2% とする。日本の建築基準法で定められた稀に発生する地震動の設計用応答スペクトルに適合するように作成した模擬地震動[5.19]10 波を最大速度 10Kine から 150Kine まで 8 段階に調幅し入力波とする。ここで，模擬地震動の位相特性は一様乱数とし，包絡関数は日本建築センター指針によるレベル 2 地震動(継続時間 120s)を用いる。入力波の速度時刻歴を図 5.4 に示す。非線形時刻歴解析の結果として，入力地震動の地表面最大速度と解析モデルの最大層間変形角の関係を図 5.5 に示す。

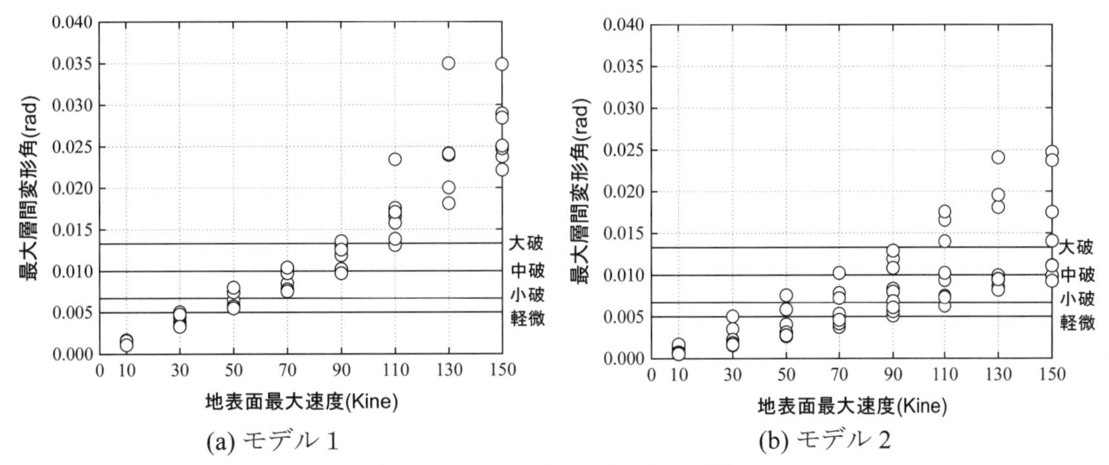

図 5.5　非線形時刻歴解析の結果

2 つのモデルの解析データに基づき計算された DM の 3 つのモーメントと IM の関係をそれぞれ式(5.19)と(5.20)に示す。

$$\mu_1 = 0.000161 IM \tag{5.19a}$$

$$\sigma_1 = 0.000039 IM \tag{5.19b}$$

$$\eta_1 = 0.14247 \tag{5.19c}$$

$$\mu_2 = 0.000083 IM \tag{5.20a}$$

$$\sigma_2 = 0.000029 IM \tag{5.20b}$$

$$\eta_2 = 0.78012 \tag{5.20c}$$

そして，式(5.12)に示す 3 つのパラメターを有する対数正規分布を用いて，モデル 1 と 2 のフラジリティ曲線を図 5.6 に示す。耐震フラジリティ評価の結果から，ブレースを使用することにより，主体構造の各損傷状態に対する超過確率が低く抑えられることが分かる。

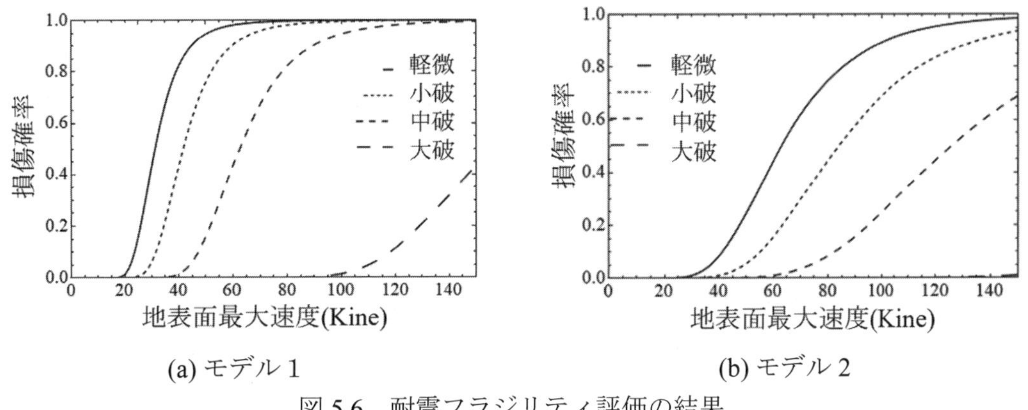

図 5.6　耐震フラジリティ評価の結果

前述の耐震フラジリティ評価は建物自身の耐震能力だけ反映できて、建設地点が目標建物の耐震レジリエンスにどれぐらい影響を及ぼすかについては、また地震ハザード評価を行わなければならない。本研究では，東京，熊本，広島，大阪の 4 か所を例として選択し，各所で解析対象の耐震信頼性評価を行った。J-SHIS から，選択された各都市の離散的なデータからなるハザードカーブを図 5.7 に示す。そして，式(5.17)で求めた 4 か所の地震動強度とその発生確率の関係を図 5.8 に示す。

解析対象の構造上の脆弱性を把握できるフラジリティ曲線と解析対象の各性能限界状態の損傷確率と関連する地震動強度の発生確率を合わせて，式(5.5)で解析対象の各性能限界状態に対する総破壊確率 P_j を計算し，表 5.3 にまとめる。結果によると，地域ごとの各地震動強度の発生確率が異なるが，どこでも主体構造にブレースを配置することにより，建物の各性能限界状態の総破壊確率を 75%以上大幅に抑えられることが分かる。それはまた，ブレースが主体構造の耐震レジリエンスを向上できるという予測に大きい根拠を提供した。

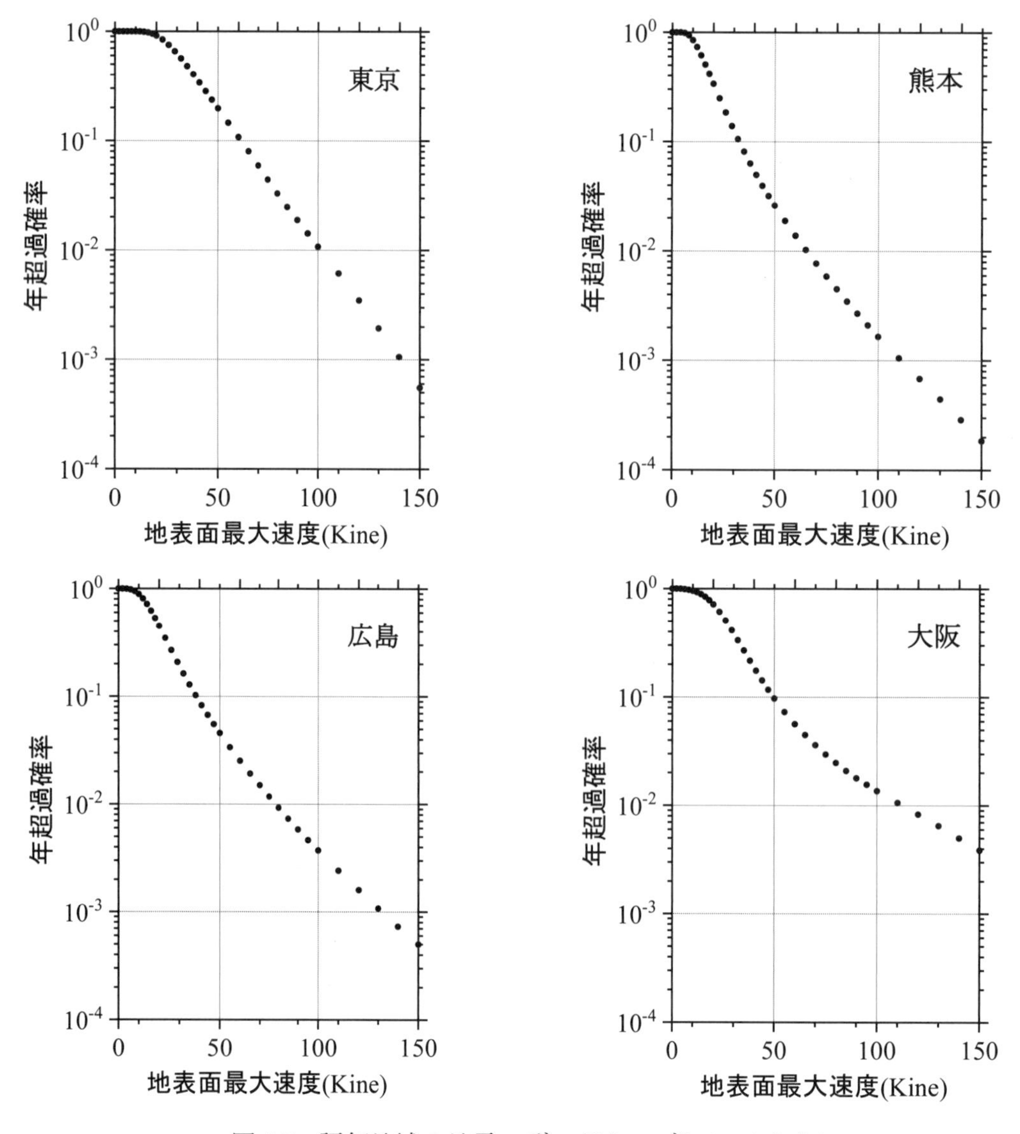

図 5.7　評価地域の地震ハザードカーブ(J-SHIS から)

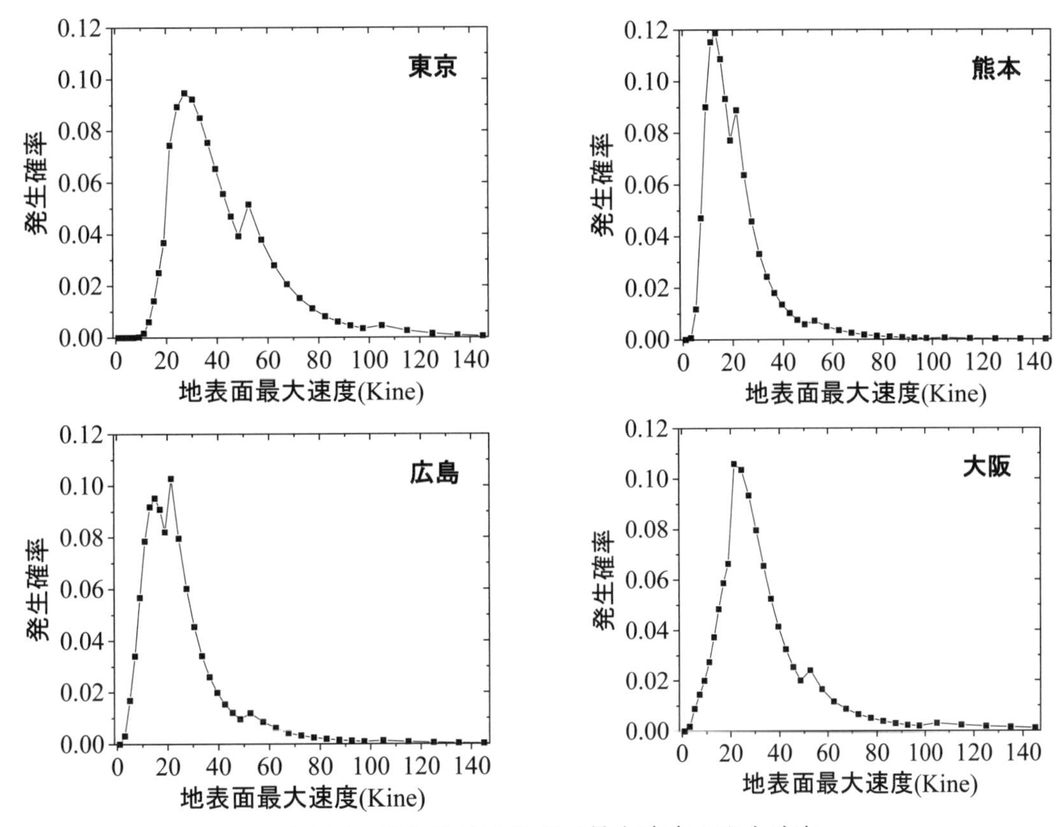

図 5.8　評価地域の地表面最大速度の発生確率

表 5.3　各性能限界状態の総破壊確率

地域	モデル	軽微	小破	中破	大破
東京	1	0.5653	0.3373	0.1123	0.0385
	2	0.1372	0.0547	0.0101	0.0021
熊本	1	0.1268	0.0564	0.0150	0.0051
	2	0.0203	0.0075	0.0014	0.0003
広島	1	0.1867	0.0896	0.0265	0.0096
	2	0.0342	0.0133	0.0027	0.0006
大阪	1	0.3551	0.1835	0.0565	0.0224
	2	0.0719	0.0298	0.0072	0.0020

耐震レジリエンス評価における建物の地震による予想直接経済損失は式(5.4)を用いて定量的に評価することができる。本例では，年間割引率と年間償却率をそれぞれ 4%と 1%[5.7]とし，地震が発生する際の建物の経過年数を 1 年と仮定する。モデル 1 とモデル 2 の各選択された地域で算出した直接経済損失を図 5.9 に示す。損失関数の算出結果から見ると，異なる地震動強度の発生確率(ハザードカーブ)を持つ地域によって同じ目標建物でも地震災害から受ける予想直接経済損失が異なる。しかし，いずれの地域でもブレースを使用することにより，主体構造の予想直接経済損失を 80～90%程度低減できる。これは，レジリエントな建物が目指している「損傷発生した場合，損失をできるだけ軽減すること」にも叶った結果となっている。

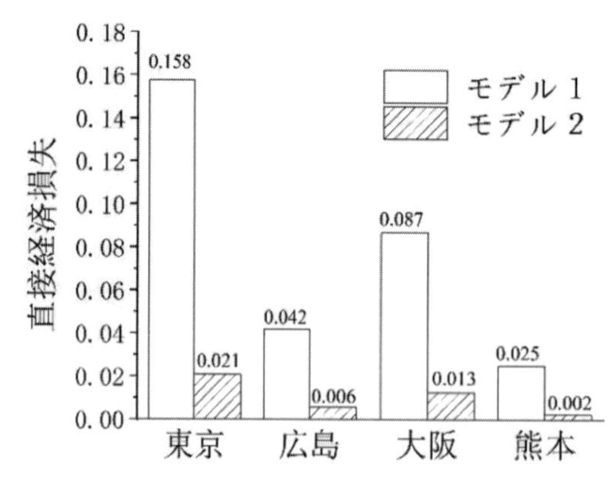

図 5.9　各地域におけるモデル 1 と 2 の直接経済損失の比較

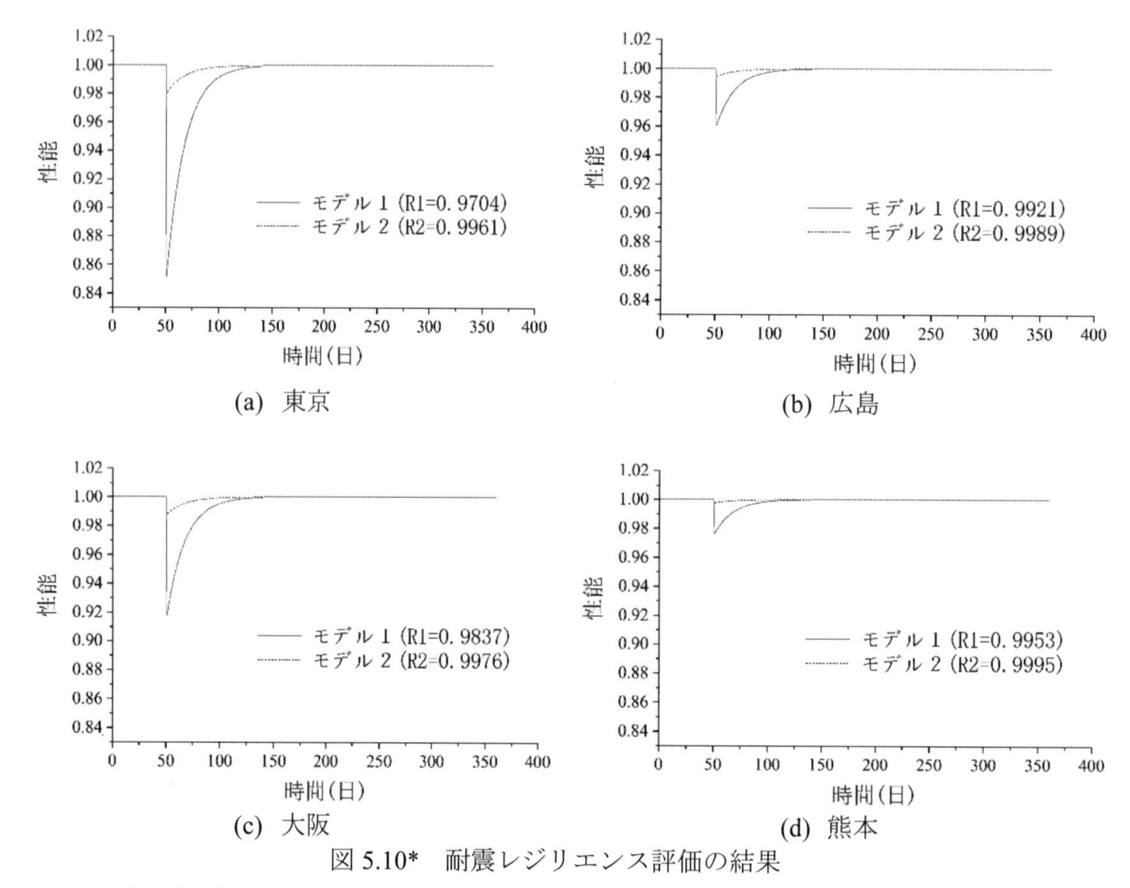

図 5.10*　耐震レジリエンス評価の結果

*R1 と R2 はそれぞれ式 (5.2) から算出したモデル 1 とモデル 2 の耐震レジリエンス指標を指す

実際には，単体建物の耐震レジリエンスを評価する際，建物の具体的な状態に合わせてより正確に回復モデルを設定することが望ましいが，建物の回復段階には様々な不確定性が含まれるため，そのようなモデルを作成するのが非常に困難になる。本評価例では 2 つの仮想の鉄骨造骨組から算出した耐震レジリエンス指標を比較することにより，ブレースの構造上の役割を解明する。したがって，簡単のため，解析モデルの回復段階が両方とも式(5.18b)に示すような簡略指数回復モデルを採用する。回復時間が文献[5.20]により 90 日を例として設定し，2 つのモデルとも回復時間を同じにして耐震レジリエンス評価を行う。計算した解析モデルの予想直接経済損失の結果を用いて，指数回復過程を仮定して，モデル 1 とモデル 2 の経時的な性能曲線と計算された耐震レジリエンス指標を図 5.10 に示す。評価の結果から，全ての地域でブレースを配置する耐震改修を行う場合、主体構造の耐震レジリエンスの改善を定量的に確認した。したがって，ブレースは主体構造の耐震レジリエンス性能を向上させ，耐震レジリエンスの改善に有効に寄与していることが分かる。

5.4 まとめ

本章では，単体建物に適用できる耐震レジリエンス指標の計算手順をまとめて，2つの鉄骨骨組モデルを解析対象とし，耐震レジリエンス評価を行った。以下に得られた知見を示す。

1) 震災による建物の予想直接経済損失は地域によって異なるが，いずれの場合でもブレースの配置によって大幅に低減できる。
2) 単体建物の評価例として，2つの鉄骨骨組モデルの耐震レジリエンスを定量的に表せる耐震レジリエンス指標を計算した。算出した耐震レジリエンス指標はハザードカーブに依存し，地域によって異なる。
3) ブレースを配置することにより，主体構造の耐震レジリエンス指標を向上させ，ブレースが耐震レジリエンスにおいて有効な構造部材であることが分かった。

参考文献

[5.1] 人事労務用語辞典，“レジリエンス”，Weblio辞書，https://www.weblio.jp/, 2020.3.3

[5.2] Bruneau M., Chang S. E., Eguchi R. T., Lee G. C., O’ Rourke T. D., Reinhorn A. M., Shinozuka M., Tierney K., Wallace W. A. and von Winterfeldt D., A framework to quantitatively assess and enhance the seismic resilience of communities, *Earthquake Spectra*, Vol.19, No.4, pp.733-752, 2003.11

[5.3] 福田隆介：構造物のレジリエンス―自然災害に備えるキーワード―，コンクリート工学，第53巻1号，pp.92-96，2014

[5.4] 古田一雄，菅野太郎：レジリエンス工学の誕生と展望，システム/制御/情報，第60巻1号，pp.3-8, 2016

[5.5] 竹脇出：「レジリエントで高い安全性を確保する構造設計とは」の概要，建築雑誌，第132巻1702号，pp.36-37，2017.9

[5.6] 竹脇出：レジリエンスという建築物の新しい耐震評価尺度の向上を目指して，建築雑誌，第129巻1663号，pp.13, 2014.10

[5.7] Cimellaro G.P., Reihorn A. M. and Bruneau M.: Framework for analytical quantification of disaster resilience, *Engineering Structures*, Vol.32, pp.3639-3649, 2010

[5.8] Zentner I., Gündel M. and Bonfils N.: Fragility analysis methods: Review of existing approaches and application, *Nuclear Engineering and design*, Vol.323, pp.245-258, 2017.11

[5.9] Porter K., Kennedy R. and Robert B.: Creating fragility functions for performance-based earthquake engineering, *Earthquake Spectra*, Vol.23, No.2, pp.471-489, 2007.5

[5.10] Ge F.W., Tong M.N. and Zhao Y.G.: A structural demand model for seismic fragility analysis based on three-parameter lognormal distribution, *Soil Dynamics and Earthquake Engineering*, Vol.147, 106770, 2021.8

[5.11] 防災科学技術研究所，地震ハザードステーション(J-SHIS)，https://www.j-shis.bosai.go.jp/

[5.12] Miles S. B. and Chang S. E., Modeling community recovery from earthquakes, *Earthquake Spectra*, Vol.22, No.2, pp.439-458, 2006.5

[5.13] Ayyub B. M., Systems resilience for multihazard environments: definition, metrics, and valuation for decision making, *Risk Analysis*, Vol.34, No.2, pp.340-355, 2014

[5.14] 成井涼平，小谷野一尚，緑川光正，中込忠男，岩田衛：中層鋼構造建築に組込まれた座屈拘束ブレースの性能評価，鋼構造論文集，第24巻第95号，pp.41-48，2017.9

[5.15] STERA_3D，豊橋技術科学大学建築・都市システム学系地震災害工学研究室，http://www.rc.ace.tut.ac.jp/saito/software.html

[5.16] 日本建築構造技術者協会，JSCA性能設計説明書2017版【耐震性能編】およびパンフレット，2018.3

[5.17] 人見泰義：JSCA性能設計説明書2021年版【耐震性能編(簡易法)】の適用範囲と判定基準, *Structure* : *Journal of Japan structural Consultants Association*, Vol.162, p.12,32-33, 2022.4

[5.18] GB/T 18208.4-2011, Post-earthquake field works- Part 4 Assessment of direct loss[S], Institute of Engineering Mechanics and China Earthquake Administration, 2011 (in Chinese)

[5.19] 建設省建築研究所，日本建築センター：設計用入力地震動作成手法技術指針(案)，設計用入力地震動研究委員会，平成3年度成果報告書，1992.3

[5.20] 建物のレジリエンスとBCPレベル指標検討特別調査委員会：事業継続計画策定のための地震災害等に対する建物の機能維持・回復性能評価指標の提案に向けて，2019年度日本建築学会大会(北陸)パネルディスカッション資料，2019.9

6. 地盤－基礎－建物連成系のレジリエンス

6.1 はじめに

建物は大きく基礎構造と上部構造に分けられる。地震時には建物は，周辺地盤・基礎構造・上部構造が相互に影響しあって応答する。その結果，基礎構造か上部構造のどちらかに損傷が集中する可能性がある。過去の大地震においても，基礎構造と上部構造の被害は相反する傾向が報告されている。また，上部構造に被害が見られなくても基礎構造に重大な損傷が生じ，建物を取り壊さなくてはならなかった事例も少なくない。

このため，建物の構造安全性に関してレジリエンス向上を考えるときには，これらを一体として評価して各々の影響を分析し，対策を検討する必要がある。

建物のレジリエンス向上のためには，①建物の損傷の低減，②経済・社会に対する影響の低減，③機能回復の迅速化，が望まれる例えば[6.1]。本章ではこれらに基づき，建物を地盤・基礎構造・上部構造の連成システムとして考え，建物全体のレジリエンスを高めるための課題と方策について検討する。ここでは基礎構造のうち，特に損傷時の影響が大きい杭基礎に絞って検討することとする。

本章ではまず，既往の研究から大地震時の建物の基礎構造と上部構造の損傷の関係および杭基礎の被害の傾向を見る。これらに基づき基礎構造の課題を整理し，これらの課題の分析評価に向けた解析的検討の事例を示す。さらに，レジリエンスの向上に向けた動きとして，建築基礎構造設計指針[6.2]の改定や，地盤・基礎構造・上部構造を一体として考えたときの建物のレジリエンス向上に向けた方策や課題について述べる。

6.2 基礎構造と上部構造の損傷の関係

1995 年の兵庫県南部地震において，基礎が損傷した建物では上部構造は健全な場合が多く，逆に上部構造が損傷した建物では基礎構造が健全である場合が多いとする指摘がある[6.3]（表 6.1 参照)。また地盤 - 基礎 - 建物連成系（以下，連成系という）の非線形地震応答解析を行った研究では，上部構造の高耐力化は，上部の損傷を減少させるが基礎構造の損傷を増大させ，逆に液状化等の地盤の非線形性の増大は，杭の損傷を増大させるが上部構造の損傷を減少させることを示した[6.4]（表 6.2 参照)。この結果からは一見，上部構造を守るために基礎構造を損傷させる考えもありうるように見える。しかしながら後述のように，この考えは現実的ではない。

2011 年の東北地方太平洋沖地震における調査[6.5]では，杭基礎に被害の見られた全 41 棟中，上部構造は無被害が 21 棟，軽微および小破が 6 棟となっており，約 2/3 が小破以下である。ただし，上部構造が無被害だった 21 棟のうち 17 棟で傾斜が見られた。このように上部構造に被害がなくても多くの建物で継続使用が困難となったことも報告された。

表 6.1　基礎構造と上部構造の被害程度の相関関係[6.3]

上部構造の被害程度	基礎構造の被害(%)		
	あり	なし	不明
大	12	50	51
中	32	13	41
中未満	38	28	2
なし	16	9	6
不明	2	—	—
合計	100（97件）	100（32件）	100（51件）

表 6.2　上部建物と杭頭の塑性率の比較[6.4]

		上部建物塑性率		杭頭塑性率	
		平均	標準偏差	平均	標準偏差
基本地盤モデル	低耐力建物	1.27	0.20	2.91	1.26
	標準建物	0.63	0.12	3.22	1.25
	高耐力建物	0.28	0.05	3.59	1.12
非液状化地盤モデル	低耐力建物	1.54	0.41	1.62	0.31
	標準建物	0.79	0.07	1.88	0.46
	高耐力建物	0.38	0.04	2.36	0.56

地震後の対処が示された 39 棟のうち，継続使用が 3 棟，補修後継続使用が 9 棟となっている。これに対して 27 棟が解体あるいは解体予定となっており，これは全体の約 7 割に当たる。これより，杭の損傷が結局，建物全体の継続使用を不可能とする傾向が強いことが分かる。

なお，文献[6.5]では，被害例の全てが既製コンクリート杭であったことも示されており，過去に大きな杭被害を生じた 1964 年新潟地震や 1995 年兵庫県南部地震でも，他の杭種に比して既製コンクリート杭の被害が多かったことも示されている。2016 年の熊本地震においても，上部構造の被害はほとんどなかったにもかかわらず既製コンクリート杭の損傷による傾斜のため，継続使用が不可となった事例が見られた[6.6]。

6.3　杭基礎に関する課題

基礎構造のうち杭基礎に関しては，下記のような課題が挙げられる。

（1）地震時の損傷状態とその影響の把握が困難

上部構造に比して基礎部，特に杭基礎の損傷の把握は難度が高い。各種の損傷評価法が研究されているが，精度や実用性に課題があり，現状では「結局は掘ってみないと分からない」状態であろう。1964 年の新潟地震においても，杭基礎が多数被害を受けていたことが分かったのは 18 年後の調査によってであった[6.5]。

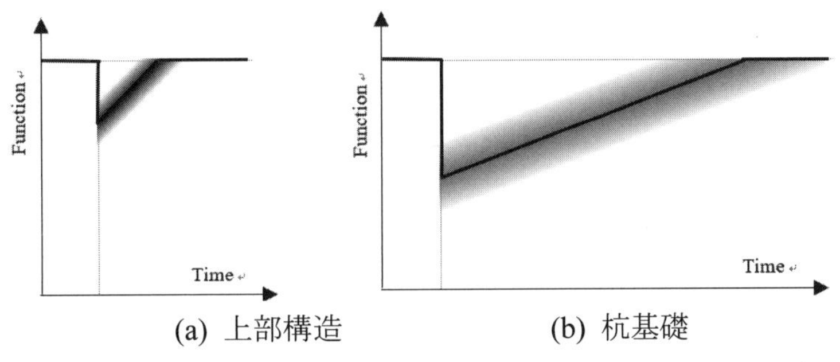

(a) 上部構造　　(b) 杭基礎

図 6.1　レジリエンストライアングルでの比較イメージ

また，その損傷が次の地震での応答にどのように影響するかも不明確である。2016 年 4 月の熊本地震では同一地点で震度 7 クラスの強震動が 2 回観測され，1 度目で何とか持ちこたえた建物が 2 度目で倒壊した事例が指摘されている。上部構造についても，このような複数回の強震動入力に対する知見は十分とはいえない。杭基礎においては，さらに知見が少ない。上記のように，損傷状態の把握も困難である上に，仮にもしそれが把握できたとしても，現在の知見では，それが次の地震での応答にどのような影響を及ぼすのか，極めて不明確な状態といえる。

（2）復旧に多大な時間と費用がかかる

基礎構造の修復は，上部構造に比して費用，時間とも多大となる場合が多い。特に杭基礎の被害によって建物全体が使用不能となり，さらに復旧も不可能で取り壊しに至った事例も多数あることから，機能回復の迅速性はほとんど期待できない。

杭基礎の補修方法としては，例えば以下が考えられる。

① 杭自体の補修

スラブを除いて杭頭周りを掘出し，杭頭を補修する。状況により，建物のジャッキアップや杭頭補修時に借受けの杭などが必要となる。

② 基礎の水平耐力の増強

水平抵抗用の杭の増打ちを行う（比較的損傷の小さい場合）。

③ 杭の負担する荷重の低減

建物の免震化等により水平荷重を減らす。場合によっては，階数の低減等も考えられる。

いずれも，時間的，費用的負担が極めて大きい。特に②③では，損傷や耐力低下のレベルが把握できなければどの程度の対応が必要なのか判断が難しい。図 6.1 に，上部構造と基礎構造（特に杭）をレジリエンストライアングルで比較したイメージを示す。図中のグラデーションの幅は，ばらつきの大きさを示し，杭基礎の方が不確実性が大きいことを示している。また，上部構造も杭基礎もともに大きく損傷した場合は，修復困難なため取り壊しとなる場合もある。

6.4　連成系の解析事例

地震時に上部構造や基礎構造がどの程度損傷したかを適切に把握し，それが次の地震での応答にどの程度影響するかを評価することは，耐震設計において重要な課題である。以下で，これに向けた解析事例を示す。

まず，地震時の連成系の応答を解析で評価し観測と比較することによりその精度を検討した事例を示す。次に，大きな地震動により地盤が強非線形域に入った場合の，連成系の解析例を示す。さらに，地震で杭基礎が損傷した場合に，次の地震での応答にどのような影響を及ぼすかを検討した事例を示す。

6.4.1　連成系の解析と観測との対応

連成系の解析モデルを用いて地震応答解析を行った場合，基礎や建物の応答はどの程度評価できるのだろうか。文献[6.7]および[6.8]は，その検討の一例で，パイルド・ラフト基礎と格子状地盤改良を併用した免震構造物について，2011 年東北地方太平洋沖地震における建物と杭基礎の応答をシミュレーション解析により検討し，観測記録と比較したものである。

（1）建物の概要

建物は東京都江東区に建つ RC 造の免震構造で，平面 33.25m×30.05m，高さ 37.8m の 12 階建の集合住宅である。免震装置は鉛プラグ入り積層ゴムと天然ゴム系積層ゴムに回転摩擦ダンパー，オイルダンパーを組み合わせて用いている。図 6.2 に建物の概略形状を示す。

地盤は東京都江東区の厚く軟弱な粘性土層が堆積した地盤で，GL-7m までは，埋土，軟弱なシルト層，緩いシルト質細砂層である。その下，GL-44m まではN値が 0～3 程度の非常に軟弱な沖積粘性土層であり，GL-44m 以深で N 値 60 以上の砂礫層が出現する。基礎は，格子状地盤改良を併用したパイルド・ラフト基礎である。

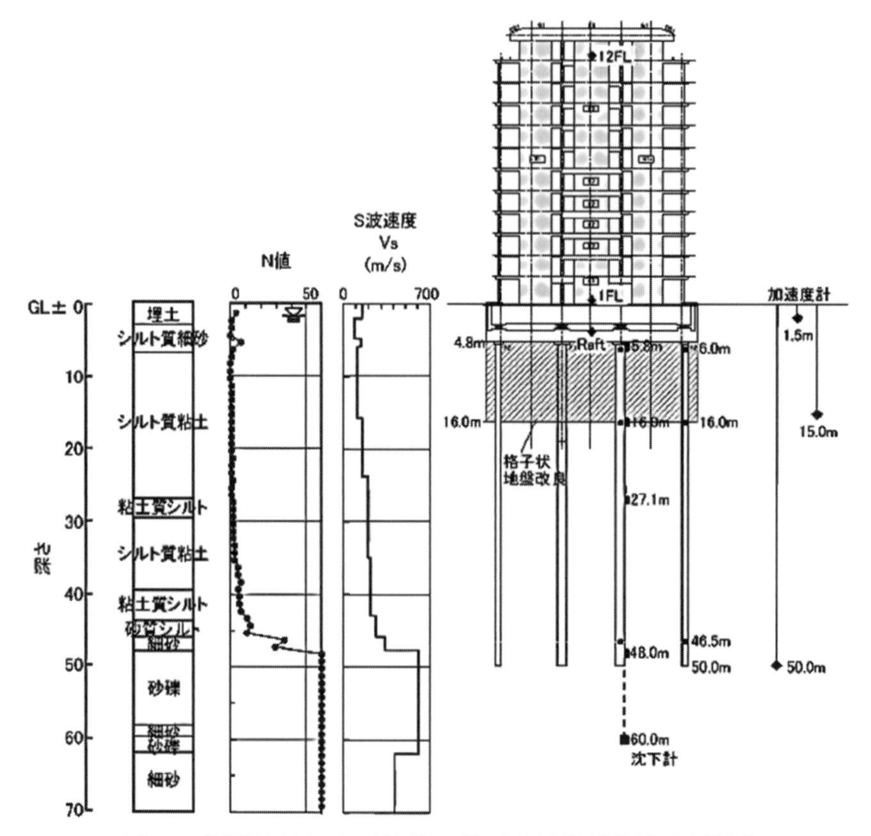

図 6.2 観測建物および地盤の概要と地震観測点配置[6.7]

（2）観測の概要

パイルド・ラフト基礎と格子状地盤改良体に作用する荷重に着目した長期的な計測と同時に，地盤系と建物系の地震観測を実施している。

建物系は免震層より下の免震ピット上面位置，および上部構造の 1 階と 12 階の床レベル付近の 3 か所で，地盤系は建物から約 10m 離れた位置の地表（GL-1.5m）と格子状地盤改良の下端に当たる GL-15mおよび杭先端の砂礫層(GL-50m)の 3 深度で実施している。地震観測点の位置を図 6.2 に併せ示す。

基礎の地震観測は，杭のひずみと基礎底面の土圧，水圧を同期して計測している。杭は 2 本で GL-6.0m, 16.0m, 46.5m の 3 か所で計測している。2011 年東北地方太平洋地震の本震に関しては 600 秒間の連続した記録を観測することができた。

（3）シミュレーション解析

3 次元 FEM により地盤，杭，格子状改良体および建物をできるだけ詳細にモデル化し，本震時の挙動の分析を行った。

最初に，地盤のひずみ依存性を考慮した地盤のシミュレーション解析を実施した。地盤の剛性低下が比較的小さいことから，一次元等価線形解析を用いた。地盤のひずみ依存性は，敷地での繰り返し 3 軸試験から求めた G/Go-γ，h-γ 関係を用いた。ここで G はせん断弾性係数，G_0 はその初期値，h は減衰定数，γ はひずみレベルである。この結果から地盤のせん断ひずみは最大で 0.2%程度，平均で 0.1%程度となった。

図 6.3 に地盤 - 基礎 - 建物連成系の三次元 FEM モデルを示す。全体で要素数約 21 万，自由度数約 66 万である。杭はビーム要素で，格子状地盤改良は板厚方向 4 分割のソリッド要素でモデル化した。免震層は設計時物性の初期剛性を修正したトリリニア型のばね要素とした。建物は柱をビーム要素で，耐震壁と床はシェル要素でモデル化した。建物は事前検討で塑性化することはないと考えられたため，線形とした。

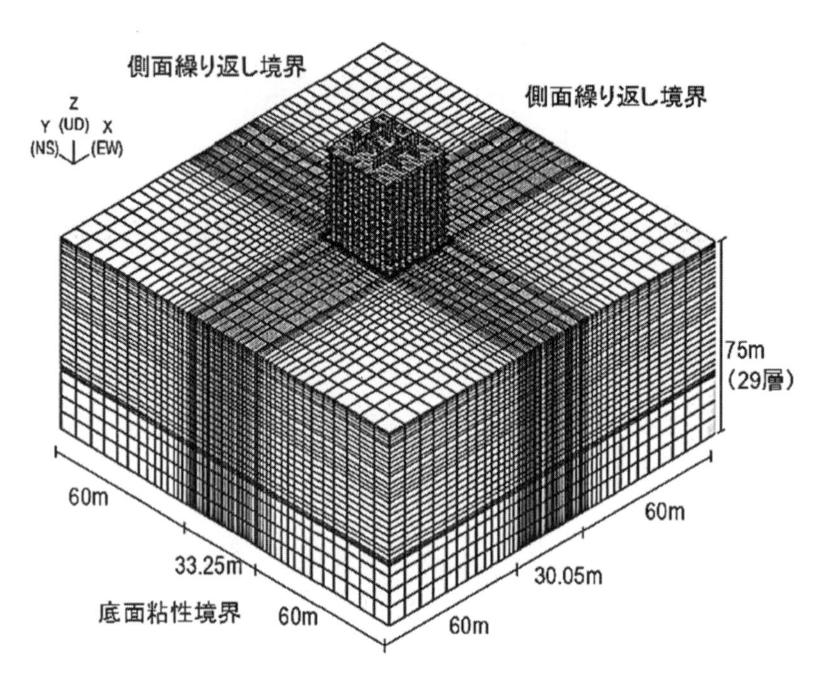

図 6.3　三次元 FEM モデル[6.8]

EW 方向の最大加速度と最大相対変位の比較を図 6.4 に示す。地盤および建物内の全ての位置で解析結果は観測値と良好に対応している。また図 6.5 に 2 本の杭の EW 方向の最大曲げモーメントを解析と観測で比較して示す。(a)の 5B 杭，(b)の 7B 杭は各々，図 6.2 の右から 2 本目の杭，最も右の杭に対応している。最大応答値に若干の差異が見られるものの全体としては良好に対応している。

検討地点付近について気象庁の発表した東北地方太平洋沖地震の震度は 5 強であった。地表面観測記録から重複反射理論により推定された基盤位置（GL-55m）での入力動は，告示スペクトルで見ると稀に発生する地震（以下，稀地震）と極めて稀に発生する地震（以下，極稀地震）の中間程度であった。これに対し，本解析は上部構造と杭基礎で概ね良好な精度であったといえる。

6.4.2　大地震時の地盤 - 基礎 - 建物連成系の非線形解析

文献[6.9]は，地盤・基礎・建物を全て非線形モデルとし，地震応答解析を行った事例である。

（1）解析モデル

地盤モデルは 1 種，2 種，3 種相当の 3 種類とし，地震動は極稀告示波の 1 倍，1.5 倍，2 倍として基盤レベルに入力し，地盤性状の差異による終局レベルの損傷状態の変化を見た。図 6.6 に解析モデルを示す。

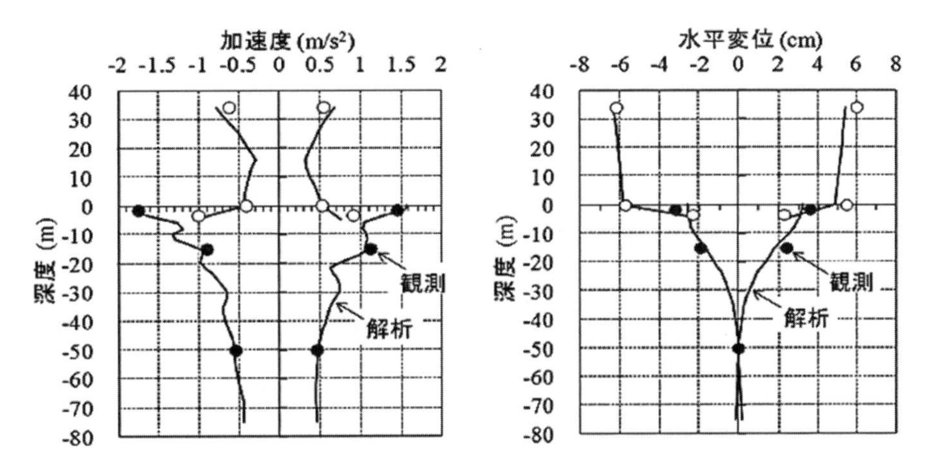

図 6.4　EW 方向の最大加速度と最大相対変位の比較[6.8]

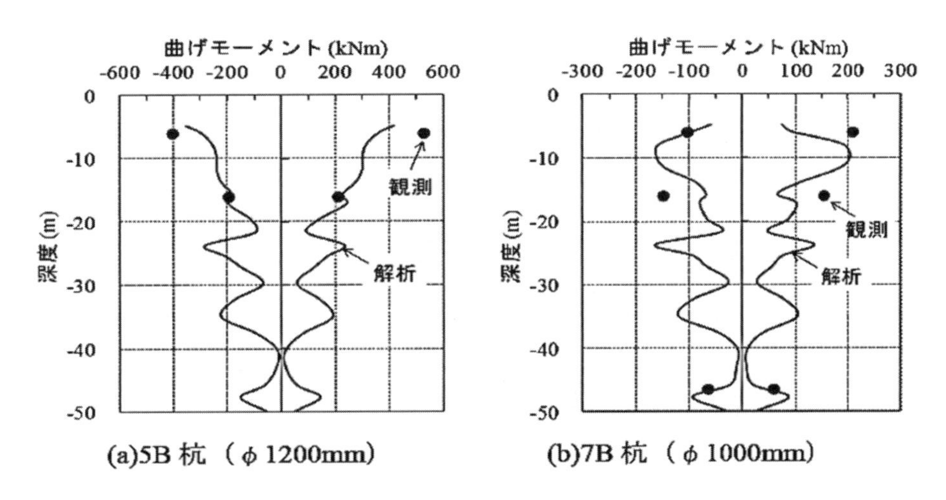

図 6.5　EW 方向の最大曲げモーメント分布の比較[6.8]

（2）解析結果

図 6.7 に第 3 種地盤に L2（極稀地震）×1.5 の入力を与えた場合の，最大変形時の杭と建物の損傷状態を示す。この検討では 1 種地盤では上部建物の損傷が進展，3 種地盤では杭の損傷が進展，2 種地盤では両方がともに進展した。

また地盤を非線形モデルとすることで，解析時間は地盤が等価線形の場合に比して急激に増大し，1 ケース 100 時間を超える場合もあり実用的とは言い難いものとなった。

また，大地震時の塑性化の大きな状態を対象とする非線形解析では，塑性化の小さな状態を対象とする線形や等価線形解析に比して，物性のばらつきや不確実性による解析精度の低下が大きい。上部構造に比して，地盤物性のばらつきや不確実さは大きいと考えられるため，解析の信頼性向上が課題といえる。

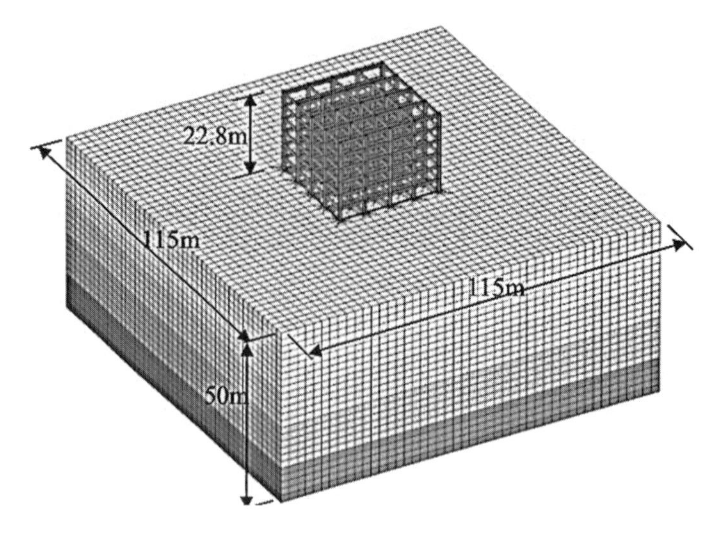

図 6.6　解析モデル図[6.9

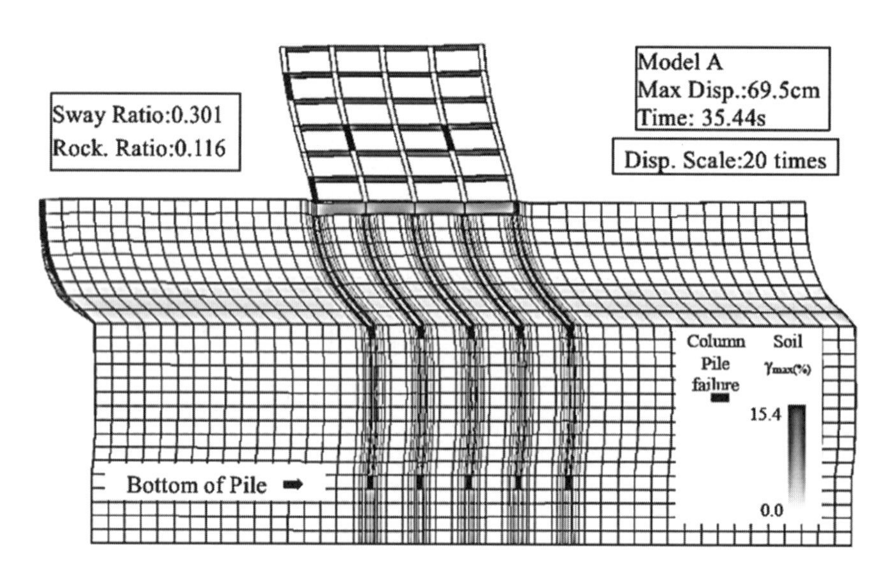

図 6.7　最大変形時の杭と建物の損傷状態 (3 種地盤，L2×1.5) [6.9]

6.4.3　大地震後の杭基礎の健全性の検討

2016 年 4 月の熊本地震では，同一地点で震度 7 を 2 度経験した。このような場合，1 度目の地震で損傷し劣化した状態で 2 度目の地震を迎えることとなる。杭基礎構造については，前述のように損傷レベルを推定することはかなり難しいが，仮に 1 度目の地震の損傷レベルが把握できたとしても，2 度目の地震ではそれがどのように影響するか，現時点では全く不明確である。

文献[6.10]はこの観点から，杭基礎の一部に損傷を受けた場合の杭基礎および上部構造の健全性に関して解析的な検討を行ったものである。

（1）解析モデル

検討対象は，杭間隔 7.5m の 5×5 本杭の杭基礎を有する RC 造 6 階建の中層建物とする。杭はC 種（Fc85）の PHC 杭とし，全て同一杭径（D=1.0m）とする。図 6.8（a）に対象とする杭基礎の平面図を示す。同図（b）に杭モデルの詳細を，同図（c）に全体解析モデルの鳥瞰図を示す。

建物は等価せん断型の多質点系モデル，地盤はソリッド要素，杭は梁要素でモデル化し，杭長24m，工学的基盤への杭先端の根入れが 2m の支持杭とする。地中部は杭の体積分を空洞として周辺地盤と剛体接続する。図 6.9 に地盤のせん断波速度の深さ方向分布と，表層各層の G-γ，

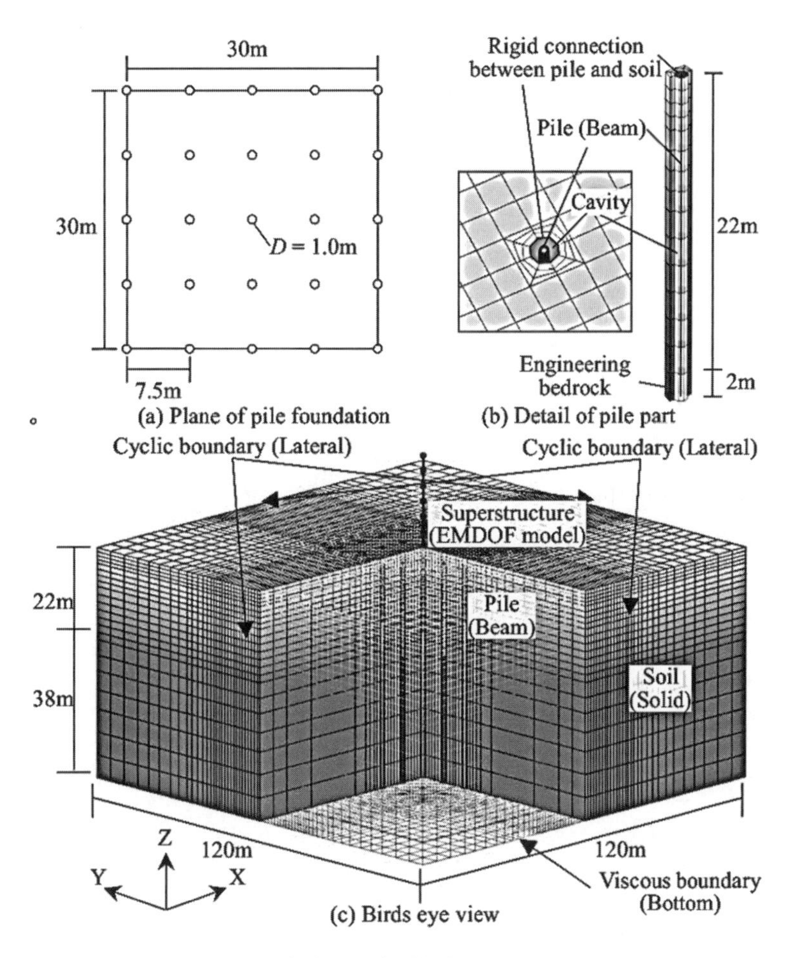

図 6.8　解析モデル[6.10]

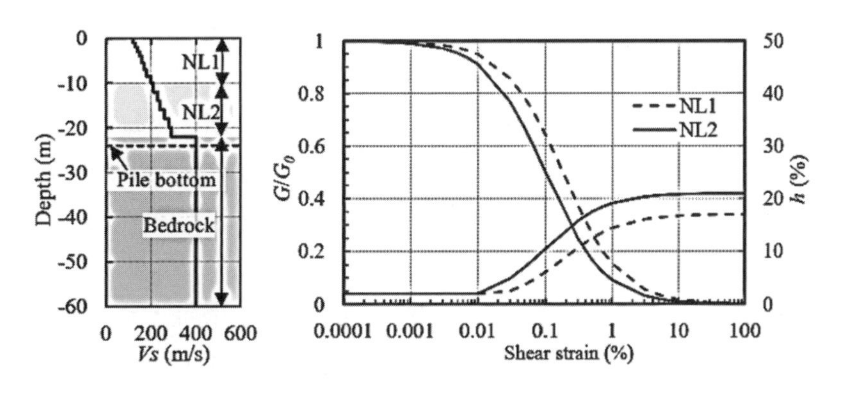

図 6.9　地盤のせん断波速度と表層の G-γ，h-γ 関係[6.10]

h-γ関係を示す。入力地震動はL2告示波の神戸位相とランダム位相を0.2～1.0倍したものを，様々な組合せで2波を連続入力し，単独（1波）入力の場合と比較した。連続入力においては，最初の地震動入力後に20秒の間隔を設け，その後建物振動が収まることを確認した上で，次の地震動を入力した。

（2）解析結果

本解析により，以下の知見が得られた。

・ 前震で一部の杭が終局に達した（破断した）場合，後震時の杭と建物の応答に影響する。特に前震の振幅レベルが大きいほど，杭の応答に与える影響が大きい。これは，破断した杭の負担していた常時荷重が破断しなかった杭に再配分されるためである。これにより圧縮軸力が増加することで，破断しなかった杭のエネルギー消費性能が低下する。建物より伝わる水平力を負担する杭本数も減少するため変動軸力や曲げモーメントも増加し，損傷が進みやすい傾向が見られた。

・ 前震を経験することで地盤が非線形化し，表層増幅が大きくなるため，さらに杭の損傷が進展しやすくなる傾向が見られた。表層増幅および杭のエネルギー消費性能の低下の影響から，前震に比べて後震の振幅レベルが小さい場合であっても，破断しなかった杭の応力負担を増加させ，これらの杭も損傷が進展しやすいものと考えられる。

・ 地盤-基礎-建物連成系の周期特性については，終局に至った杭本数の割合が40%前後に達すると変化が見られ，全体の50%の杭が破断すると差異が顕著となる。

6.5　レジリエンス向上に向けた動き

前述のように地盤-基礎-建物連成系のレジリエンスの向上においては，基礎構造特に杭基礎における課題が大きく，この課題への対応が重要といえる。そこで本章では，杭基礎を対象としたレジリエンスの向上に向けた各種の動きを紹介する。

6.5.1　杭の耐震設計の高度化

（1）杭基礎に関する知見の蓄積

大地震時の杭被害は，変動軸力，群杭効果，地盤変位により大きな影響を受ける。特に，PHC杭などの既製コンクリート杭の損傷の要因として，靭性の不足が挙げられる。2011年の東北地方太平洋沖地震では，杭の損傷の大きな原因として軸力比の増大に伴う変形性能の低下が指摘され，地震時の軸力変動に対して十分な配慮が必要であることが示された。その後，各機関で，高軸力や実大規模の杭の実験が多数実施され，杭の最大強度や変形能力，軸力保持限界等に関する知見が増大し，杭基礎の限界状態とその性能評価に関する検討が進展[6.11]した。

（2）基礎指針の改定

現在の日本の耐震基準は，大地震時において建物の倒壊などを防止して人命の安全を図ることが求められている。しかしながら倒壊は免れてもその後継続使用ができず，建物の財産価値が損なわれてしまう[例えば6.12]問題も顕在化した。これまで基礎構造は重要建物を除けば，レベル1

地震に対する設計（1次設計）のみで極稀地震に対する設計（2次設計）が求められていなかった。

2019年に建築基礎構造設計指針の改定[6.2]が行われた。そこでは上記の検討を受けて，上部構造と同様に基礎構造も 2 次設計を行うことを基本方針とし，建物の重要度を考慮した性能グレードが設定された。これにより杭の耐震性の向上が期待され，これが建物全体のレジリエンスの向上につながるといえる。

6.5.2　迅速な損傷の把握に向けた取組み

杭等の基礎構造や地盤の被害状況を直接調査するためには，掘削によって対象物を露出（図6.10参照）させる必要が生じ，多大な時間と費用が必要となる[6.13]。レジリエンスの向上のためには，損傷の迅速かつ正確な把握が重要である。

上部構造に対しては，既に構造モニタリングは実用的な段階に入っている。基礎構造においても同様にモニタリングにより損傷を評価する方法が提案されている。

濱本ら[6.14]は，杭基礎を対象としたモニタリングを，杭の計測により杭の損傷を直接的に推定する直接モニタリングと，上部構造の計測により杭の損傷を間接的に計測する間接モニタリングを示し，これらを統合したモニタリングシステムを提案した。これまで多数の研究が報告されているが，ここでは，そのうちのいくつかの研究を直接と間接に分けて紹介する。

図6.10　補修・補強のため杭頭を露出させた例[6.13]

（1）直接モニタリングの事例

稲田ら[6.15]は，地震後の被害調査において，杭の損傷の有無とその程度を簡単かつ即座に判断するためのモニタリング技術の開発を行い，炭素繊維を検知材として用いたセンサを提案し，いくつかの設置事例によりその有効性を示した。

柴田ら[6.16]は，地盤，基礎構造，ライフラインの被害の可能性を地震後早期に検知し，建物の継続使用性や調査の必要性を判断することを目的に，建物の実大三次元震動破壊実験施設Ｅ－ディフェンスで杭基礎模型の大型振動台実験を実施し，システムの有効性を検証した。表 6.3 にモニタリングセンサの計測項目を，図 6.11 に地盤・基礎構造へのセンサ設置イメージを示す。

ひずみゲージと光ファイバによる杭の残留ひずみの結果は調和的であり，有効性が実証された。杭および構造物の健全度は図 6.12 の総合判定に表示される。この評価については，目視観察結果とやや差異があり，さらに今後の検討が必要としている。

表 6.3　モニタリングセンサの計測項目[6.16]

センサ	計測項目
傾斜計	杭・基礎版の傾斜
光ファイバ	杭のひずみ
振動センサ	弾性波探査による杭の損傷検知
沈下計	地盤沈下
高精度温度計	ライフラインからの漏洩

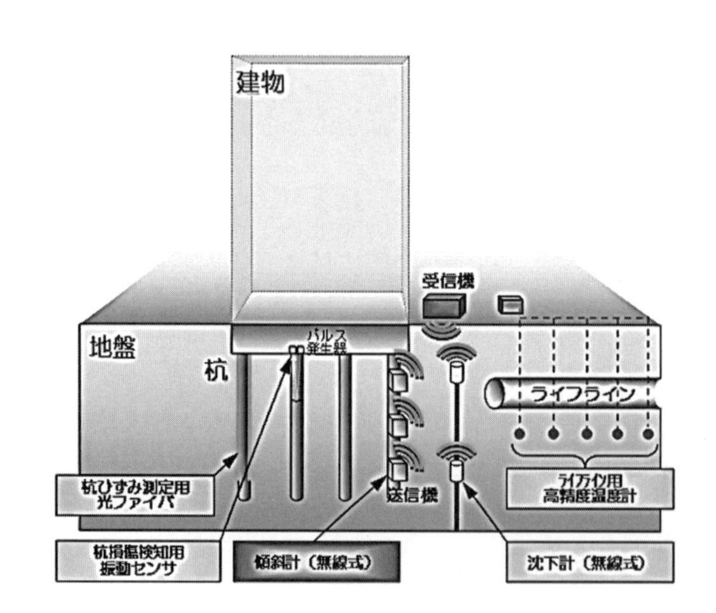

図 6.11　地盤・基礎構造へのセンサ設置イメージ[6.16]

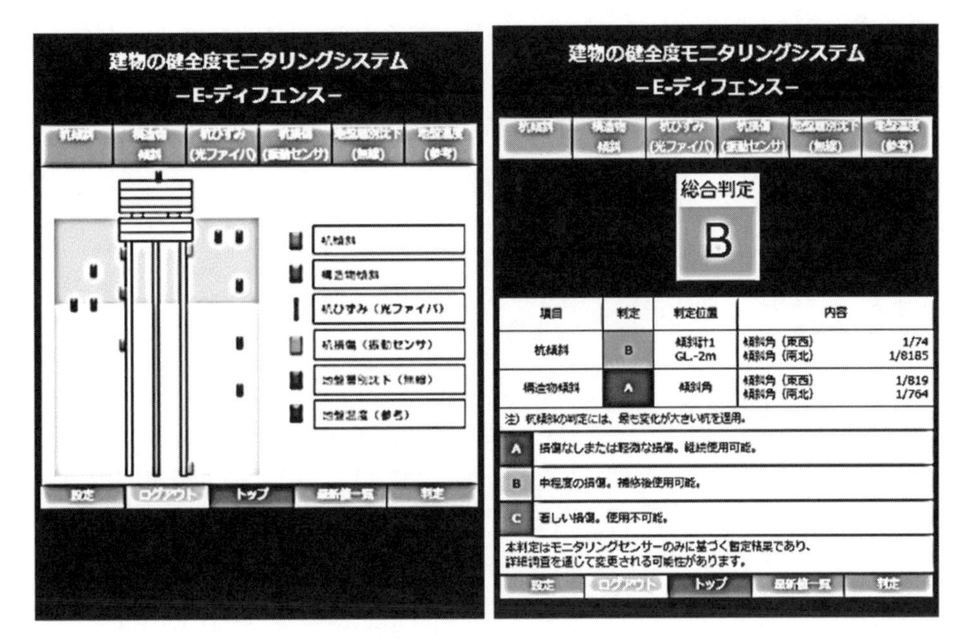

図 6.12　判定結果の画面表示[6.16]

（2）間接モニタリングの事例

濱本ら[6.14]は，上部構造と敷地内の杭支持地盤の振動計測により，杭の全体（総体）としての損傷検出を行うシステム同定手法を示し，実験による杭の破断に対して敏感な結果を得た。

肥田ら[6.17]は，振動台加速度を入力とし，地表面加速度，基礎部加速度，上部構造物加速度を出力としてシステム同定を行い，杭基礎の損傷評価を試みた。林ら[6.18]は，場所打ちの鉄筋コンクリート杭部材を対象とし，建物に配したセンサによる地震時観測を中核とするセンシング技術によって，地中の杭部材の健全性を即時判定する技術の開発を目指し，小型模型実験を実施している。

東城[6.19]も同様の目的のため，水平と回転の地盤ばねを考慮した地震応答解析モデル（SR モデル）の数値解析結果に部分空間法を適用し，基礎固定および地盤ばね単独の系に分離して各振動特性を同定した。この結果，地震動のスペクトル特性に依存するものの，概ね妥当な固有振動数が同定可能であり，建物と基礎構造の間接モニタリングへ有効に適用できる可能性を示したとしている。以上のように間接モニタリングは，技術的難度が高いものの，杭の損傷を直接計測する場合に比して計測が容易なため，実用時の有効性が極めて高く，今後の進展が期待される。

6.5.3　迅速な補修に向けた取組み

現在の杭の補修法は，掘削により杭を直接補修するものが一般的である。この結果，補修が長期におよび，かつ補修費用も高額となる。これに対して新たな補修方法として，高圧噴射攪拌式地盤改良による既存杭の補修・補強法が提案[6.20]されている。

本工法は損傷した杭の周辺にロッドを挿入し，その先端からスラリー状固化材を高圧で噴射して，地盤を切削しながら混合攪拌し地盤改良体を築造する方法（図 6.13 参照）である。この工法は，既存建物直下の地盤改良や液状化対策等には既に適用されているが，損傷した杭の補強・補修を目的とする点に特徴がある。

さらに実地盤において，損傷を有する PHC 杭に地盤改良を施し，一定の鉛直荷重を作用させた状態で水平方向に加力した（図 6.14 参照）。この結果，健全な杭に比して水平抵抗力および水平剛性の増加を確認している[6.20]。

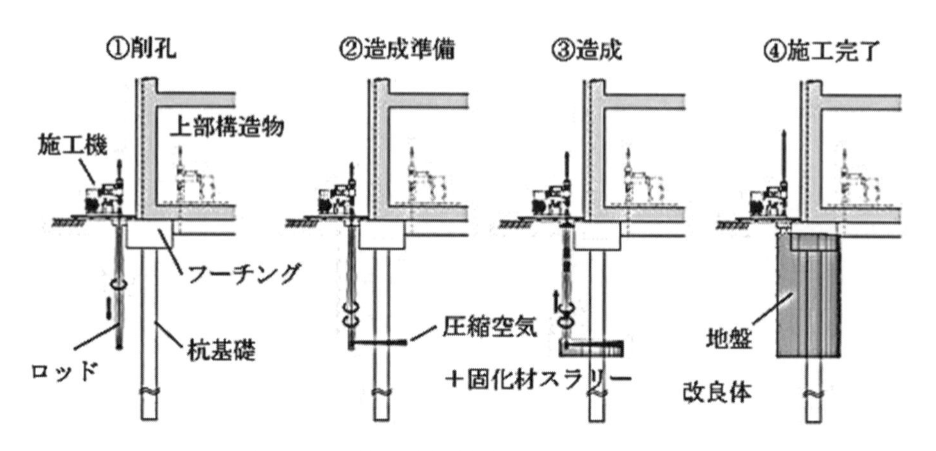

図 6.13　高圧噴射攪拌施工フロー[6.20]

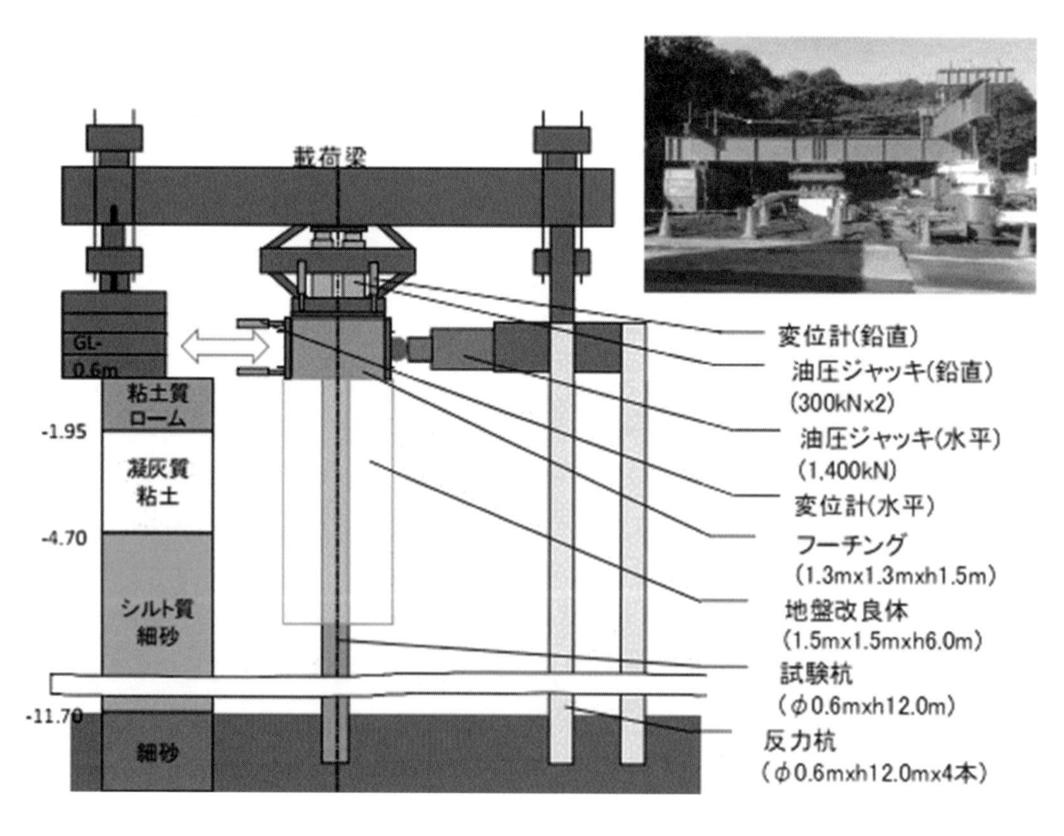

図 6.14　水平載荷試験装置の概要[6.21]

6.6 まとめ

本章では，建物のレジリエンスの向上に資するため，地盤-基礎-建物連成系の地震応答について知見を整理した。主な内容は以下である。

1) 地盤-基礎-建物連成系の地震被害では，基礎構造か上部構造の片方に損傷が集中する傾向がある。基礎構造，特に杭基礎の損傷は，その把握と補修に多大な時間とコストがかかる。また再使用不能となる場合も多い。
2) 数値解析事例では，地盤が弱非線形域で杭の損傷がない場合には概ね良好な精度で解析できた。しかし地盤が強非線形域に入り杭の損傷が生じる場合には，解析時間が多大となり，また解析の信頼性も低下する。
3) 建物が複数回の大地震を受ける場合を想定し，前の地震の損傷が後の地震の応答に与える影響に関する研究を紹介した。
4) 現在の杭基礎のレジリエンス向上に向けた取組みとして，以下を挙げた。
・耐震設計技術の向上として，杭の限界状態に関する知見の増加と，それに基づく基礎指針の改定
・損傷調査の迅速化に向けた研究の例として，杭の直接および間接モニタリング技術の研究
・補修の迅速化に向けた技術開発の例として，高圧噴射攪拌式地盤改良による既存杭の補修・補強技術

参考文献

[6.1] M. Bruneau and A. Reinhorn: Overview of the Resilience Concept, *Proc. of the 8th US National Conference on Earthquake Engineering*, 2006
[6.2] 日本建築学会：建築基礎構造設計指針，2019.11
[6.3] 杉村義弘：建築基礎の耐震技術，土と基礎，Vol.45, No.3, pp.1-4, 1997.3
[6.4] 杉本三千雄，鬼丸貞友：基礎構造の損傷が上部構造の損傷に及ぼす影響，日本建築学会技術報告集，第 23 号，pp.119-122, 2006.6
[6.5] 中井正一：東北地方太平洋沖地震による杭被害のメカニズム，2015 年日本建築学会大会 PD 資料「大地震における地盤と基礎構造の諸問題と耐震設計」，pp.1-20, 2015.9
[6.6] 金子治：2016 年熊本地震での杭基礎の被害とその要因に関する解析，日本建築学会構造系論文集，Vol.737, pp.1047-1054, 2017.7
[6.7] 鬼丸貞友，濱田純次，中村尚弘ほか：格子状地盤改良を有する免震建物の動的相互作用効果の観測と解析，日本建築学会技術報告集，No. 40，pp.871-876, 2012.10
[6.8] 濱田純次，重野喜政，中村尚弘ほか：地震観測結果に基づく免震建物を支持する格子状地盤改良を併用したパイルド・ラフト基礎の地震時シミュレーション解析，日本建築学会構造系論文集，Vol.701, pp.941-950, 2014.7
[6.9] 中村尚弘，鈴木琢也，東城峻樹ほか：非線形 3 次元 FEM による大地震時の中層 RC 建物の地盤-基礎-建物連成系の応答に関する基礎的検討，日本建築学会構造系論文集，No.743, pp. 35-46, 2018.1

[6.10] 東城峻樹，中村尚弘：連続して地震を受ける杭基礎建物の応答特性に関する影響評価，日本建築学会構造系論文集，Vol. 84, No.759, pp.597-607, 2019.5
[6.11] 建築研究所：大地震後の継続使用性を確保するためのコンクリート系基礎構造システムの構造性能評価に関する研究，建築研究資料，No.195, 2019.10
[6.12] 国税庁課税部資産評価企画官：特定非常災害発生日以後に相続等により取得した財産の評価に関する質疑応答事例集，Q10 被災した建物の評価，2018.1
[6.13] 尻無濱昭三，金子治，平出勉，向井智久：東日本大震災において基礎杭が被災した共同住宅の被害と補修，補強事例，コンクリート工学，Vol.53, No.3, pp.283-288, 2015.3
[6.14] 濱本卓司，崔井圭，清水睦夫：杭基礎の間接モニタリングのために実験的検証，日本建築学会構造系論文集，第 654 号，pp.1445-1454, 2010.8
[6.15] 稲田裕，石井清，岡田敬一，杉村義広：コンクリート杭の損傷モニタリング手法の実構造物への適用，日本建築学会技術報告集，第 18 号，pp.79-84, 2003.12
[6.16] 柴田景太，船原英樹，佐藤貢一ほか：杭基礎の地震被害モニタリング技術検証のための大型振動台実験　地盤・基礎モニタリングシステムの開発 その２，大成建設技術センター報 第 49 号，pp.08-1～08-8, 2016
[6.17] 肥田剛典，下保亮太，吉田昂希ほか：部分空間法に基づくシステム同定手法を用いた杭基礎の損傷評価，第 48 回地盤工学研究発表会，pp.1241-1242, 2013.7
[6.18] K. Hayashi, S. Kaneda： Nonlinear Response and Damage Monitoring of a Concrete Pile as a Result of Soil Liquefaction, *Structural Engineering International*, IABSE, Vol.29, pp.370-376, 2019.4
[6.19] 東城峻樹：部分空間法を用いた建物および地盤ばねの振動特性の同定，日本建築学会大会学術講演梗概集，構造 II, pp. 123-124, 2021.9
[6.20] 島村淳，田井秀迪，井上波彦ほか：高圧噴射撹拌式の地盤改良による損傷杭の補修補強に関する研究 (その１-３)，日本建築学会大会大会学術講演梗概集，構造 I，pp.507-512, 2018.9
[6.21] 島村淳，鎌田敏幸，久世直哉ほか：高圧噴射撹拌式の地盤改良による既存杭の補修補強に関する研究 (その１-３)，日本建築学会大会学術講演梗概集，構造 I，pp.643-648, 2019.9

7. 建物の崩壊危険性を定量化する指標と発破解体への応用

7.1 はじめに

災害によって被害を受けた建物の損傷診断，ならびに補修するか解体するかの判断を工学的な基準に基づいて早期に行うことが，レジリエントな社会を実現するためには必要である。第4章では補修・再使用技術に主眼を置くが，本章では建物の解体容易性の評価に着目する。建物全体の荷重支持能力に対する 1 本 1 本の柱の寄与度を定量的に示すキーエレメント指標を用い，建物の崩壊危険性を定量化し，それを安全・着実に発破解体を実施するための計画手法に適用した例を紹介する。

7.2 キーエレメント指標

7.2.1 キーエレメント指標の定義

建物全体の荷重支持能力（以下，建物全体強度）に直接的な影響が及びにくい柱を損壊させても，建物全体を効率的に解体できない場合がある。一方，建物全体強度に直接的な影響を及ぼす柱部材を耐力低下させることにより，建物全体を効率的に解体させることが可能となるかもしれない。解体効率の向上を図る上では，建物全体強度に対する柱の寄与度を定量的に示すことはとても重要である。そこで，ここでは構造物における重要部材（Key element）を数値的に探索するための指標として考案されたキーエレメント指標（以下，*KI* と記す）を紹介する。この指標は建物全体強度に対する個々の柱の寄与度を数値化したものであり，数値が高いほどその柱の建物全体強度に対する寄与度が大きいことを示す。

キーエレメント指標 *KI* は次式に示すように定義される[7.1]。

$$KI(Key\ element\ Index) = \frac{\text{健全な状態の建物の降伏限界荷重}}{\text{任意の柱部材を除去した状態の建物の降伏限界荷重}} \tag{7.1}$$

健全な状態の建物の降伏限界荷重には，図 7.1 に示すように健全な建物の全柱梁接合部に対し鉛直下方に荷重増分を与え，最下層のいずれかの柱部材が降伏した瞬間の荷重を用い，${}_0P_G$と表す。

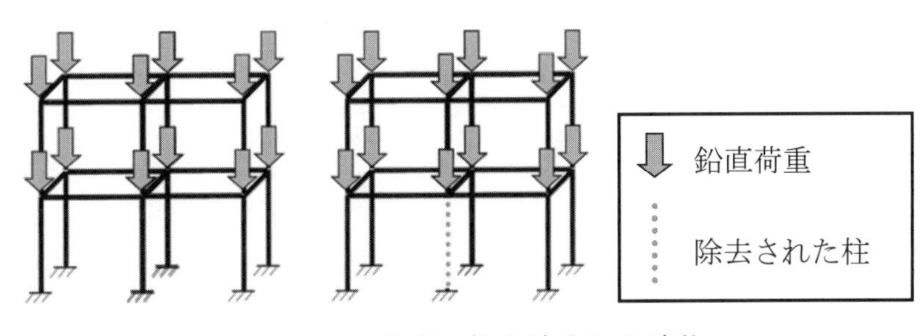

図 7.1 キーエレメント指標を計算する際の建物への載荷

また，任意の i 層内の柱（番号 m）を除去した状態の建物にも，同様に鉛直下方に荷重増分を与える。その際に i 層以下のいずれかの柱部材が降伏した瞬間の降伏限界荷重を${}_1P_G(i,m)$とすると，i 層内の柱（番号 m）の KI は，以下のように定義される。

$$ {}_1^0KI_{i,m} = {}_0P_G / {}_1P_G\,(i,m) \tag{7.2}$$

ここで，添え字の 0 は，健全な状態の建物の降伏限界荷重であることを示し，添え字の 1 は，柱を 1 本除去した状態の建物の降伏限界荷重であることを示す。上式より，KI が大きいほど建物全体強度に対して寄与度の大きい柱部材であり，建物を支える上で重要な柱部材であることが分かる。なお，層内に存在する柱部材ごとに負担する床荷重は等しいとは限らないため，床荷重の負担量に応じて荷重増分を与えることが必要である。そこで，i 層の柱（番号 m）には，以下の荷重増分$\Delta F_{i,m}$を鉛直下方へ与える。

$$\Delta F_{i,m} = \alpha_{i,m} \times \Delta F \tag{7.3}$$

ここで，ΔFは任意の荷重増分である。ΔFに乗じた$\alpha_{i,m}$は鉛直荷重増分に関する重み値であり，次式に示すように上部構造の総重量に対する柱部材 1 本の負担比率と定義される。

$$\alpha_{i,m} = N_{i,m} / \textstyle\sum_{m=1}^{M} N_{i,m} \tag{7.4}$$

ここで，$N_{i,m}$は i 層の柱（番号 m）の軸力，M は層内の柱数である。

7.2.2 キーエレメント指標の積算値

荷重支持能力を失った柱部材全ての KI を足し合わせた KI 積算値は，その建物の崩壊規模と相関関係があることが分かっている[7.1],[7.2]。KI 積算値は以下の式で表される。

$$\textstyle\sum_{i=1}^{R}\sum_{j=1}^{l_i}\left[KI_{i,m(i,j)}\right] = KI_{1,m(1,1)} + KI_{1,m(1,2)} + \cdots + KI_{1,m(1,l_1)} + KI_{2,m(2,1)} + \cdots + KI_{R,m(R,l_R)} \tag{7.5}$$

ここで，R，l_i，$m(i,j)$はそれぞれ建物の全層数，i 層内で荷重支持能力を失った柱の本数およびその j 本目の柱番号である。

例えば，ある建物の i 層の柱（番号 a，b，c）が荷重支持能力を失ったとする。式(7.5)より，KI 積算値は，以下のように求められる。

$$KI\text{積算値} = {}_1^0KI_{i,a} + {}_1^0KI_{i,b} + {}_1^0KI_{i,c} = \frac{{}_0P_G}{{}_1P_G(i,a)} + \frac{{}_0P_G}{{}_1P_G(i,b)} + \frac{{}_0P_G}{{}_1P_G(i,c)} =$$

$$ {}_0P_G\left(\frac{1}{{}_1P_G(i,a)} + \frac{1}{{}_1P_G(i,b)} + \frac{1}{{}_1P_G(i,c)}\right) = \frac{{}_0P_G}{P} \tag{7.6}$$

ここで，

$$\frac{1}{P} = \frac{1}{{}_1P_G(i,a)} + \frac{1}{{}_1P_G(i,b)} + \frac{1}{{}_1P_G(i,c)} \tag{7.7}$$

である。式(7.7)の右辺第 1 項の分母${}_1P_G(i,a)$は，i 層の柱（番号 a）を除去したモデルの降伏限界荷重であり，第 2 項および第 3 項の分母も同様に i 層の柱（番号 b），i 層の柱（番号 c）が除去されたモデルの降伏限界荷重である。式(7.6)の KI 積算値は，1 本の柱部材が欠損したそれぞれのシステムを直列に接続した合成システムの強度に対する，健全な建物の降伏限界荷重の比を表している。

7.2.3　キーエレメント指標の分散

KI に基づいて発破箇所を選定する場合，単純に *KI* の大小を順位づけして選定する方法，さらには *KI* の分散を大きくするように発破箇所を選定し，それらの柱を除去した建物に突出して大きな *KI* を有する柱を作り出すことで，より効率的な解体を目指す方法が提案されている[7.3]。該当する柱は建物全体強度に対し大きく寄与するため，それを欠損させると建物により大きな崩壊を引き起こすことが可能となる。*KI* の分散の算出方法は，建物全体に残存する柱の *KI* から算出する方法（以下，σ^2を大きくするパターン）と各層（任意の i 層）ごとに残存する柱の *KI* から算出する方法（以下，σ_i^2を大きくするパターン）の 2 種類がある。前者は以下の式(7.8)，後者は式(7.9)によって求められる。

$$\sigma^2 = \sum_i \sum_j \frac{(\overline{KI} - KI_{i,j})^2}{N_{total}} \tag{7.8}$$

$$\sigma_i^2 = \sum_j \frac{(\overline{KI}(i) - KI_{i,j})^2}{N_i} \tag{7.9}$$

ここで，$\overline{KI}$は全層に残存する全ての柱の *KI* から算出される平均値，$\overline{KI}(i)$は i 層に残存する全ての柱の *KI* から算出される平均値，$KI_{i,j}$は i 層の柱番号 j における *KI*，N_{total}は全層に残存する全柱数，N_iは i 層に残存する全柱数を表す。

7.3　発破解体計画への応用

前節で示した *KI* を段発方式の発破解体計画に適用した例を紹介する。段発方式の発破解体では，まずは初段の発破で建物の強度を低下させ，続く第 2 発破以降の発破で確実な解体を目指す。その手順は，まず，健全な建物モデルにおける各層内の柱部材の *KI* に基づき第 1 発破箇所を選定する。その後，第 1 発破箇所の柱部材を除去したモデルについて再度 *KI* を算出し，更新された *KI* に基づき第 2 発破箇所を選定する。ここでは，第 1 発破と第 2 発破で除去する柱の選定方法を変えた以下の 4 種類の方法について比較した結果を紹介する。

A. 無作為に発破箇所を選定する方法

B. 第 1 発破では *KI* の小さい順に発破箇所を選定し，第 2 発破では *KI* の大きい順に発破箇所を選定する方法（以下，S-L 方式）

C. 第 1 発破では *KI* の大きい順に発破箇所を選定し，第 2 発破でも *KI* の大きい順に発破箇所を選定する方法（以下，L-L 方式）

D. *KI* の分散を算出・比較し，値が最大となる柱を選定する方法

上記 A.の方法では，*KI* に基づく発破箇所選定は行わず，乱数を用いて無作為に発破箇所を選定し，1 回の発破のみで解体することとしている。この手法を用いると，発破した柱の本数と解体した建物の残存している割合との単純な関係を導き出すことができる。上記 B.の方法では，まず第 1 発破で建物全体強度に対し寄与度の低い柱を発破するため，建物の強度を安全に低下させることができる。その後の第 2 発破では，建物全体が安定した状態のまま寄与度の高い柱を

発破させるため，安全で確実な解体を期待することができる。上記 C.の方法では，第 1 発破で寄与度の高い柱を発破するため，安全性では S-L 方式よりも劣る。だが，建物の強度は S-L 方式よりも低下することが期待できるため，少ない発破本数で大規模な崩壊が誘引され，解体効率が向上する可能性が高い。上記 D.の方法では，第 1 発破箇所の選定において前述のσ^2を大きくするパターンとσ_i^2を大きくするパターンについて *KI* の分散を算出・比較し，値が最大となる柱を選定する。次に，第 2 発破箇所としては，第 1 発破後に残存する柱の中から *KI* が大きい順に順位を付け，任意の順位までの柱を選定する。すなわち，この手法の S-L 方式および L-L 方式と異なる点は，第 1 発破箇所の選定方法のみである。

7.4 数値解析例

前節に示した 4 種類の方法で図 7.2 に示す 10 層 7×3 スパンの鋼構造建物モデルに対し発破解体計画を実施し，それらを解体解析に適用した例を紹介する。モデルの全高は 40 m，階高は各層 4 m，幅および奥行きスパン長は全て 7 m である。柱は 1 部材を 2 つの線形チモシェンコはり要素で分割し，梁と床は 1 部材 4 要素分割で表現している。全要素数は 4,400，全節点数は 3,282，全柱数は 320 である。柱部材は SM490 の角形鋼管，梁部材は SM400 の H 形鋼である。各鋼材の物性値を表 7.1 に示す。柱と梁の断面寸法は，ベースシア係数(= 0.2) の地震力に対して柱と梁の許容応力度設計を行い，固定荷重と積載荷重を足し合わせた 7.8 kN/m^2 の荷重が作用するものとして決定している。建物モデルが負担する床荷重は，積載荷重が取り除かれた解体前の建物を想定し，建物の自重を除いた固定荷重として一般階で 2.1 kN/m^2，屋上で 3.5 kN/m^2 が作用するように，密度の次元に換算し荷重を負担する梁部材と床部材に加えている。

段発方式の発破解体計画では，第 1 発破を 1.0 s 時，第 2 発破を 4.0 s 時に行っているが，前記

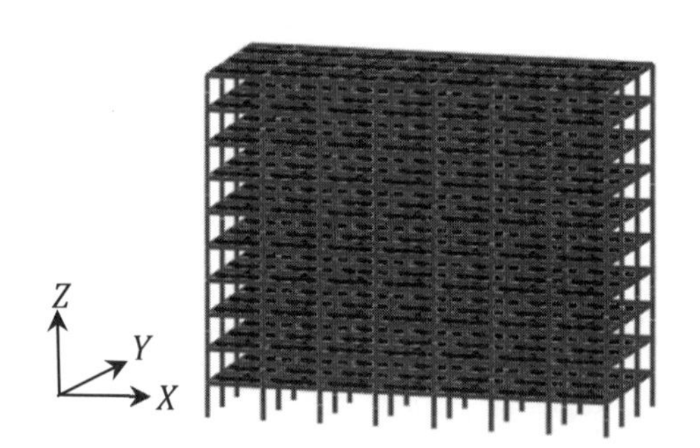

図 7.2 10 層 7×3 スパンの鋼構造建物モデル

表 7.1 鋼材の物性値

	SM490	SM400
ヤング率 [GPa]	206	206
降伏応力 [MPa]	325	245
ポアソン比	0.30	0.30
密度 [kg/mm^3]	7.85×10^{-6}	7.85×10^{-6}

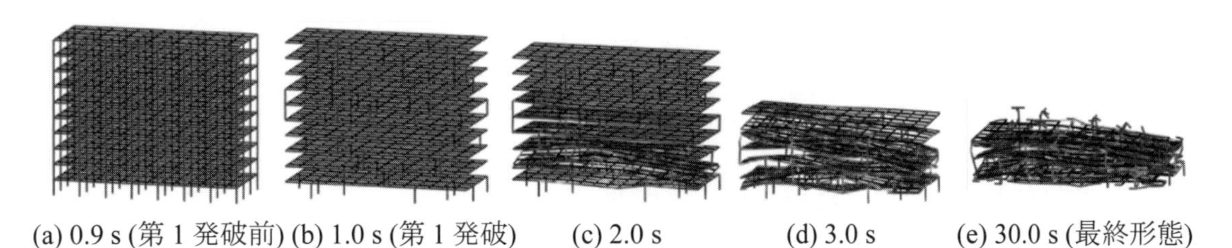

(a) 0.9 s (第 1 発破前) (b) 1.0 s (第 1 発破)　(c) 2.0 s　(d) 3.0 s　(e) 30.0 s (最終形態)

図 7.3 発破解体解析の一例（無作為な発破箇所選定による場合）

A.の無作為な発破箇所選定による発破解体計画では，1.0 s 時に 1 回のみ発破を行っている。解析には ASI-Gauss 解析コード[7.4]を使用し，時間増分を 1.0 ms，合計時間を 30.0 s としている。なお，建物の発破現象は，指定した節点を強制的に破断させ，要素の断面力を解放することにより表現している。

7.4.1　無作為な発破箇所選定による解体効率と安全性

無作為な発破箇所選定による発破解体解析結果の一例を図 7.3 に示す。この例では，建物を構成している全 320 本の柱のうち，261 本を発破している。1.0 s 時の発破の直後から，モデル下層部の柱部材が自重に耐え切れず降伏・破断を生じ，図 7.3(c)，(d)に示す過程を経た後，図 7.3(e)に示す最終形態となった。

無作為に発破する柱の位置と本数を選定した場合の発破柱数と残存物高さの和の関係を図 7.4 に示す。ここで，発破解体解析終了時の全ての節点の高さ方向の座標値を足し合わせた値を残存物高さの和としている。残存物高さの和を健全な建物の高さの和（健全な建物の全ての節点の高さ方向の座標値を足し合わせた値）で割ることにより無次元化し，発破柱数は健全な建物における全柱数で割り無次元化している。グラフの原点に近ければ近いほど解体効率が良いことを示す。図より，発破柱数が少ない領域では，柱の発破後もモデルは崩壊を開始することがなく，最上層部の軽微な部分崩壊に留まっていることが分かる。また，発破柱数が 4 割を超えた辺りから残存物高さの和が下降し始める傾向がある。その傾向および傾きは他の異なるスパン数を有するモデルでもほぼ同様であり，無作為に発破箇所を選定する場合はスパン数に関係なく発破柱

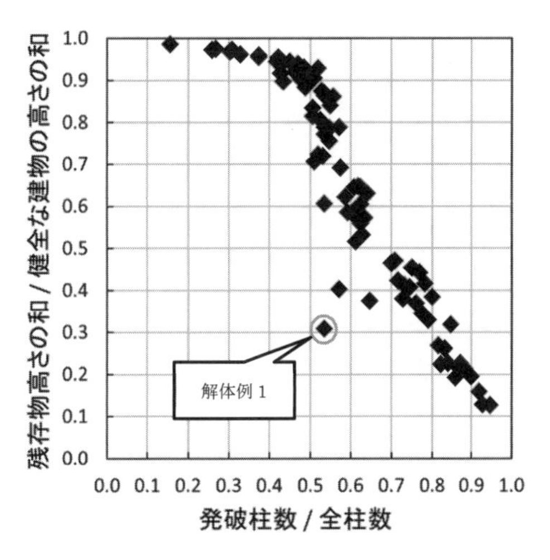

図 7.4　発破柱数と残存物高さの和の関係（無作為な発破箇所選定による場合）

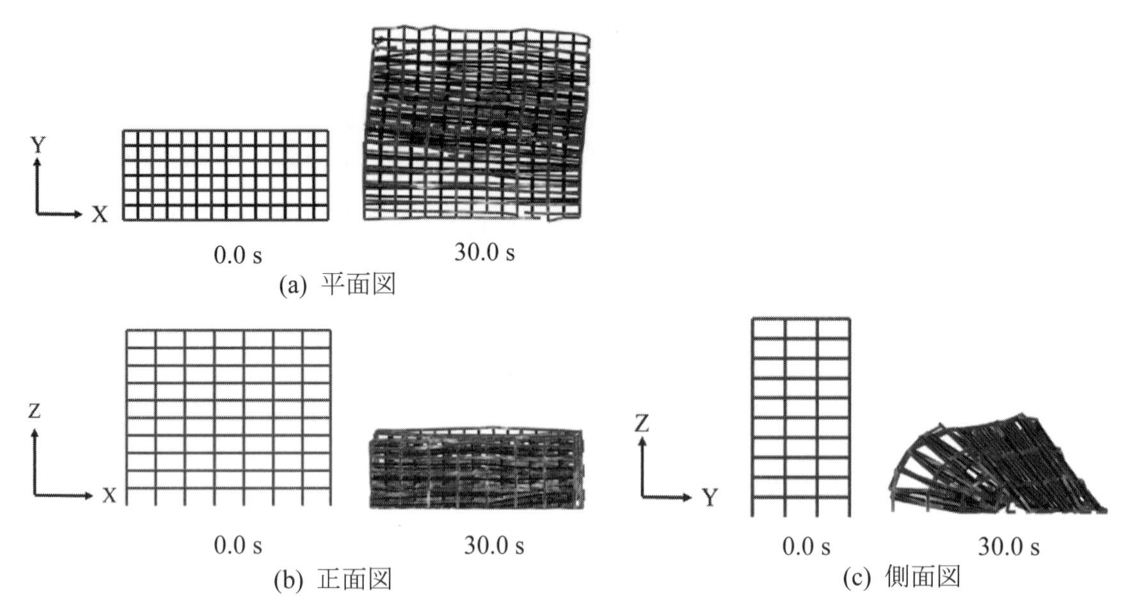

図 7.5 建物の倒壊の様子（解体例 1）

数と残存物高さの和に一定の関係が存在する。一方，解体効率が特に良いケース（図 7.4 中の解体例 1）は図 7.5 に示すように建物が横方向に倒壊しているため，部材の飛散距離が長くなり，周囲への安全性が確保できない解体計画となっている。隣地境界までの距離が十分に確保されているなど，解体対象となる建物の敷地が十分に広大な場合には，このように横倒しにする解体計画は可能であるが，建物の密集地域が多い日本では極めて危険であり，不向きな解体計画である。発破解体解析終了時の残存物を構成する全ての節点の座標値の中で，健全な建物の外周部から最も離れた位置に存在する節点までの水平距離を発破解体における部材の飛散距離と定義し，図 7.6 のように部材の飛散距離と残存物高さの和の関係をまとめると，無作為に発破箇所を選定した場合，全体的に部材の飛散距離が長くなることが分かる。

7.4.2 *KI* を用いた発破箇所選定による解体効率と安全性

7.3 節の B. C. D.の発破箇所選定方法による発破解体解析結果を紹介する。なお，D.の方法を用

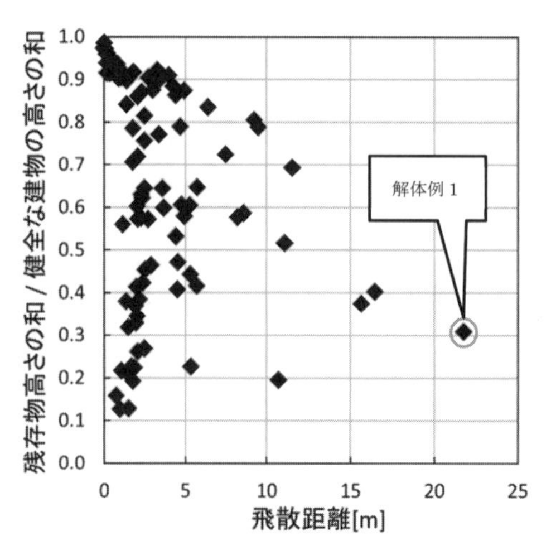

図 7.6 部材の飛散距離と残存物高さの和の関係（無作為な発破箇所選定による場合）

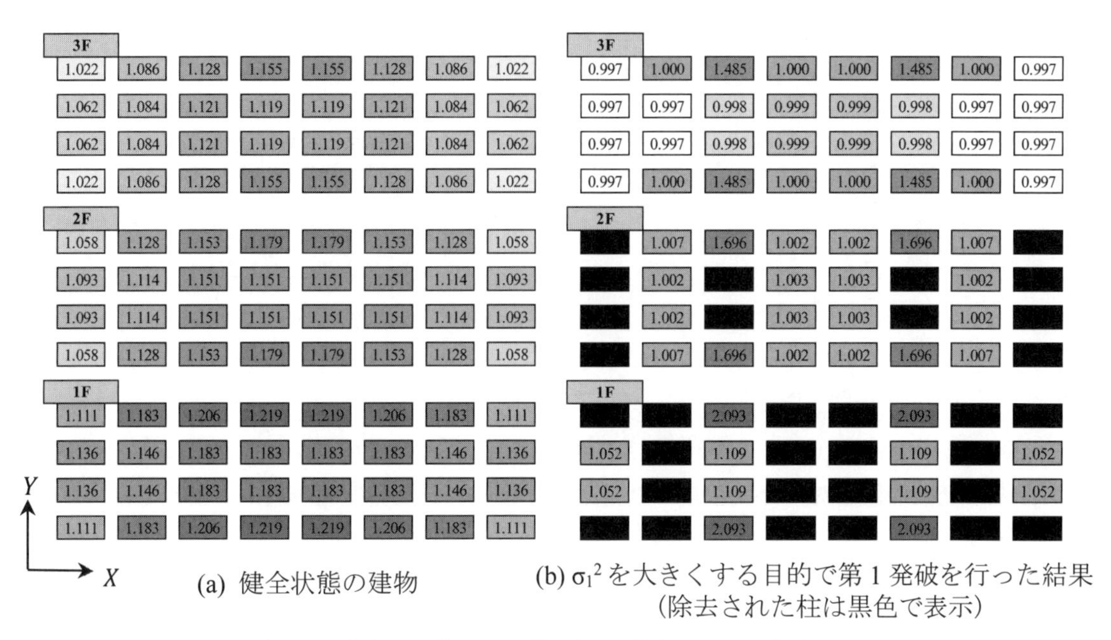

(a) 健全状態の建物　　(b) $\sigma_1{}^2$ を大きくする目的で第 1 発破を行った結果（除去された柱は黒色で表示）

図 7.7 解析モデルの 1 階から 3 階までの *KI* 分布

いる場合には，モデルの対称性を利用して 4 本ずつの組で選定し，除去すると仮定した柱の本数を 4 本ずつ増やしていった際の分散を求め，その値が最大となる柱の組を段階的に除いていくこととしている。また，部分的な崩壊に留まる可能性が高いため，最上層は発破の対象から除外している。一例として，図 7.7 に健全状態の場合とσ_1^2を大きくするパターンの場合に算出された，建物モデルの 1 層から 3 層までの柱の *KI* 分布を示す。*KI* 値が大きいほど濃い色で表示し，第 1 発破箇所として既に選定・除去されている柱を黒色で示している。健全状態の建物の *KI* と比較すると，σ_1^2を大きくするパターンでは 1 層において突出して *KI* の大きな柱（*KI* = 2 を超えるような柱）が発現している。なお，σ^2を大きくするパターン，S-L 方式および L-L 方式については，健全状態の建物と比較すると *KI* の大きな柱はできるが，層内にこれほど突出して寄与度の高い柱は発現しない。

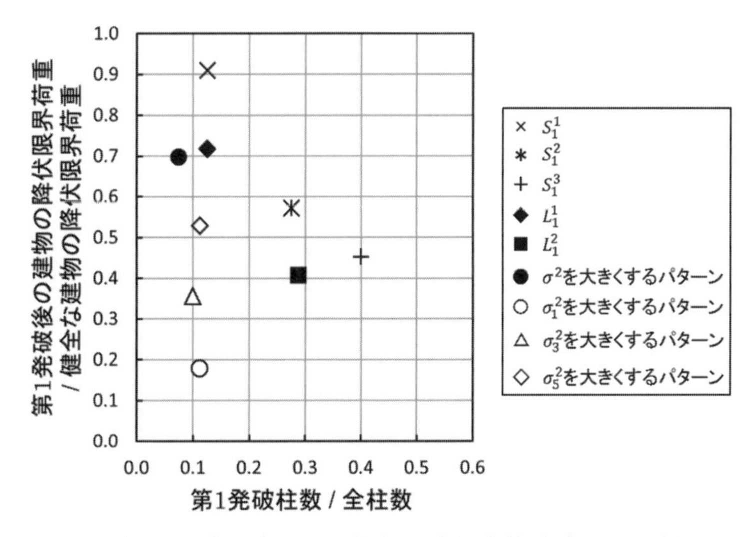

図 7.8 第 1 発破で除去した柱数と建物全体強度との関係

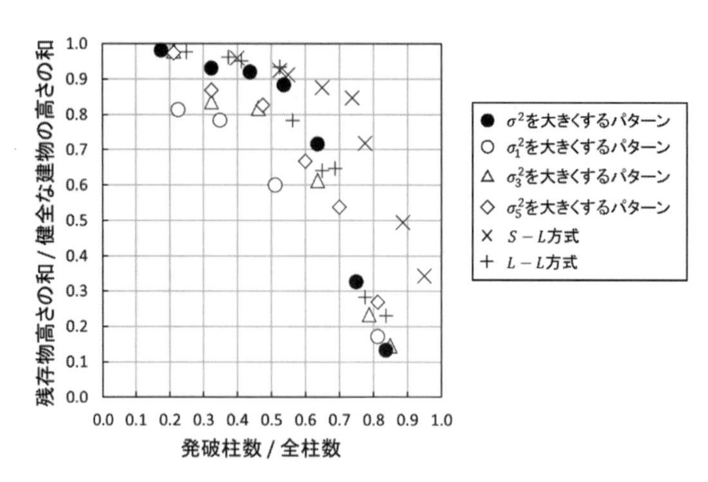

図 7.9 発破柱数と残存物高さの和の関係（*KI* に基づいた発破箇所選定による場合）

次に，各発破箇所選定方法を適用させた場合の建物の第 1 発破による建物全体強度の低下の度合いを図 7.8 に示す。縦軸は，健全な建物の降伏限界荷重${}_0P_G$と第 1 発破後の建物の降伏限界荷重${}_1P_G$の比を取り，建物全体強度の低下の度合いを示している。横軸は，第 1 発破柱数を全柱数で割ることで無次元化している。凡例のS_1^rは *KI* の小さい順に 1 位から r 位までの柱の組（構造が対称なため *KI* が同値の柱を同位とする）を発破したことを表す。また，L_1^rは *KI* の大きい順に 1 位から r 位までの柱の組を発破したことを表す。図より，*KI* の小さい順または大きい順に柱を発破した場合には，強度を低下させるには多くの柱を発破する必要があることが分かる。一方，σ_1^2を大きくするパターンは，発破本数が少なくても強度低下の度合いは大きく，全ての方法の中で最も効率良く強度を低下させる発破箇所選定方法であることが分かる。

KI に基づいて発破箇所を選定した場合の発破柱数と残存物高さの和の関係を図 7.9 に示す。図 7.4 の無作為発破の場合と比較すると，この結果では発破箇所選定方法の違いによって傾向に差が生じている。特に図 7.8 で第 1 発破によって最も効率良く建物全体強度を低下させることが示唆されたσ_1^2を大きくするパターンでは，解体効率が全体的に良くなっている。残存物高さの和が低く抑えられている場合（比がおよそ 0.2 以下）で比較すると，σ_1^2を大きく，するパターンで

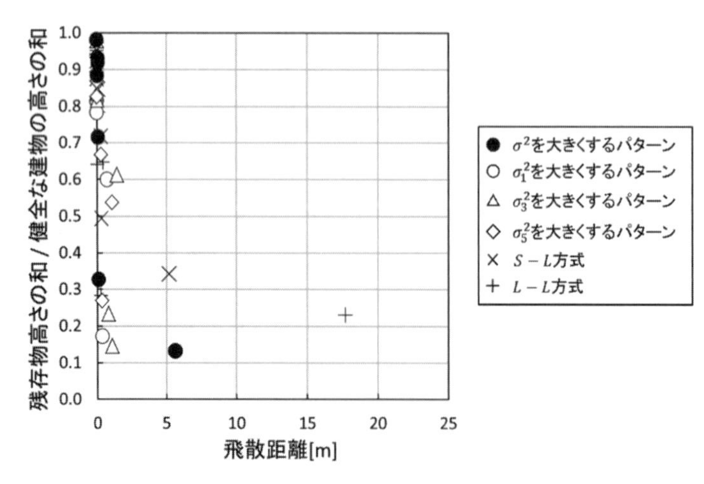

図 7.10 部材の飛散距離と残存物高さの和の関係（*KI* に基づいた発破箇所選定による場合）

は，おおよそ 8 割以上の発破柱数が必要であるものの，無作為に発破箇所を選定した場合よりは 1 割程度少ない発破柱数で残存物高さの和を低く抑えられている。

次に，*KI* に基づいて発破箇所を選定した場合の部材の飛散距離と残存物高さの和の関係を図 7.10 に示す。S-L 方式や L-L 方式で部材の飛散が見られるのに対し，σ_1^2を大きくするパターンではほとんど飛散せずに解体できている。σ_1^2を大きくするパターンでは，第 1 発破で下層部を中心に発破し，鉛直方向に対する強度を十分に低下させた状態で第 2 発破に移行しているため，横方向への倒壊や飛散が極めて少ない。つまり，解体効率では大きな違いが見られないとしても，解体時の部材飛散距離から判断すると，σ_1^2を大きくするパターンは，安全性も確保できる解体計画である。

7.5　まとめ

本章では，建物の崩壊危険性を定量化する指標を発破解体に適用する例を紹介した。*KI* に基づいて発破箇所を選定すると部材の飛散距離が概ね抑えられ，安全性が確保できる可能性が高くなる。特に最下層の *KI* の分散が最大となる柱を発破箇所として選定すると，少ない発破本数で建物に全体的な崩壊をもたらす解体が可能となる。この方法は建物の解体容易性を定量的に評価する手段となり得るが，まだ被災後の建物に容易に適用できるものではなく，レジリエントな社会実現の一助とするためには，今後も持続的な研究が必要である。

参考文献

[7.1]　大井康平，磯部大吾郎：キーエレメント指標を用いた火災時の建物の崩壊危険性予測，日本建築学会構造系論文集，第82巻，第738号，pp.1213-1220，2017.

[7.2]　我妻光太，磯部大吾郎：建物の構造強度に関する評価指標を用いた進行性崩壊の危険性予測，日本建築学会構造系論文集，第83巻，第744号，pp.253-263，2018.

[7.3]　東健太，磯部大吾郎：キーエレメント指標に基づく建物の発破解体計画手法の開発，日本建築学会構造系論文集，第83巻，第743号，pp.59-67，2018.

[7.4]　磯部大吾郎：はり要素で解く構造動力学　建物の崩壊解析からロボット機構の制御まで Fortran90・C++ソースコード付，丸善出版，ISBN:978-4-621-30544-7，2020.

8. モニタリングなどによりレジリエンス性能を高める手法

8.1 はじめに

建物において，レジリエントで高い安全性を確保するためには大地震時の主体構造の損傷のみに着目するのではなく，台風，津波などの水害，インフラ途絶，火災など他の災害も考慮しながら，主体構造以外の外装や天井などの仕上げ，設備，家具などにも目を向ける必要がある。実状，地震時および台風時を含めた災害においては，構造設計者だけで対策を講じることは難しく，建築（意匠）設計者や設備設計者との協働が不可欠になる。

ここでは，構造設計の視点からレジリエンスについて考察を行うが，上記に示す耐震設計，耐風設計以外の建築設計（設備設計も含む）と主体構造以外の非構造部材や設備も含めた統合的な視点を忘れないことが重要であると考える[8.1],[8.2]。超高層建物におけるエレベータの災害後の早期の復旧が，建物の継続使用と直結することなども考慮する必要がある。

一方，加速度計を建物内に設置することにより地震時の各階床応答加速度を計測し、それらより層間変形角を求め，地震後に主体構造ばかりでなく外装や天井などの仕上げ，設備，家具などの被災度まで判定するモニタリングシステム（地震時被災度判定システム）がいくつか開発され，実用に至っている[8.3],[8.4]。このシステムを利用することにより，建物の被災状況を即時もしくは地震後の解析により想定し，その上で建物の使用継続の判断や損傷箇所の特定を実施することができ，震災後の復旧を速やかに行うことが可能となると考える。その際，主体構造の判定を行う場合に，損傷発生部位が限定されていると被災度調査を限定的に実施することができ，より早く主体構造の安全性について説明することや早期の復旧が可能になると考える。ただし，設計段階で想定する地震の大きさを超える想定外の地震も考慮すると損傷発生部位を限定することは難しい場合もあるが，主体構造の損傷が地震のレベル（大きさ）に応じてどのように進展し，終局状態に至るかを構造設計者として把握し，建物所有者と情報共有しておくことは，地震後の被災度調査を効率的に行うことにつながると期待される。

8.2 想定する災害

1995 年の兵庫県南部地震における火災や 2011 年東北地方太平洋沖地震の津波のように，大地震時に地震そのものによる主体構造の損傷のみを考慮しているだけでは災害対策として不十分である。建物におけるレジリエンスを議論する上では，常に他の災害を想定し，構造設計以外の他の分野との協働・調整が不可欠になる。

表 8.1 に建物に対して想定される災害と対応の参考事例を示す。津波，インフラ途絶，火災は，地震が原因で生じることも考えられるため，地震との複合を前提することも必要となる。近年では，火災に対するレジリエンス評価に関する報告も行われている[8.5]。

建築設計者（意匠・構造・設備）が建物所用者とともにこれらの災害に対する対策を講じておく必要がある。その際，地震に関しては，構造設計者が主体構造以外の対応についても積極的

表 8.1　防災対応の参考事例

想定災害	地震	水害			インフラ途絶				火災
		津波	高潮	集中豪雨	電力	上水	下水	低圧ガス	
想定事象	東海・東南海・南海南地震 首都直下型地震 関東地震 震度6強程度 東京都防災会議発表「首都圏直下地震等による東京の被害想定」	TP+∞m 中央防災会議 想定	TP+∞m 地震・津波に伴う水害対策のあり方に関する提言；地震・津波に伴う水害対策技術検討委員会	TP+∞m ハザードマップ	変電所からの送電停止による 停電	上水断水	下水本管破損	供給停止	一般ビル火災 危険物火災 近隣火災
対応	耐震性能確保（免震・制振の採用など） 地震による被害状況を把握できるモニタリングシステムの導入	敷地内地盤レベルを高く設定 高潮時は防潮板を予報に応じて手動設置			非常用電源による電力供給を 確保	受水槽+緊急遮断弁 備蓄倉庫での数日分ペットボトルによる飲料水確保	下水道局指導に基づく汚水夜間放流用の汚水貯溜槽 簡易トイレシートを全館想定人口数日分確保	－	現行の建築基準法，消防法，危険物法に準拠した防災，消化設備の設置

に関わっていく必要がある。

8.3　非構造部材および主体構造においてレジリエンス性能を高める手法

8.3.1　非構造部材の耐震性能確保

外装，天井，設備，エレベータ，家具・備品などの耐震性能も主体構造と同様に重要である。外装や天井（特に重量のある天井や高所の天井の場合）の落下は，人命を損なうリスクもあり，主体構造の崩壊を防ぐことと同様に落下を防ぐべきである。同様に，設備や重量のある集密書架のような家具や備品の転倒も人命保護のために防ぐべきである。

設備においては，設置階においてレジリエンス性能が異なることも想定される。例えば空調システムにおけるセントラル（集中）方式と各階ユニット（分散）方式では各階の地震時床応答加

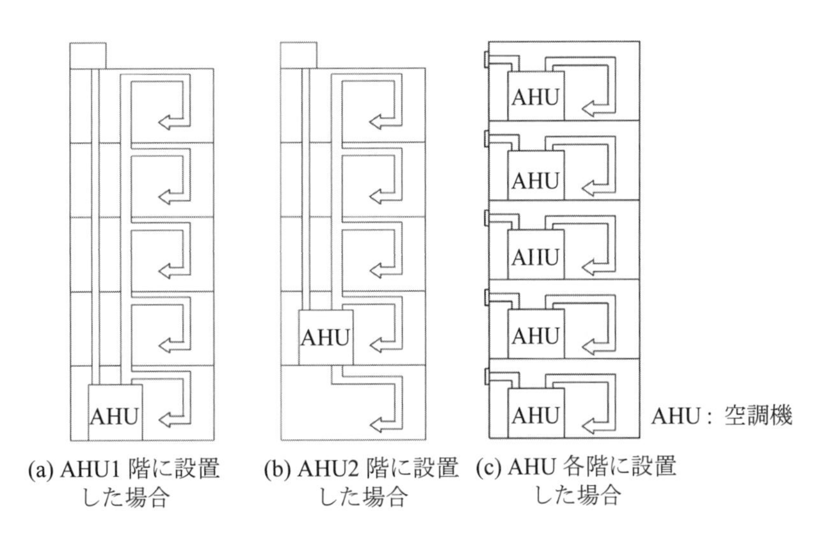

(a) AHU1 階に設置した場合　(b) AHU2 階に設置した場合　(c) AHU 各階に設置した場合

図 8.1　設備設置階によるレジリエンス性能の比較

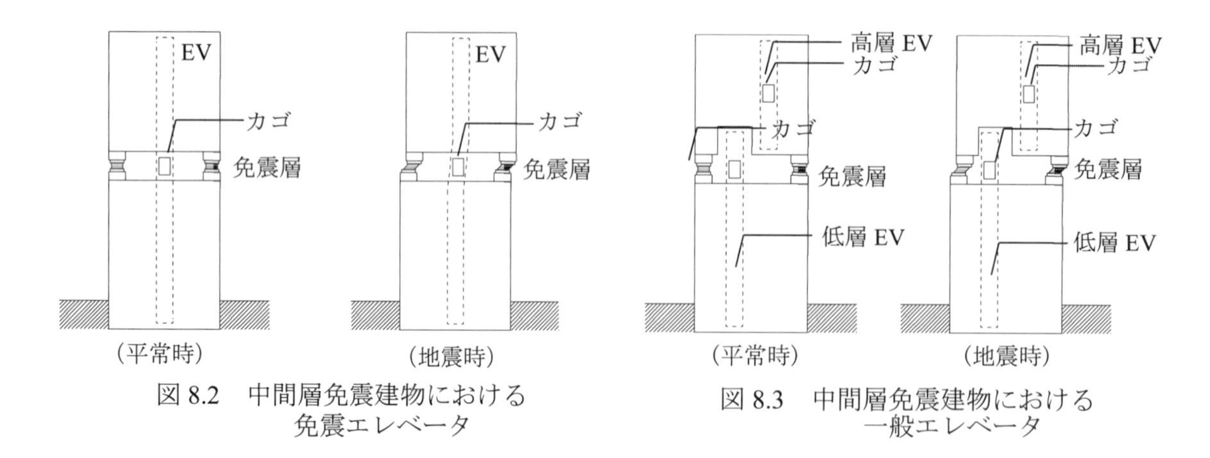

図 8.2　中間層免震建物における免震エレベータ

図 8.3　中間層免震建物における一般エレベータ

速度に応じて損傷が決まるため，前者では設置する階に応じて建物全体の空調設備が地震後に使用できるかが決定され，後者では各階の床応答加速度に応じて各階の空調設備が地震後に使用できるかが決定されるので，損傷に応じて階ごとに部分的な使用をすることもできる。セントラル（集中）方式では，設置階の地震時床応答加速度と津波も含めた洪水による浸水リスクも考慮する必要があり，設備を設置する階を検討する際，床応答加速度が大きい上層階を避けながら浸水リスクのある地下階や 1 階を避けることも考えられる（図 8.1）。免震構造では免震層の上下で床応答加速度が大きく異なるため，設備を設置する階の選定には注意を要する。

一方，設備と同様にエレベータが早期に復旧することが建物の機能維持において非常に重要になる。特に超高層建物において，設備やエレベータが復旧しない限り主体構造が健全であっても建物を利用することは難しい。エレベータにおいては自動復旧システムも導入されつつあるが，損傷を抑えるばかりでなく速やかに復旧できることがレジリエントな建物に通じる。例えば，中間層免震建物において図 8.2 に示すように免震層を通過する免震エレベータを採用した場合，地震時の免震層の変形によって免震エレベータのレールが損傷し，機能性が損なわれる可能性がある。そのため，機能を維持するためには，以下に示す①，②のいずれかの対応もしくは①と②を組み合わせた対応が必要となる。

① 免震層の変形を抑えるような構造設計を行う。

② 図 8.3 に示すような免震エレベータではない一般エレベータを組み合わせるエレベータ計画を行う。

また，非構造部材の落下などの損傷および機能維持について，主体構造の地震時の状況とバランスさせながら設計を行う必要があると考える。

8.3.2 主体構造損傷部位の限定

主体構造においては，図 8.4 に示すように想定される損傷部位を限定しかつその部位を交換・補修しやすいディテールにすることが地震後の調査や補修を限定することにつながり，復旧力を高めることが可能となる。

柱梁部材が損傷を受ける耐震構造においては，鉄骨構造における耐火被覆も含めた仕上げを取り除くことや天井内での調査の実施など損傷部位を特定し，被害状況を把握するのに多くの

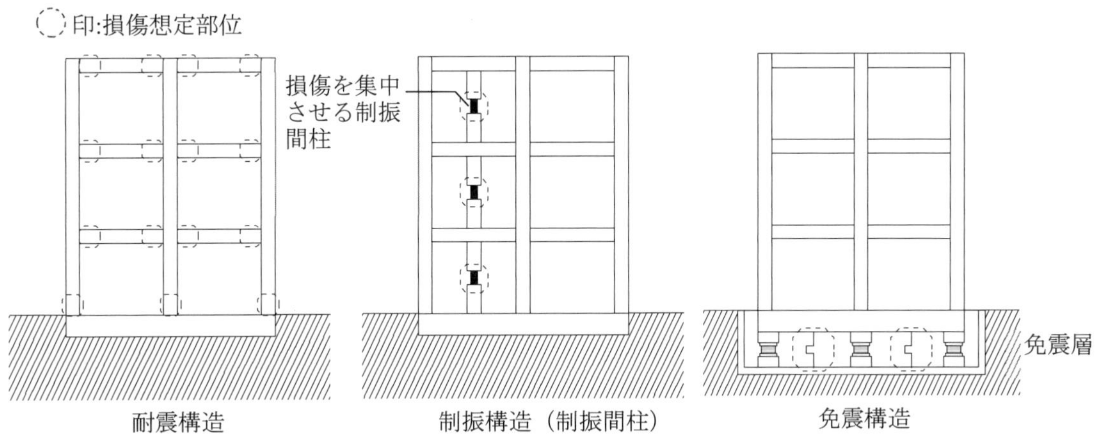

印:損傷想定部位

損傷を集中させる制振間柱

免震層

耐震構造　　制振構造（制振間柱）　　免震構造

図 8.4　耐震構造・制振構造・免震構造の損傷部位

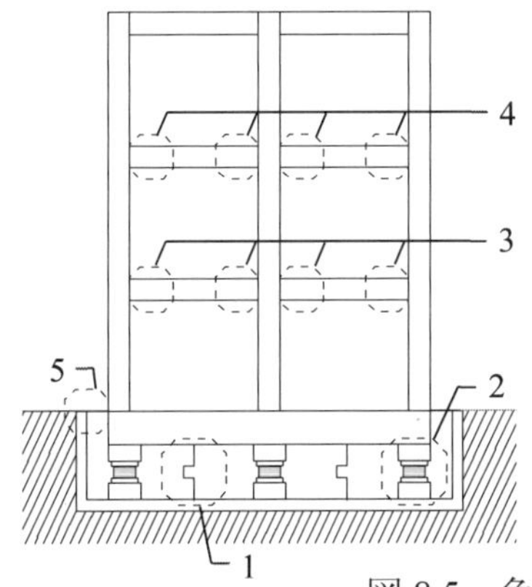

地震動の大きさを徐々に大きくした場合に生じる損傷などの事象とその順序

1. 免震ダンパーの損傷
2. 免震アイソレータの損傷
3. 低層階梁端部の損傷
4. 中間階梁端部の損傷
5. 免震層の衝突

図 8.5　免震構造の終局状態把握

作業を要し，結果的に復旧までの多大な費用と時間が必要になる。

一方，制振構造や免震構造においては損傷部位が限定されることにより，仮に損傷が生じていたとしてもその確認にかかる作業は少なく，結果的に復旧までの費用と時間を圧縮することができる。この具体例については第 12 章に記載している。特に免震構造は免震層のダンパーを重点的に調査することで損傷の程度を即時に把握することが可能となる。そのため，免震層のダンパーにおいては積層ゴムとダンパーが一体となった鉛プラグ入り積層ゴムなどの免震部材より直接目視できる別置きのダンパーの方が調査に要する時間も短縮されよりレジリエンスを有する建物とすることができると考える。

8.3.3　主体構造終局状態の把握

制振構造，免震構造のように損傷部位が限定されるように，設計を行った場合でも地震のレベルが設計段階で想定しているレベルを超える場合は，他の部位に損傷が拡大されることも考えられる。そのため，終局状態を考え，それに至るまでどのように損傷が進展するかを把握しておくことも想定外の大地震時（レベル 2 もしくは極めて稀に発生する震度 6 強程度の大地震を超える場合）においては重要となる。図 8.5 に示すように免震構造においても想定を超える地震が生じた場合の損傷の進展を把握しておくと震災後の調査を効率的に実施することが可能となり，結果的に早期の復旧につながる。

8.4 モニタリングシステムによりレジリエンス性能を高める手法

8.4.1 モニタリングシステムの現状

8.1 節で記述したように，モニタリングシステムは各階の層剛性が線形でその振動特性を同定しやすい鉄骨造において普及した。中でも建物高さ 60m を超える超高層建物もしくは免震建物では設計時に時刻歴応答解析が原則行われていることから，各階の層剛性その非線形性なども含めた履歴性状が設計上明らかになっており，モニタリングにおける閾値（層間変形角や床応答加速度などの応答値と損傷程度の相関性）を比較的容易に設定することができる。

加速度計を数層ごとに設置することもあるが[8.2],[8.3]，各層に設置する場合や最下階となる地盤レベルと最上階のみに設置する場合などもある[8.8],[8.9]。また，第三者委員会がそれぞれのモニタリングシステムに対して技術評価を行う場合もある[8.10]。このような技術評価などにより，モニタリングシステムの普及が促進されている。

加速度計を用いた加速度記録より被災度を判定するシステムが多いが，映像解析により地震時の応答性状を把握する技術も開発され[8.11]，無線技術を用いたシステムも実用化されている[8.12]。加速度計を用いる場合も地震時だけではなく常時微動などを用いて固有周期および固有周期から想定される層剛性の変化などをモニタリングすることで地震時の損傷や経年劣化を想定することもできる[8.13],[8.14]。

構造部位や構造種別においては，地盤との動的相互作用も含めた基礎構造[8.15],[8.16]，ひび割れなども含めた層剛性の判定が難しい超高層集合住宅をはじめとした鉄筋コンクリート造[8.17]-[8.19]，さらには外壁など非構造部材の影響が大きい木造にも実用化されている[8.20]-[8.23]。木造モニタリングシステムの事例を図 8.6，8.7 に示す。住宅では，構造体だけではなく室内環境を対象に，PM2.5 などの室内浮遊微粒子濃度をモニタリングしている事例もある[8.24]。

8.4.2 モニタリングシステムの事例

地震時の建物の揺れや損傷状況を判定するシステムであるモニタリングシステムの事例を示す[8.3],[8.4]。図 8.8 に示すように加速度センサーユニットを入力レベルとなる 1 階部分も含め数

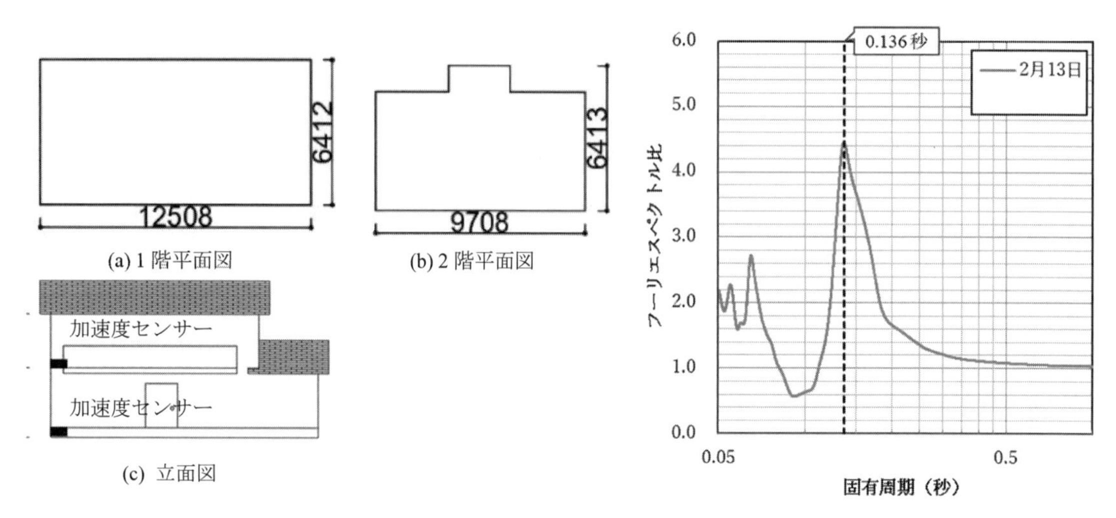

図8.6 住宅モニタリングの設置事例

図8.7 固有周期の推定（小地震時の2階の1階に対するフーリエスペクトル比）

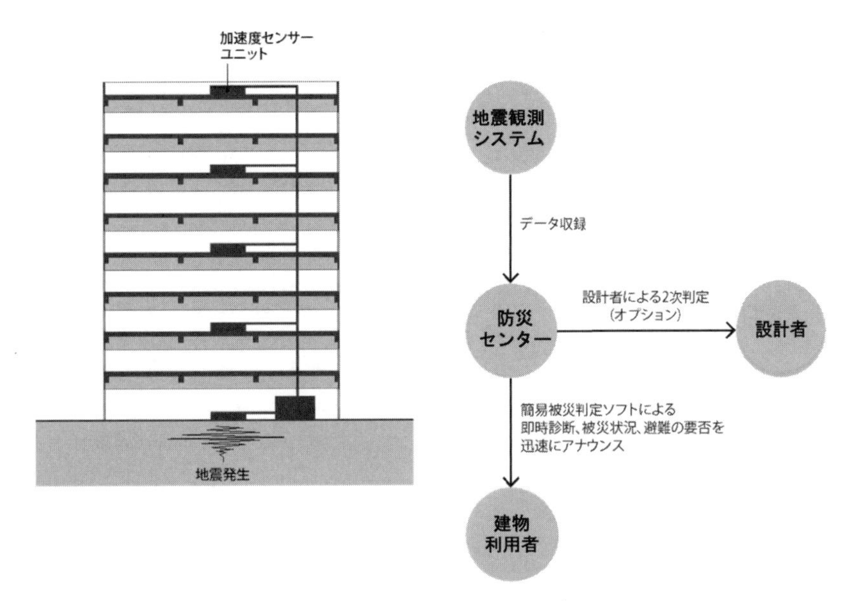

図 8.8　モニタリングシステムの概要

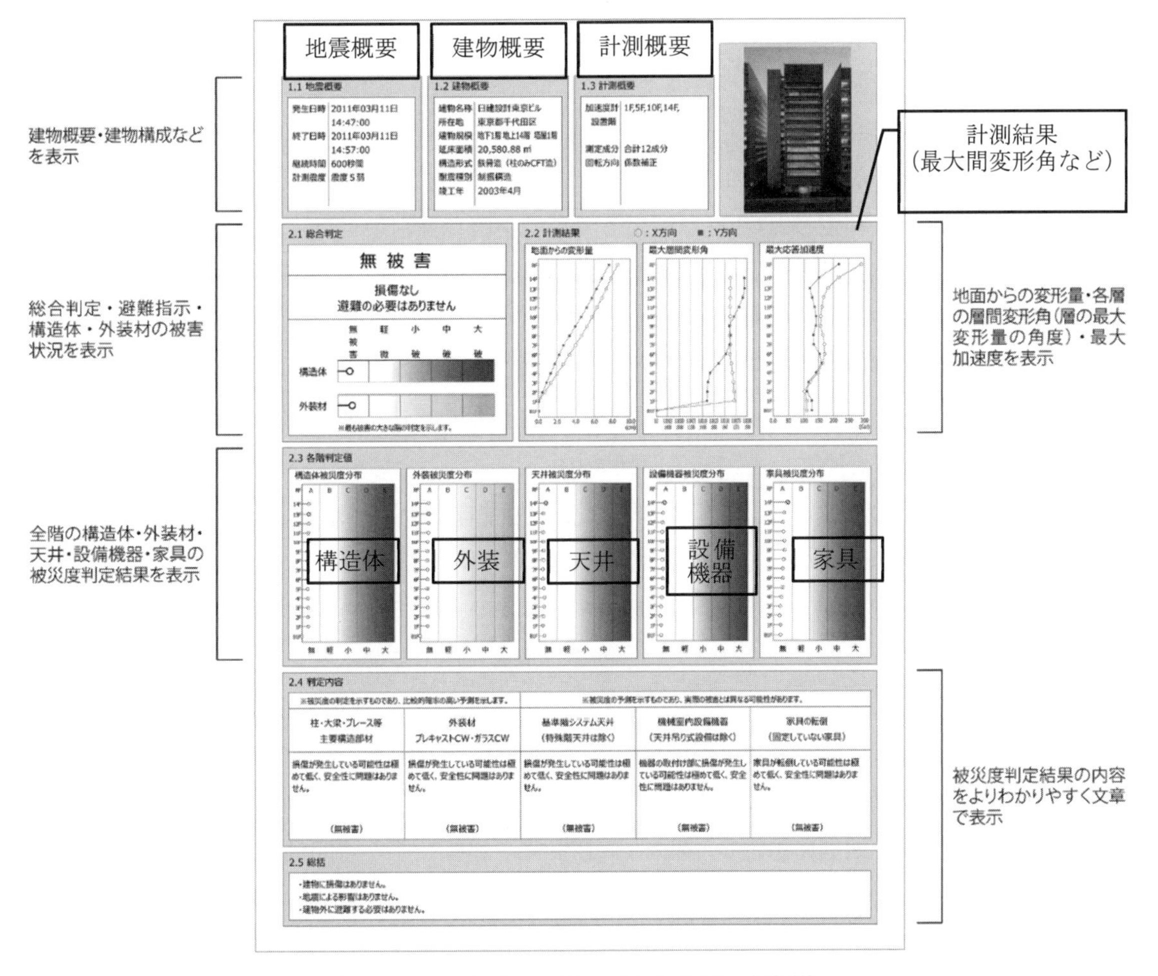

図 8.9　モニタリングシステムの出力例[8.25]

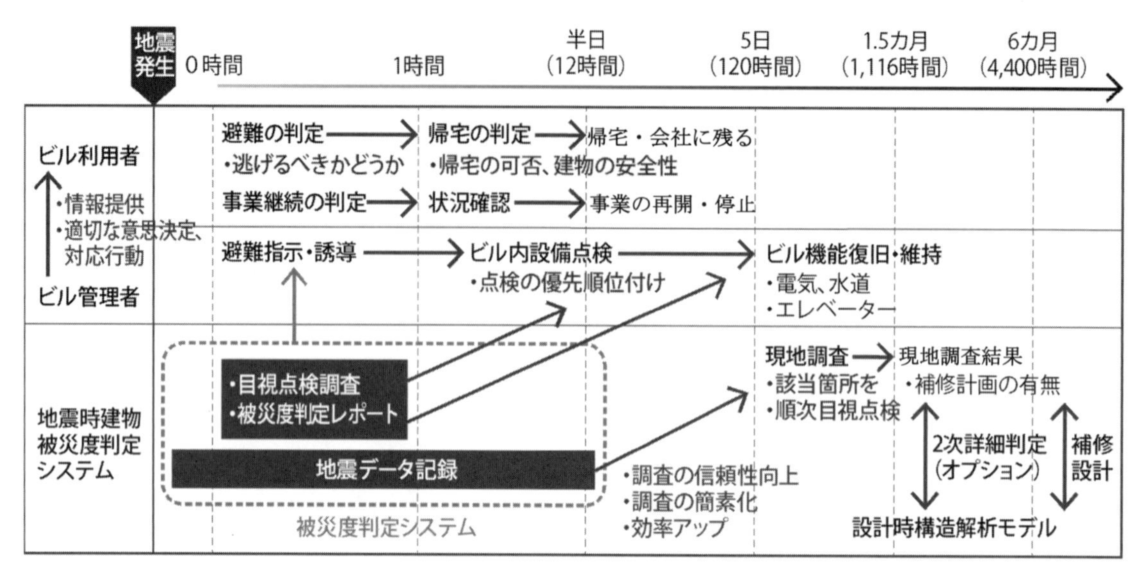

図 8.10　モニタリングシステムを利用した建物の補修・修繕計画

階ごとに設置し，各階の床応答加速度と層間変形角を導き，主体構造ばかりでなく外装，天井，設備，家具などの被災状況を判定する。閾値はそれぞれの建物に応じて設定されるが，例えば外装材のシール切れが層間変形角 1/300 を超えると生じるのであれば外装材は層間変形角 1/300 までは「損傷なし」と判定し，1/300 を超える場合「小破」と判定する。これにより，被災直後の迅速な避難指示や事業継続の的確な判断が可能となる（図 8.9）。

損傷の程度や部位をある程度限定することで，従来の目視調査などと組み合わせることにより，より効率的に補修・修繕計画を行うことができる。また，当該建物に入力されたと考えられる入力地震動も記録されるため，設計時構造解析モデルを用いて詳細解析を実施し，より詳細に損傷部位を限定していくこともできる（図 8.10）。

8.4.3 モニタリングシステムによるレジリエンス性能向上効果の想定

モニタリングシステムがあることで，例えば前震（本震）と本震（余震）2 度の地震が起こる場合，最初の前震（本震）による損傷程度をモニタリングすることで次に起こる本震（余震）による被害を想定することもでき（例えば，前震（本震）後のモニタリングにおいて「今後，震度 6 弱程度の地震が発生した場合，倒壊の危険性があります.」と判定すること），避難の必要性を具体的に建物利用者に伝えることができる（図 8.11）。その結果，本震（余震）で倒壊する可能性があれば，前震（本震）後に速やかに避難をすることで甚大な人的被害を防ぐことができる。

次に実際の建物と地震を想定し，補修・修繕計画を建築性能と時間軸をもとに考える。ここでは，以下の 2 つの比較（①，②）を行う。地震は震度 6 強程度の大地震（極めて稀に発生する地震）とし，耐震グレードやモニタリングシステムの有無により補修・修繕に要する時間を検討する。耐震グレードとして，建築基準法を最低限満足する B グレード（官庁施設の総合耐震計画基準Ⅲ類に相当）と制振構造にするなどの対応を実施している B グレードより耐震性能が 1 ランク上に位置づけられるAグレード（同Ⅱ類に相当）を想定する。

① Bグレード（非構造部材も含む）でモニタリングシステムの有無による違いを比較（図8.12, 8.13）

② Aグレード耐震（非構造部部材はBグレード）とAグレード制振（非構造部材はAグレード）の比較（モニタリングシステムは双方とも有）（図8.14, 8.15）

①の比較からBグレードであれば倒壊はしないものの中破～大破の被害が生じる可能性があると考えられるが，モニタリングシステムを導入することにより損傷部位が特定しやすくなり，さらに設計時構造解析モデルが準備されていることで，調査や補修修繕計画の期間が短縮され，より早期に補修・修繕工事に着手することができ，結果としてレジエンスを有する建物とすることが可能になると考えられる。

一方，②の比較から同じ主要構造をAグレードとする場合も耐震構造より制振構造の方が損傷部位を限定することができ早期の補修・修繕の着手が可能になると考えられる。また，非構造部材の耐震グレードの差も補修・修繕期間の長さに影響すると考える。

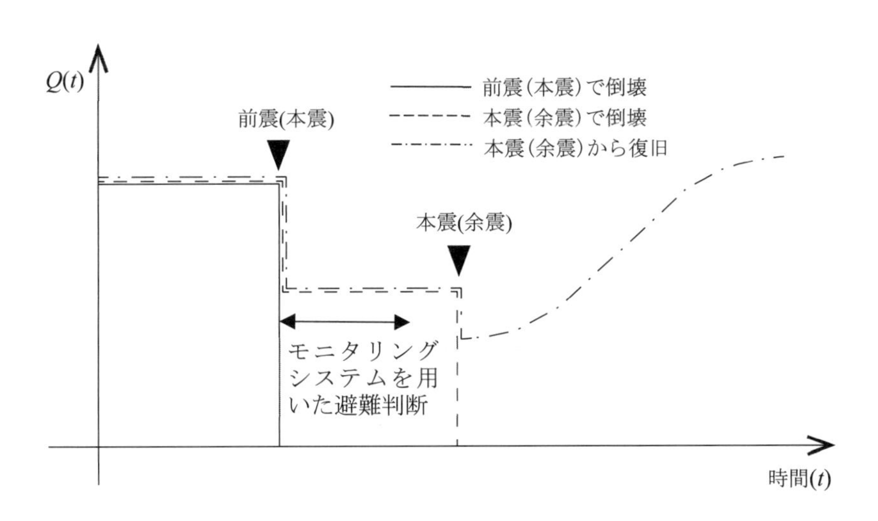

図8.11　前震・本震など2度の地震に対するレジリエンス性能

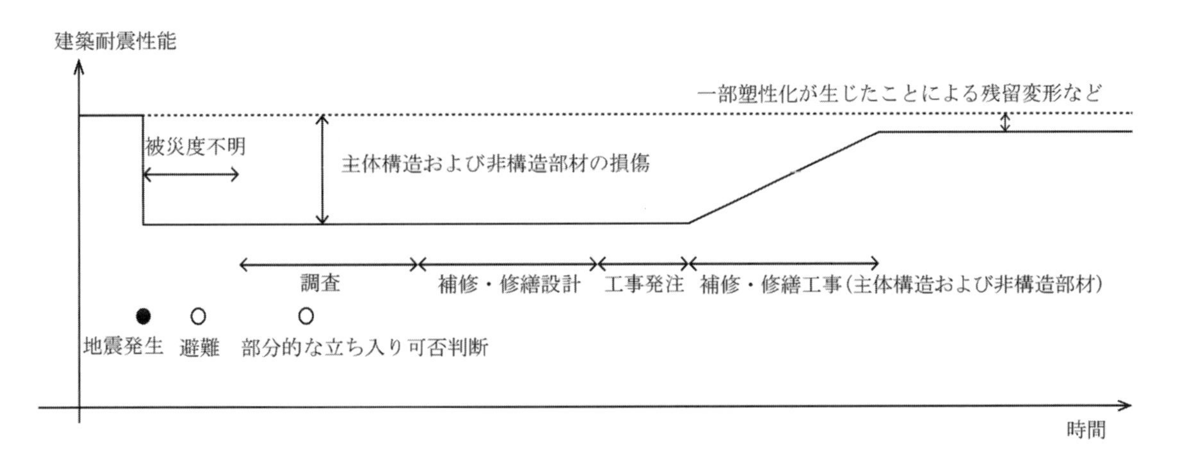

図8.12　補修・修繕計画概念図（Bグレード，モニタリングシステム無）

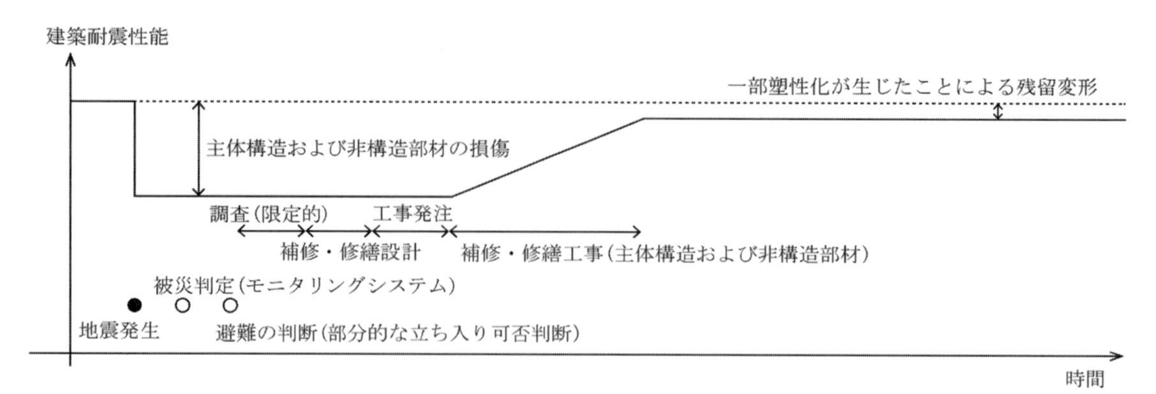

図 8.13　補修・修繕計画概念図（B グレード，モニタリングシステム有）

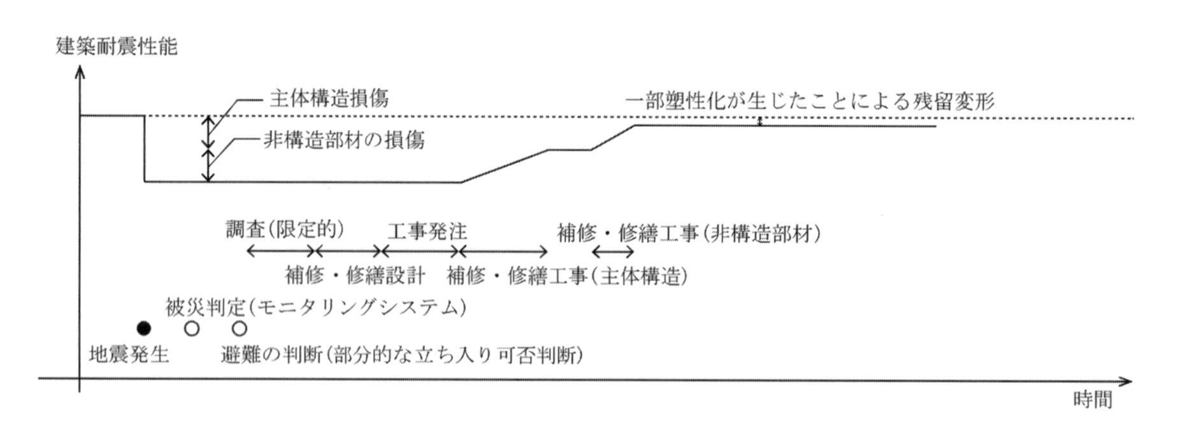

図 8.14　補修・修繕計画概念図（A グレード耐震［非構造部材：B グレード］，
モニタリングシステム有）

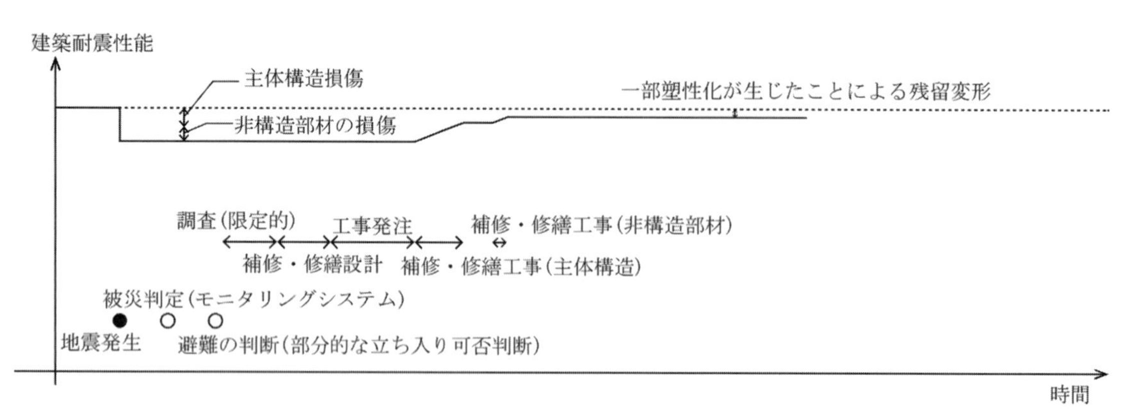

図 8.15　補修・修繕計画概念図（A グレード制振［非構造部材：A グレード］，
モニタリングシステム有）

8.5 事前準備によりレジリエンス性能を高める手法

レジリエンス性能を高める上で非構造部材・設備も含めた耐震性能の向上やモニタリングシステムの設置により抵抗力および復旧力が向上されるが，避難訓練をはじめとした防災・減災マネージメントが重要である（表 8.2）。抵抗力とは，図 8.11 などに示すレジリエンスの概念図の縦軸（建築耐震性能など）の低下を抑制するものとここでは定義する。

表 8.2　抵抗力と復旧力の確保

<table>
<tr><th></th><th>抵抗力</th><th>復旧力</th></tr>
<tr><td rowspan="2">構造体*1</td><td rowspan="2">冗長性の確保
ロバスト性の確保*2
免震・制振構造の採用</td><td>損傷部位の限定
残留変形の抑制*4
地震の大きさに応じた損傷が生じる部位の順番の確認
損傷部材の取り換え方法の確認*5</td></tr>
<tr><td rowspan="2">モニタリングシステム例えば[8.3],[8.4]
設計図・構造計算書・構造解析モデルの保管</td></tr>
<tr><td rowspan="2">非構造部材*1
（設備・外装材・天井も含めた内装材・昇降機）</td><td rowspan="2">設備および非構造部材の耐震性確保</td></tr>
<tr><td>バックアップ対応
代替部材（スペア）の保管*6</td></tr>
<tr><td>マネージメント</td><td>重要度を考慮した諸室の配置および設備の設置*3</td><td>避難訓練
災害時のシミュレーションの実施</td></tr>
</table>

*1：構造体は層間変形角，設備および天井は床応答加速度（天井は床加速度の増幅を考慮する必要あり），内外装および昇降機は層間変形角と床応答加速度によって，主にその損傷程度が決まる。

*2：ロバスト性は頑強性を意味し，設計用地震力や設計用入力地震動を割り増すことや設計クライテリア（文献[8.26]に示す層や部材の塑性率や層間変形角）を厳しく設定することにより柱・大梁といった主体架構を大きく頑強なもの（高強度材料の採用など）にすることを一般に想定する。

*3：建物管理者は，震災時の機能維持について十分な認識共有を行い，重要設備は床応答加速度が小さい階に設置することや床応答加速度が大きい階に設置する場合の対策（固定方法や部分的な免震床の採用など）について費用対効果も含め十分な議論を行い，それを基に設計者が具体な建築計画を行うことを想定する。同様に，震災後も使用が求められる諸室は，その階の床応答加速度を考慮した上，天井の仕様（高耐震天井にするなど）や昇降機の停止も考慮した対応（階段で移動できる低層階への設置）を行う必要がある。

*4：建物およびその基礎部または中間層に設置される免震層の残留変形を抑えることは，復旧性の確保につながる。残留変形はそれが生じている層の内外装や設備にひずみをもたらし，免震層の残留変形はエキスパンションジョイントの不具合などを引き起こす可能性がある。地震エネルギー吸収部材として，履歴系ダンパーよりも粘性系ダンパーを用いる方が一般に残留変形は小さくなる。

*5：免震・制振部材などが損傷した場合に具体にその場所までどのように新たな部材を運搬し設置するかということを設計段階で検証しておき，マニュアルなどを建物管理者が保管することを想定する。免震部材の交換においては，ジャッキアップの位置や方法について検証が必要となる。

*6：震災時に損傷設備や損傷部材（発注に時間のかかるエレベータのレールなども含む）を即座に取り換えることができるように代替設備や部材をスペアとして安全に保管できることは復旧性の確保に大いに役立つが，管理方法と費用対効果を考えて対応する必要がある。

8.6 まとめ

建物のレジリエンスにおいて，総合的な災害対策を考慮しつつ，主体構造以外の非構造部材や設備に対する対応が主体構造と同様に重要であることを示した上，レジリエンスを考慮した構造設計の例として，地震時におけるモニタリングシステムが有用となることを概念図も含め示した。

ただし，多数の一般建物が倒壊するような想定外の地震時に単体の建物の倒壊を防ぐように設計した上，費用対効果を考慮して設備機器など一部機能が失われることを許容する設計も考えられる。

ロバストネスと冗長性を確保した免制震構造などを採用した建物において，設計段階で想定する地震の大きさを超える想定外の地震における復旧性を確保するために更なる初期投資をどこまで行うかの判断は，地震の発生確率も考慮した上，総合的に判断する必要もあると考える。

なお，本章の内容は文献[8.6],[8.7]の内容に加筆・修正を行い，まとめたものである。

参考文献

[8.1] S. Mahin : Resilience by design: A structural engineering perspective, *Proceedings of the 16th World Conference on Earthquake Engineering*, Santiago Chile, January 9th to 13th, 2017.1

[8.2] 八百坂僚祐，高橋典之，梅林舞：モニタリング技術を用いた非構造部材のフラジリティ曲線逐次最適化に関する研究　その1~2，日本建築学会大会学術講演梗概集，材料施工，pp.763-766，2022.7

[8.3] 原田公明ほか：地震観測記録に基づく日建設計東京ビルの振動性状:その1~6，日本建築学会大会学術講演梗概集，構造II，pp.1149-1154，2012.9

[8.4] 原田公明ほか：2011年東北地方太平洋沖地震を受けた日建設計東京ビルの地震記録：(その1~3)，日本建築学会大会学術講演梗概集，構造II，pp.861-872，2004.7

[8.5] 佐藤禄郎，尾崎文宣：鋼構造建築物の火災後レジリエンス評価，日本建築学会大会学術講演梗概集，防火，pp.33-34，2022.7

[8.6] 朝川剛：モニタリングと復旧性，レジリエントで高い安全性を確保する構造設計とは，2016年度日本建築学会大会（九州）構造部門（応用力学）パネルディスカッション資料，日本建築学会構造委員会応用力学運営委員会，pp.34-39，2016.8

[8.7] 朝川剛：高レジリエンス構造システムの考え方，レジリエンスに着目した構造設計とは？，2021年度日本建築学会大会（東海）構造部門（応用力学）パネルディスカッション資料，日本建築学会構造委員会応用力学運営委員会，pp.7-12，2021.9

[8.8] NTTファシリティーズ：構造ヘルスモニタリングの課題と展望，テクニカルペーパーNo.16，https://www.ntt-f.co.jp/ntt-fjd/technicalpaper/0016/（参照2023.3.6）

[8.9] 大林組：建物地震被災度即時推定システム，https://www.obayashi.co.jp/news/detail/news20230302_1.html（参照2023.3.6）

[8.10] 日本防災協会：応急危険度判定基準に基づく構造モニタリングシステム技術評価，https://www.kenchiku-bosai.or.jp/evaluation/monitoring/（参照2023.3.6）

[8.11] 岩渕明志人，鈴木康太，木藤優弥，佐藤豪大，曹淼，薛松濤：映像解析によるヘルスモニタリングシステムの基礎的研究　その1~4，日本建築学会大会学術講演梗概集，構造II，pp.289-296，2022.7

[8.12] 阿部雅史，鈴木芳隆，神田克久，工藤利昭：無線技術を利用した構造ヘルスモニタリングの実適用，日本建築学会大会学術講演梗概集，構造II，pp.301-302，2022.7

[8.13] 畑田朋彦，古川大志，日向仁，中嶋洋介，池田芳樹：大規模低層商業建物の多点微動計測に基づいた地震応答推定　その1~2，日本建築学会大会学術講演梗概集，構造II，pp.847-850，2022.7

[8.14] 日比野浩，栗栖藍子，欄木龍大，廣石恒二，柳坂祥希，谷翼：21428 常時微動測定による既存建物の振動性状評価　その1~2，日本建築学会大会学術講演梗概集，構造II，pp.855-856，2022.7

[8.15] 花里利一，新津靖，小瀧亮介，遠藤洋平，小林直弘：歴史的建造物の耐震性に関わる構造モニタリング　その2 地震モニタリングによる組積造建造物の地盤・建物の動的相互作用，日本建築学会大会学術講演梗概集，構造II，pp.703-704，2022.7

[8.16] 森清宣貴，永野正行，田沼毅彦：超高層集合住宅の強震観測記録を用いた回転地盤ばねの評価とその非線形特性が建物応答に与える影響，日本建築学会構造系論文集，Vol.87，No.801，pp.1013-1021，2022.11

[8.17] 森清宣貴，永野正行，成島慶，田沼毅彦，小田聡：1995年兵庫県南部地震を経験した超高層RC造建物の長期観測記録に基づく動的特性の分析，日本建築学会技術報告集，Vol.26，No.63，pp.479-483，2020.6

[8.18] 田村彩女，永野正行，田沼毅彦，小田聡，鹿嶋俊英：観測記録に基づく超高層集合住宅の上下振動特性と動的相互作用効果，日本建築学会技術報告集，Vol.26，No.63，pp.484-489，2020.6

[8.19] 畠山智貴，王欣，大野晋，源栄正人：長期連続観測に基づく鉄筋コンクリート造建築物の地震時および通常時における振動特性の変動，日本建築学会技術報告集，Vol.23，No.55，pp.805-808，2017.10

[8.20] 山田明，金野章子：軸組木造住宅の常時微動特性に関する一分析　－施工段階を考慮した常時微動計測－，日本建築学会技術報告集，Vol.27，No.67，pp.1225-1230，2021.10

[8.21] 山田朋幸，高橋典之，千田紘之：木造戸建住宅を対象とした地震被害調査の深層学習による自動化技術に関する研究，日本建築学会技術報告集，Vol.27，No.67，pp.1578-1583，2021.10

[8.22] 福澤隆成，三田彰，村上知徳：2つの加速度センサを用いた枠組壁工法住宅の最大層間変形角推定手法の提案と評価，日本建築学会大会学術講演梗概集，構造II，pp.1067-1068，2019.7

[8.23] 中島朗人，朝川剛，原澤浩毅：枠組壁構法住宅における構造判定システムの提案，第66回理論応用力学講演会，OS3-2-03，2022.6

[8.24] 真田朱里，三田村輝章，原澤浩毅：戸建て住宅における室内浮遊微粒子濃度の実態調査 住宅24件におけるPM2.5濃度の実態と事例分析 （その2），日本建築学会大会学術講演梗概集，環境工学I，pp.1579-1580，2022.7

[8.25] 日建設計：地震時建物被災度判定システム https://www.nikken.jp/ja/about/portfolio/am42sv00000000ay-att/NS_LCD-sheet03_49.pdf（参照2024.8.29）

[8.26] 日本建築センター：性能評価を踏まえた超高層建築物の構造設計実務－超高層・免震建築物の構造設計者が実際に行ってきた検討と判断を集大成，pp.19-21，2019.7

9. レジリエンスを考慮した構造設計①
－制振建物および免震建物における設計事例－

9.1 はじめに

レジリエンスを考慮して構造設計を行うためには，「できるだけ大きな外力に対して弾性（可逆的）に設計する」ことが第一であるが，通常，そうするには多大な費用を要する。したがって，第二として，「あるレベルを超える外力に対しては塑性化（不可逆）を許すが，ある程度の性能を維持できるように設計する」ことで費用と性能のバランスをとることになる。レジリエンスの観点からはその塑性化する部材は，容易に復旧できるように設計することが必要である。

ロバスト性・冗長性という観点からいえば，これらの性能が高い建物はレジリエンスが高いということができる。一般に建物はある程度のロバスト性・冗長性を持っているがそれは制御（設計）されたものではないことが多い。上記第二の考え方は，これらを明確に設計の中に取り入れていくということである。

以下ではこの取組みについて事例を紹介する。

9.2 大変形可能な制振構造システム

2011 年の東北地方太平洋沖地震の直後，「ロバスト性・冗長性を向上させた建物の構造デザイン」という題で 2011 年度日本建築学会技術部門設計競技（審査委員長：竹脇出）が行われた。想定外の外乱に対しても脆性的に破壊することなく，必要機能を保持するような建築構造の提案を求めるものであったが，同時に過度の設計とならないことが要求されており，実用的な提案を目指したものであった。

このように，費用をあまりかけずに想定外の外乱に対処するには，建物を設計した後でダンパーを付加するのではなく，連結制振，浮き上がり制振，損傷制御[9.1]のように架構全体を考えてエネルギーを吸収しやすい仕組み，機能を維持する仕組みを設計していく必要があるといえる。

提案作品の一例として「粘性減衰と履歴減衰からなる大変形可能な制震構造システム」[9.2]を以下に示す（引用にあたり原著の「制震」を用いたが、以下では「制振」と表記する）。図 9.1 に 10 階建て事務所ビルを想定し本提案システムを適用した建物の全体概要を示す。本提案の構成要素は①粘弾性ブレース，②低降伏点鋼ブレース，③プレキャスト RC 柱，④ピン接合の大梁，の 4 つである。全て，すでに開発済みもしくは容易に設計可能な要素で構成されている。

図 9.2 に粘弾性体ダンパーの詳細を示す。このダンパーにはストッパーの役割を果たすピンが水平クリアランス約±20mm を確保して挿入されている。このため，振幅が 20mm まではストッパーは効かず粘弾性体がエネルギーを吸収する。振幅が 20mm を超えるとストッパーにより弾性ブレースとして効き，さらに振幅が大きくなるとブレースが塑性化してエネルギーを吸収するよう設計されている。クリアランスを持ったストッパーを用いた粘弾性と鋼材ダンパーの直列システムは小振幅から大振幅までの揺れに制振効果を発揮させる制振技術として，複数のタイプの

ものが開発され[9.3]，実建物に適用されている例えば[9.4]。

図 9.3 に柱部および梁部の詳細を示す。柱はプレキャストの RC 造とし，S 造の大梁を接合するブラケットをあらかじめ装着する。１階の柱脚は CFT 柱とし，上部の柱の曲げ耐力よりも小さいモーメントで降伏するよう設計する。梁は柱に装着されたブラケットにピン接合する。

このような構成により表 9.1 に示す通り，地震動レベルに応じた構造性能を有する制振架構が実現できると考えた。それぞれのレベルに対して常に柱は弾性であり鉛直力支持能力を失わず，かつ，何らかの減衰が作用するように設計されている。レベル 2 を超える地震動に対しては，自重による P δ よりも低降伏点鋼ブレース，粘弾性体ブレースおよび 1 階柱脚の塑性モーメントを十分大きく設計可能なので，P δ 効果を考慮しても常に復元力を有する架構システムとなる。想定する復元力特性を図 9.4 に示す。低降伏点鋼ブレースが降伏すると同時に粘弾性体ブレースのストッパーが作動するよう設計することで，剛性の変動が少なくなるよう配慮している。

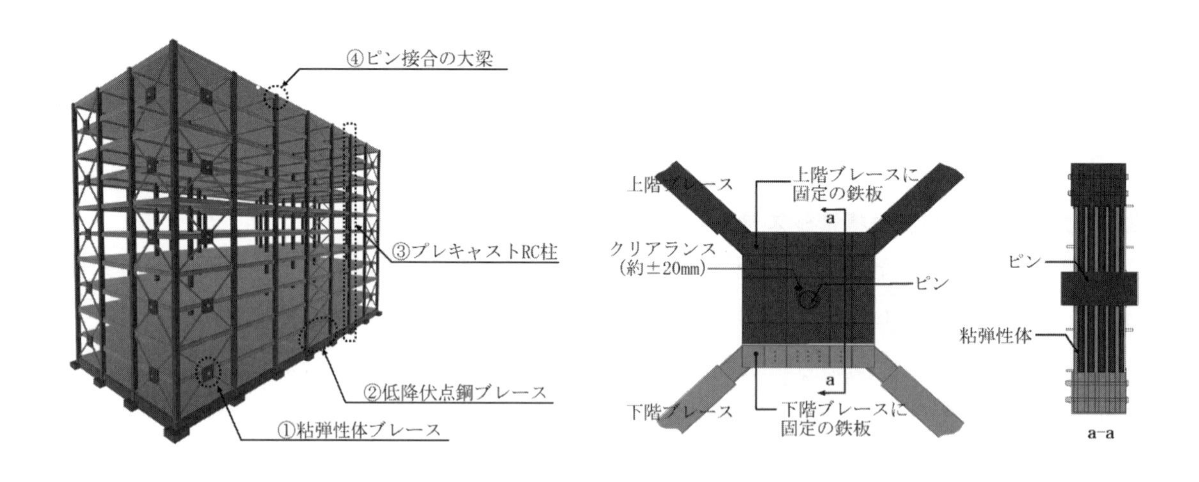

図 9.1　提案システム全体概要（10 階建て事務所）　　図 9.2　粘弾性体ブレース

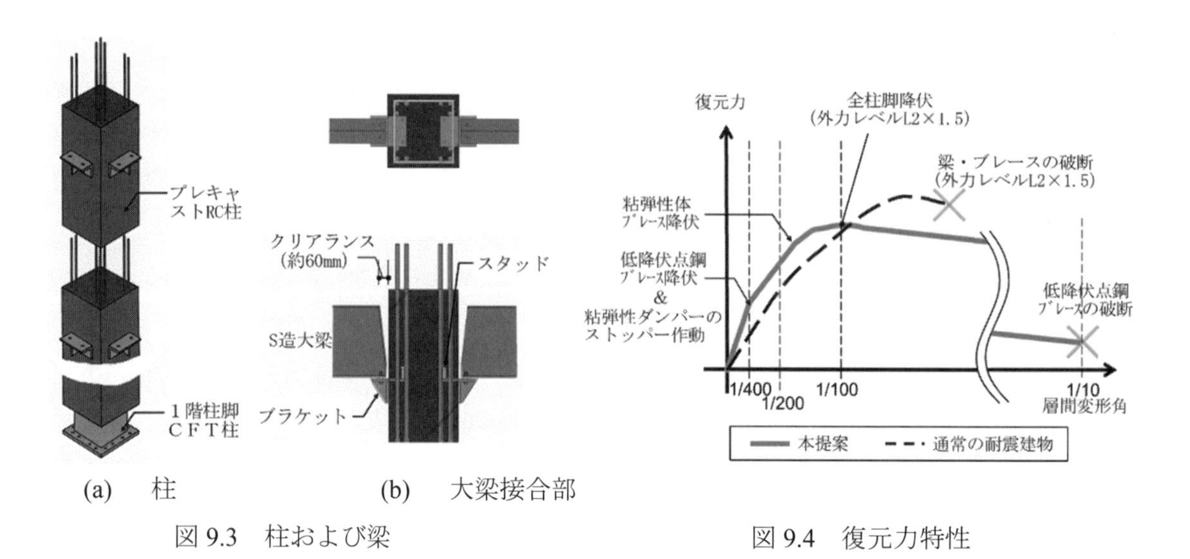

(a)　柱　　(b)　大梁接合部

図 9.3　柱および梁　　図 9.4　復元力特性

表 9.1　各地震動レベルに対する構造性能

想定地震動レベル	レベル 1 (震度 5 強相当)	レベル 2 (震度 6 弱相当)	レベル 2 超 (震度 7 相当)
確保する建物性能	無被害，修復不要	継続使用可能	脆性的崩壊に至らない
想定層間変形角	1/400	1/200	～1/10
PCa 柱	弾性	弾性	弾性**(1 階柱脚のみ塑性化)**
低降伏点鋼ﾌﾞﾚｰｽ	弾性	**塑性化(履歴減衰)**	**塑性化(履歴減衰)**
粘弾性体ブレース	**粘弾性(粘性減衰)**	弾性(粘弾性体ﾛｯｸ)	**ﾌﾞﾚｰｽ塑性化(履歴減衰)**

太字：エネルギーを主に吸収する部材

レベル 1 地震動に対する応答解析結果を図 9.5 に示す。応答解析は複数のレベル 1 地震動に対して行い，その最大応答値に対して平均値と標準偏差を求めたもので，図中のプロット点は平均値，範囲は平均値±標準偏差×2 を示している。本提案は制振技術により高減衰化されているため，耐震建物に比べて平均値が小さくなるだけではなく，そのばらつきも小さくなっている。図は標準偏差でばらつきを示しているが，変動係数（＝標準偏差／平均）で評価してもばらつきが小さい。これは高減衰化の利点の 1 つである。レベル 1 地震動に対する一例ではあるが，本提案により入力のばらつきに対してロバスト性・冗長性が向上していることを示している。

本提案建物では，地震動がレベル 1 では構造的には無被害，レベル 2 では低降伏点鋼ブレースが塑性化するが，通常，この種のブレースは供用期間中の地震に対して取替え不要となるよう設計されるため，そのまま継続使用可能である。一方，設計想定を超えるレベル 2 超の地震動に対しては大きな余裕度を持って脆性的崩壊に至らないものの，地震動の大きさによっては低降伏点鋼ブレースの取替えが必要になったり，1 階柱脚の修復が必要になったりする。レジリエンスを考慮するとこれらの取替えや修復が比較的容易にできるよう，事前に設計に取り込む必要がある。なお，地震後残留変位が残っている場合もこれら塑性化した部材を取り除くことで弾性部材により残留変位が解消される。

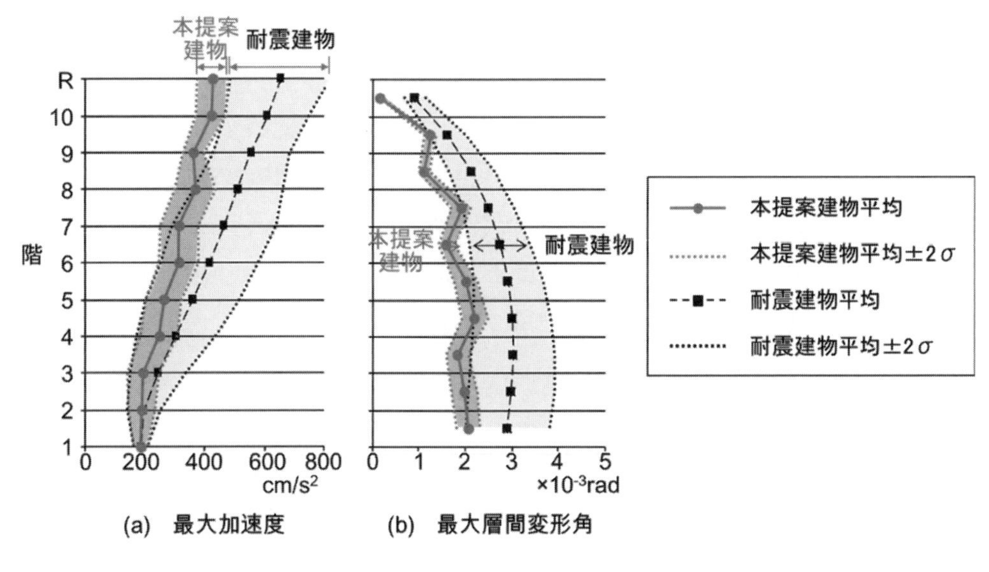

図 9.5　応答解析結果

9.3　巨大地震に対応する免震

免震構造は耐震安全性を大きく高める構造形式であるが，通常設計での想定（設計用入力地震動レベル 2）を超える地震動（以下、巨大地震）を受けたとき免震層は大きく変形し，アイソレータやダンパーの許容変形量を超えて損傷する可能性や, 免震層の上部構造が擁壁に衝突し上部構造物に過大な応答を生じる可能性がある。

濱口ら[9.5],[9.6]はこれに対し，アイソレータやダンパーを大変形対応とすることで損傷を防ぎ，擁壁まで十分な距離を取ることで衝突を防ぎ上部構造の応答量も抑えることのできるシステムを指向して新しい免震支承の開発を行った。

本免震支承（以下，QTB）は従来の鉛プラグ入り積層ゴム支承（以下，LRB）に滑り支承を直列に配置したものである。図 9.6 に QTB の地震時の挙動を示す。設計レベルである通常地震時には滑り支承部は滑りを生じないため，通常の LRB と同等の性能を示す。一方，設計レベルを超える巨大地震時には滑り支承部に滑りが生じ LRB の水平変形が抑制され，LRB の座屈や破断を防ぐとともに上部構造に伝わる力にも上限を与えるシステムである。なお，8.3.2 節で，レジリエンスの面から損傷部位を特定することが重要で, その点でアイソレータとダンパーが一体となった免震部材よりダンパーが別置きで目視できる方がよいと述べられている。本システムでは, アイソレータとダンパーが一体となった LRB を用いているが, 本システムでは基本的に LRB は損傷せず，滑り量が限界を超えることが終局状態になる。このように予め損傷部位を特定した設計となっており，また，滑り量は容易に計測することができるため管理も容易である。

鈴木ら[9.7]は QTB を用いて中小地震から大地震までワイドレンジに対応する免震構造となる実建物の設計を行った。当該建物は兵庫県神戸市に建つ延べ床面積約 6000m^2，3 階建て RC 構造の寄宿舎である。

免震層の免震部材配置図を図 9.7 に示す。免震層には QTB 以外に弾性滑り支承と粘性系ダンパーが設置されている。この免震構造も前述の制振構造システムと同様に各入力レベルに対してそれぞれの免震部材の状態を設計するのはもちろん，常に何らかの減衰が働くよう，設計されている。以下にレベルに応じて想定している免震部材の状況を述べる。

9.3.1　レベル 2 地震動まで

レベル 2 地震動以下の地震動に対しては，弾性滑り支承の弾性部の変形（剛性）と粘性系ダンパーによりエネルギーを吸収する。地震が大きくなるにつれて低摩擦滑り支承，高摩擦滑り支承の順に滑りはじめ，長周期化するとともにそれぞれの滑り部でエネルギーを吸収する。QTB は通常の LRB として機能するため，安定した復元力を発揮することで残留変位を復旧不要な範囲に留める。レベル 2 地震動に対して免震層の最大変位量は 200mm 程度，残留変位は 50mm 以下である。

9.3.2　巨大地震

検討用に用いた地震動は，固有周期 3 秒の応答スペクトルで比較して，レベル 2 地震動の 2.5 倍の大きさを持つ。この地震動に対しては QTB は滑りを生じるため，全ての支承材が滑りを生じることになり建物への地震力の伝達を抑える。免震層の最大変位量は設計クリアランスの

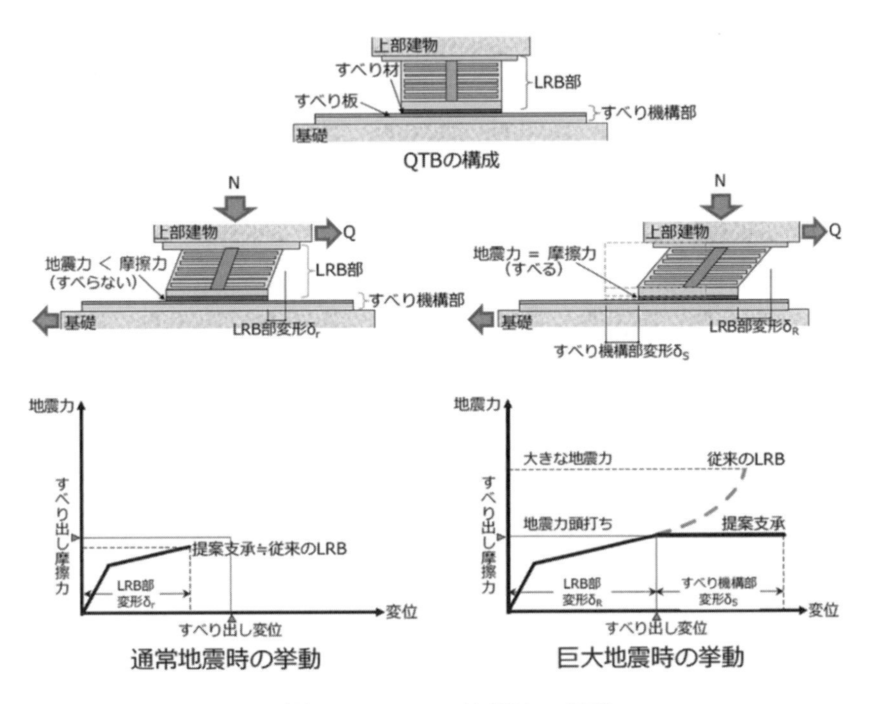

図 9.6　QTB の地震時の挙動

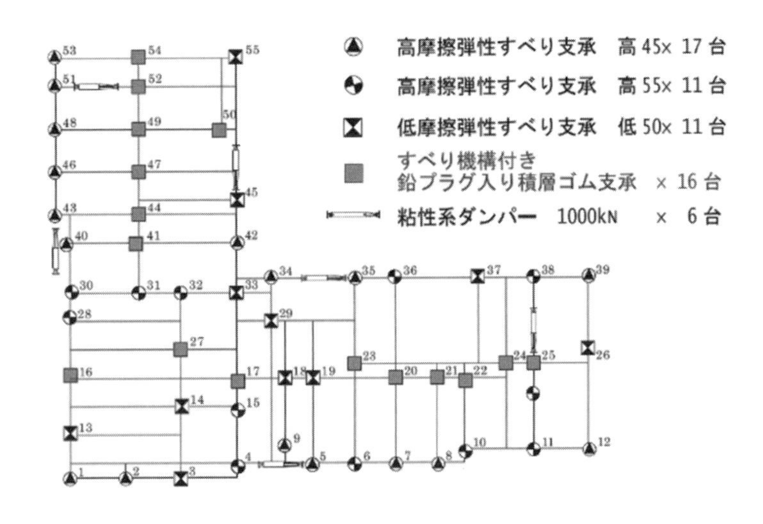

図 9.7　免震部材配置図（文献[9.7]より）

800mm 以下に収まるが，残留変位は地震動によっては 371mm に達する。

レジリエンスを考慮すると巨大地震などにより，復旧が必要となる残留変位が生じた場合には比較的容易に普及可能なよう事前に設計に取り込む必要がある。本システムの場合は装置自体が損傷するわけではないが，建物の使用性や次の大地震を考えると原点付近に戻す必要がある。この作業についても，QTB は有利な特長を持つ。QTB は LRB の滑りを 1 か所ずつ原点に戻すことで最終的に建物および LRB の変形を基に戻すことが可能であることが示されている[9.8]。すなわち建物全体を動かすための大きなジャッキは必要とせず，QTB 1 基の抵抗力（概ね摩擦力）相当のジャッキがあれば，復旧可能である。

9.4　まとめ

レジリエンスを考慮した建物の設計事例を制振構造，免震構造のそれぞれについて示した。ともに，地震動のレベルを複数設定しそれぞれに対してどのような耐震性を持たせるかを規定して設計している。巨大地震に対しては，ある程度の塑性化や残留変形を許容することで性能と費用のバランスを図っているが，復旧を簡易にできるように設計しておくことが重要である。

参考文献

[9.1]　和田章，清水敬三，川合広樹，岩田衛，安部重孝：建築物の損傷制御設計，丸善，1998.5

[9.2]　二木秀也，山本雅史，嶺脇重雄，濱口弘樹，曽根孝行，米田春美，鴨下直登：粘性減衰と履歴減衰からなる大変形可能な制震構造システム：2011年日本建築学会大会PD「ロバスト性・冗長性を向上させた建物の構造デザイン」資料，pp.60-66, 2011.8

[9.3]　M. Yamamoto, T. Sone: Damping systems that are effective over a wide range of displacement amplitudes using metallic yielding component and viscoelastic damper in series, *Earthquake Engineering and Structural Dynamics*, Vol.43, pp.2097-2114, 2014.11

[9.4]　曽根孝行，山本雅史，村田耕司：広範囲の振幅領域に効果を発揮する粘弾性－鋼材直列型ダンパーの開発（その4）適用建物での常時微動計測及び人力加振実験，日本建築学会大会学術講演梗概集，B-2, pp.845-846, 2007.8

[9.5]　濱口弘樹，和氣知貴，山本雅史，菊地優：設計想定を超える地震動に対して高い耐震安全性を有する免震構造の提案，日本建築学会構造系論文集，第739号，pp.1349-1359, 2017.9

[9.6]　濱口弘樹，和氣知貴，山本雅史，菊地優：フェイルセーフ機構を備える鉛プラグ入り積層ゴム支承の実用化に関する験的研究，日本建築学会構造系論文集，第749号，pp.1009-1019, 2018.7

[9.7]　鈴木直幹，山本俊司，赤澤資貴：巨大地震に対応する免震構造　THE免震～ワイドレンジシステム～, GBRC, Vol.44, No.1, pp.14-21, 2019.1

[9.8]　和田章，濱口弘樹，山本雅史，久家英夫，東野雅彦，谷口元，竹内満：構造物の移動方法及び建築物，特許第5284915号，2013.6

10. レジリエンスを考慮した構造設計②
－連結制振構造の連結ダンパー最適設計－

10.1 はじめに

建築物におけるレジリエンス指標として，Bruneau らは 4 つの R（Robustness，Redundancy，Resourcefulness，Rapidity）を提案している[10.1]。また，図 10.1 に示す Bruneau のレジリエンストライアングルにおける抵抗力や復旧力を高めることで建物のレジリエンス性能を向上できる。現在の日本において，超高層建物や免震・制振建物は，時刻歴応答解析を実施し地震に対する建物の抵抗力を評価している。ここで，時刻歴応答解析に用いる入力地震動は，過去に経験した地震の観測波や，告示で定められた応答スペクトルにフィッティングさせて表層地盤における増幅を考慮した告示波，当該地域で発生が予測されるサイト波などを構造設計者が複数選定している。このように特定の地震動を用いた検討では，選択した地震動の周波数特性と異なる地震動や，近年多発する想定外地震に対して建物が保有する抵抗力は必ずしも評価されていない。そこで，特定の入力地震動を用いない，入力エネルギー解析に基づくダンパー設計法が展開されている[10.2]。本章では，提案手法の概要および提案手法の地震動のばらつきに対するロバスト性の評価について紹介する。ロバスト性を向上させることにより，発災時の性能低下が減少し，レジリエンス性能を向上することができる。

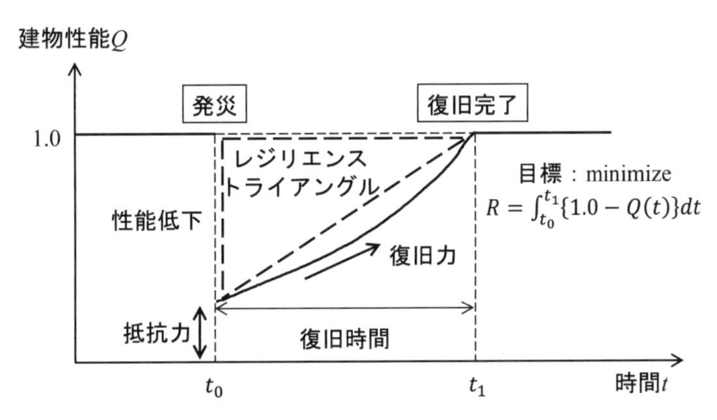

図 10.1　Bruneau のレジリエンストライアングル

10.2 検討対象建物

本章では，連結制振構造を採用した 31 層超高層集合住宅を対象建物とする。連結制振構造は，固有周期の異なる複数棟の建物を棟間ダンパーで連結した制振システムであり，大きな変形差を生じる箇所にダンパーを配置することで，通常の制振構造に比べ効率よく耐震性能を向上させることができることが特徴である。また，通常の免震構造や制振構造などの単一の構造システムの建物は共振現象により，多くの場合，特定の地震動に対して効果的でない場合がある。一方，連結制振構造は連結する建物の固有周期の違いにより，幅広い周期帯の地震動に対して制振効果を発揮することができるという点で，ロバスト性を有する制振システムである。

対象建物のモデル図を図 10.2 に示す。集合住宅の居住部を主構造，タワーパーキング棟を副構造とし，それぞれの棟をせん断質点弾性モデルで作成する。諸元は主構造総質量 m_1=35600 t, 副構造総質量 m_2=3680 t，主構造固有周期 T_1=3.5 秒，副構造固有周期 T_2=1.0 秒とする。連結層は主構造 1 次モード〜3 次モードの腹となる 31,22,13,8 層とする。連結ダンパーは図 10.3 のようにオイルダンパーと慣性質量ダンパー（IMD: Inertial Mass Damper）の並列配置とする。また，構造減衰を 2%とする。IMD の構成例を図 10.4 に示す。IMD は錘の回転慣性を利用し，2 点間の相対加速度に比例する反力を生ずるダンパーである。図 10.5 に，主構造および副構造を 1 質点としたときの主構造の変位伝達関数を示す。図中の赤線は，応答倍率の最大値が最小となる連結オイルダンパー量としたときの伝達関数を示す。また，図中，連結オイルダンパーの減衰定数h_cは，連結オイルダンパーの減衰係数をc_cとして，$h_c = T_1 c_c / 4\pi m_1$と定義した。これは，主構造 1 質点縮約，かつ副構造剛体仮定時の減衰定数に相当する。IMD を用いて連結することで，オイルダンパーのみを用いた連結制振に比べワンランク上の応答倍率の低減が達成できる[10.3]。

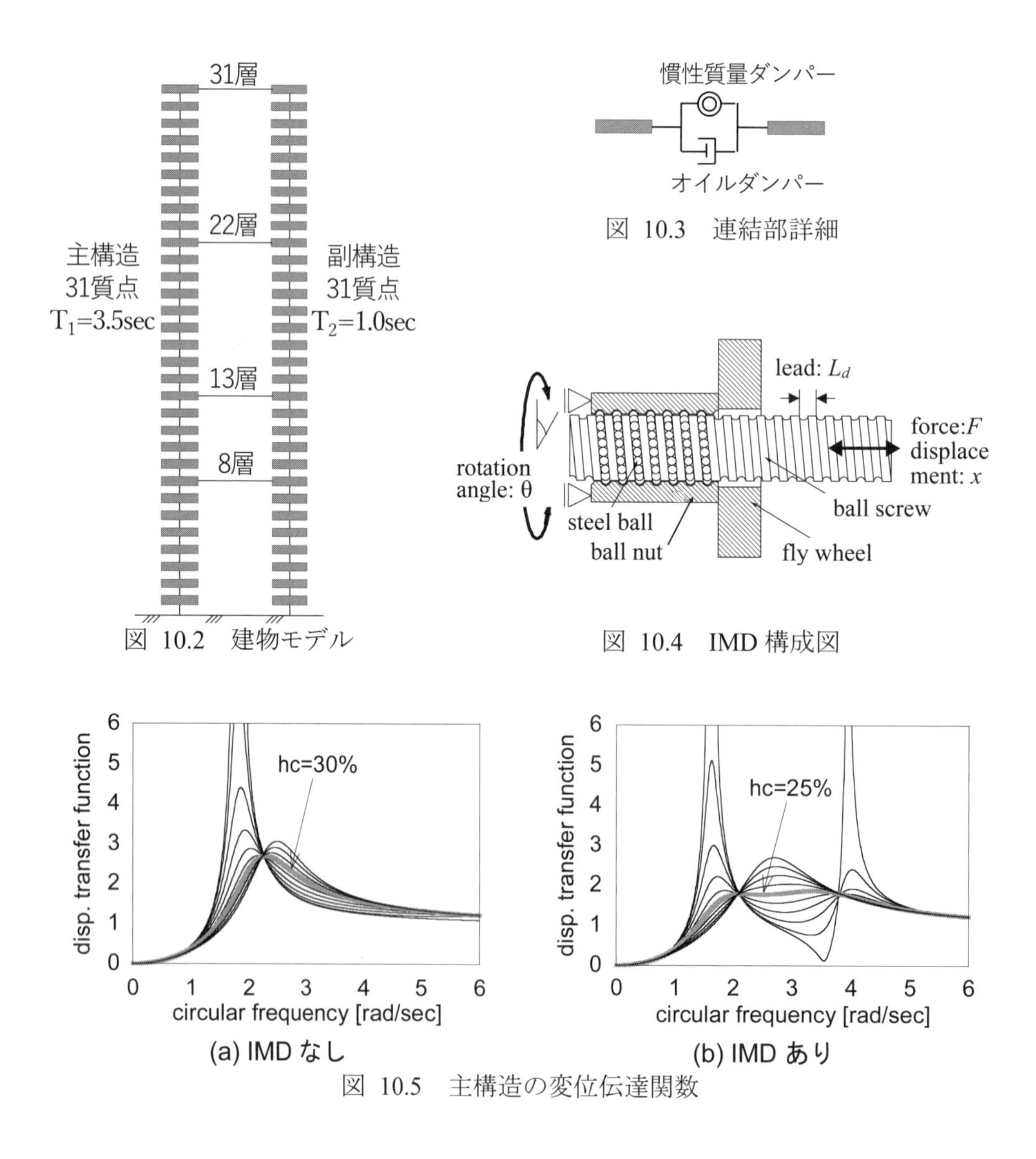

図 10.2　建物モデル

図 10.3　連結部詳細

図 10.4　IMD 構成図

図 10.5　主構造の変位伝達関数

10.3　入力エネルギー解析手法の概要および解析結果

ここでは，解析手法の概要のみを記述する。詳細については，文献[10.2]を参照されたい。

入力エネルギーは，地面が各自由体に対してなす仕事量と定義する。

例えば，主構造第 1 層の入力エネルギー${}_1E_I^1$は，主構造第i層の剛性，減衰，変位，速度をそれぞれ${}_ik_1$，${}_ic_1$，${}_iu_1$，${}_i\dot{u}_1$とし，地動速度を$\dot{u_g}$とすると，以下の式で表される。

$$ {}_1E_I^1=\int_0^{\infty}\left[\left({}_2k_1({}_2u_1-{}_1u_1)+{}_2c_1({}_2\dot{u}_1-{}_1\dot{u}_1)\right)\left(\dot{u_g}+{}_1\dot{u}_1\right)+(-{}_1k_1{}_1u_1-{}_1c_1{}_1\dot{u}_1)\dot{u_g}\right]dt \quad (10.1) $$

次に，地動加速度に対する主構造第i層の変位伝達関数を次式で定義する。

$$ {}_iU_1={}_iH_{D1}\ddot{U}_g \quad (10.2) $$

式(10.1)をフーリエ変換・フーリエ逆変換すると，主構造第i層の入力エネルギー${}_iE_I^1$は次の式で表現できる。

$$ {}_iE_I^1=\int_0^{\infty}{}_iF^1(\omega)\left|\ddot{U}_g(\omega)\right|^2d\omega \quad (10.3) $$

ここで，${}_iF^1(\omega)$はエネルギー伝達関数と定義されている。

例えば，主構造第 1 層では以下の式で表される。

$$ \begin{aligned} {}_1F^1(\omega)=(1/\pi)\,\mathrm{Re}[&-(i/\omega)\,(-{}_2k_1-i\omega{}_2c_1)({}_2H_{\mathrm{D1}}-{}_1H_{\mathrm{D1}})(1-\omega^2\overline{{}_1H_{\mathrm{D1}}})\\ &+(i/\omega)\,(-{}_1k_1-i\omega{}_1c_1){}_1H_{\mathrm{D1}}] \end{aligned} \quad (10.4) $$

ここで，$\left|\ddot{U}_g(\omega)\right|$は地動の項である。

近年, 小島らにより断層近傍地震や長周期長時間地震動をインパルスの組合せで近似する方法が展開されている[10.4]。前者をダブルインパルス（図 10.6），後者をマルチインパルス（図 10.7）と呼称する。これらはインパルス間隔t_0の調整で卓越周期を容易に変更でき，特定の地震動を使用せず建物の応答性状を評価するのに有用である。

本章では，地動にダブルインパルスを用いた場合の検討事例を示す。ダブルインパルス入力は次の式で表現できる。ここで，$\delta(t)$はディラックのデルタ関数である。

$$ \ddot{u}_g(t)=V\delta(t)-V\delta(t-t_0) \quad (10.5) $$

式(10.5)をフーリエ変換し絶対値をとると次式となる。

$$ \left|\ddot{U}_g(\omega)\right|=V\sqrt{2-2\cos\omega t_0} \quad (10.6) $$

式(10.6)を式(10.3)に代入することで，ダブルインパルスを入力したときの主構造の入力エネルギーを得ることができる。このように，周波数領域の検討のみで様々な周期のダブルインパルスに対する建物の入力エネルギーを評価することができることが特徴である。

次に，本手法を用いたときの検討対象建物の解析結果を示す。なお，ここでは居住部である主構造のみ応答を低減する対象とする。最上層（31 層）のみを連結したケースにおいて，連結オイルダンパーの減衰係数を7.2×10^6N・sec/m（主構造を 1 質点縮約時の質量，剛性に対する減衰定数 6%）とし，主構造質量に対する連結 IMD 量μ_z（主構造総質量に対する慣性質量）を 0%, 8%，16%の 3 ケースとしたときの主構造の入力エネルギーの総和$\sum E_I^1$を図 10.8 に示す。なお，縦軸はm_1V^2で除して無次元化している。また，横軸をダブルインパルスのインパルス間隔t_0とする。図 10.8 より，IMD で連結すると主構造入力エネルギーは低減するが，過度に IMD 量を増加させると主構造入力エネルギーは増大する。したがって，主構造入力エネルギーを最小化するIMD量が存在することを確認した。

次に，入力エネルギーと地震応答の関係を確認する。解析に用いる地震動は，代表的なパルス性地震動である1994年ノースリッジ地震のRinaldi Station観測波（最大地動加速度825cm/s^2）を入力する。図10.9に入力加速度波形を示す。31層の連結IMD量μ_zが0%，8%の2ケースに対しノースリッジ地震におけるRinaldi Station観測波を入力し，得られた主構造変位応答波形および主構造加速度応答波形を図10.10に示す。IMDで連結すると最大応答低減効果や最大応答以後の後揺れ応答の低減効果があることが確認できた。また，図10.8のように，$\mu_z = 0\%$に比べて$\mu_z = 8\%$は主構造の入力エネルギーの最大値が小さいことより，入力エネルギーと地震応答に相関が見られた。

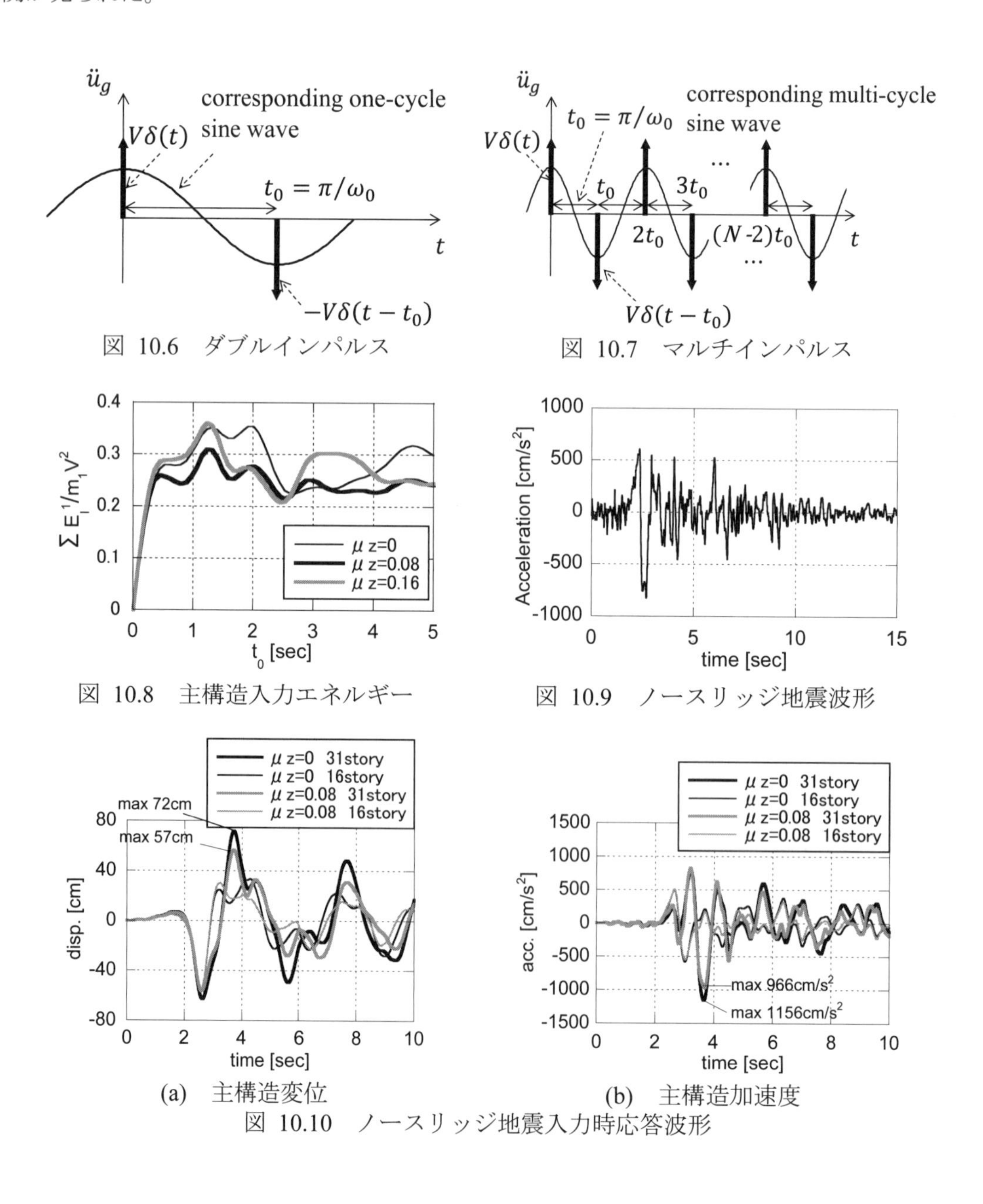

図 10.6　ダブルインパルス

図 10.7　マルチインパルス

図 10.8　主構造入力エネルギー

図 10.9　ノースリッジ地震波形

(a)　主構造変位　　(b)　主構造加速度

図 10.10　ノースリッジ地震入力時応答波形

一方，Mahin は地震応答と建物補修コストの関係について，図 10.11 のように建物層間変形角と補修費用内訳の関係をまとめている[10.5]。3 階建ての鉄骨ラーメン造オフィスビルを対象としており，総建替費用は 15 million ドルとされている。この関係を参考に，検討建物の総建替費用に対する補修コスト割合の考察を行う。

図 10.12 に，連結ダンパーがない場合，連結オイルダンパーのみの場合(連結オイルダンパーの減衰定数h_c=6%)，連結オイルダンパー＋連結 IMD の場合(h_c=6%，μ_z=8%)の 3 種類のモデルにノースリッジ地震を入力したときの主構造層間変形角の層平均値波形を示す。それぞれのモデルの層間変形角層平均の最大値より，図 10.11 の補修費用を算出し，総建替費用に対する割合を算出すると図 10.13 のようになる。連結 IMD を用いることで，オイルダンパーのみで連結する場合に比べ補修費用が低減できると考えられる。

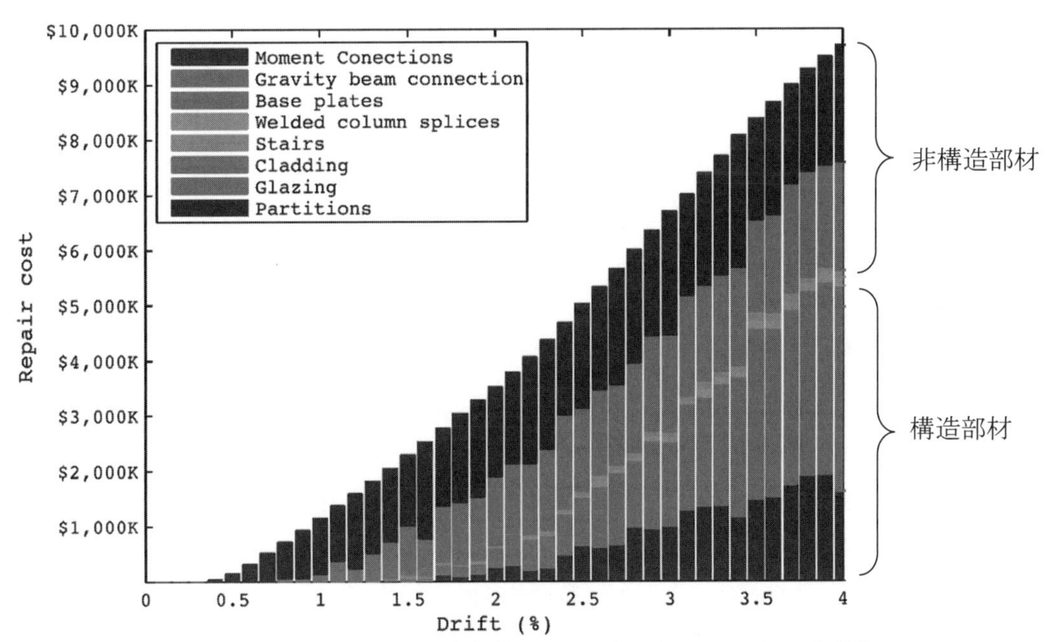

図 10.11　層間変形角と補修費の関係（文献[10.5]の図に加筆）

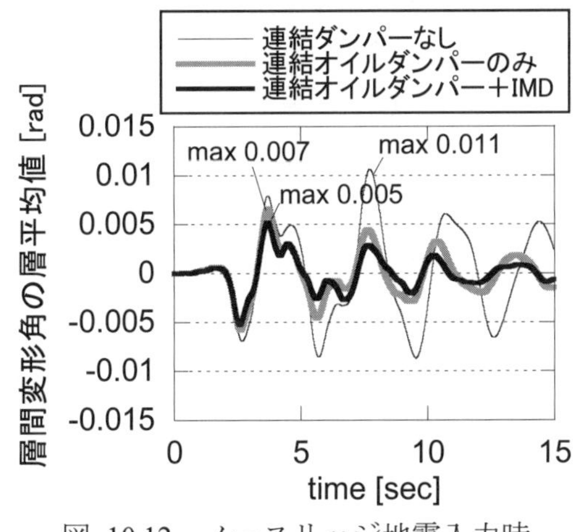

図 10.12　ノースリッジ地震入力時層間変形角の層平均値

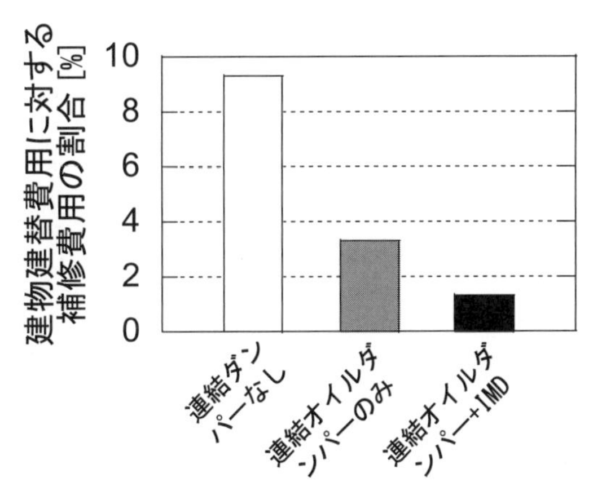

図 10.13　建物総建替費用に対する補修コストの割合

10.4　提案手法によるダンパー諸元最適化

図 10.2 の建物モデルにおいて，設計パラメターを連結 IMD の慣性質量および連結オイルダンパーの減衰係数と設定する。提案手法はダブルインパルスを入力したときの主構造の入力エネルギーを最小化するダンパー諸元を最適ダンパー諸元と定義する。提案手法は，周波数領域の検討のみで様々な周期のダブルインパルスに対する建物の入力エネルギーを評価しており，地震応答解析を用いない手法である。一方，従来手法は複数の設計用地震動を入力した際の主構造の最大層間変形角および最大加速度を最小化するダンパー諸元を最適ダンパー諸元と定義する。なお，設計用地震動は標準 3 波（1940 年 Imperial Valley 地震の El Centro 観測波 NS 成分，1952 年 Kern County 地震の Taft 観測波 EW 成分，1968 年十勝沖地震の八戸観測波 NS 成分）および告示波 3 波（1995 年兵庫県南部地震の JMA 神戸観測波 NS 成分，大正関東地震 EW 成分，乱数位相）の計 6 波を最大速度 50cm/s に基準化したものを採用する。なお，建物およびダンパーの非線形性は考慮しないものとする。

両手法とも最適化ツールは modeFRONTIER を使用し，ソルバは遺伝的アルゴリズムの MOGA-II を用いる。ダンパー諸元の検討ケース数は 1000 ケースとし，探索されたダンパー諸元の中で目的関数が最小となるケースを最適解と定義する。図 10.14 に，提案手法および従来手法の最適ダンパー諸元の導出過程を示す。また，提案手法および従来手法により得られた連結ダンパー諸元の最適解を表 10.1 に示す。

両手法により得られた連結ダンパー諸元を入力した 2 つのモデルの地震応答を比較する。なお，地震応答の評価指標は，(指標 a)各層最大層間変形角の最大値，(指標 b)各層最大加速度の最大値，(指標 c)各層最大層間変形角の平均値，(指標 d)各層最大加速度の平均値の 4 種類とする。表 10.2 に各設計用地震動に対する指標 a～指標 d の応答値を示す。表中の太字の応答値は他方と比較し応答が小さいことを示す。表 10.2 より，提案手法は従来手法に比べて，El Centro を除く 5 種類の地震動の地震応答低減に有効なダンパー諸元を探索することができることが確認された。

提案手法で探索したダンパー諸元の方が従来手法に比べて，多くの地震動の地震応答低減に有効である理由を考察する。従来手法は最適ダンパー諸元を探索する過程で 6 種類の設計用地震動に対する応答解析を行い，得られた層間変形角や加速度の最大値を評価対象としている。図 10.15 に，従来手法で最適解を探索する過程において，最大層間変形角および最大加速度が生じる地震動の割合を示す。例えば，図 10.15(a)の El Centro の 73%は，最適解の探索過程の 1000 ケース中 730 ケースで El Centro 入力時の最大層間変形角が最大となることを示している。図 10.15 より，最大層間変形角および最大加速度に関して，ほとんどの検討ケースで従来手法では El Centro 入力時に最大となっており，従来手法では特定の地震動の応答低減に特化したダンパー諸元を最適解としている。一方，提案手法は，模擬地震動を用いて広帯域の入力エネルギーが最小化されるようなダンパー諸元を最適解としている。以上の理由から，El Centro 入力時のみ提案手法より地震応答が低減できたが，その他の地震動を入力したときは，提案手法より地震応答が大きくなったと考えられる。

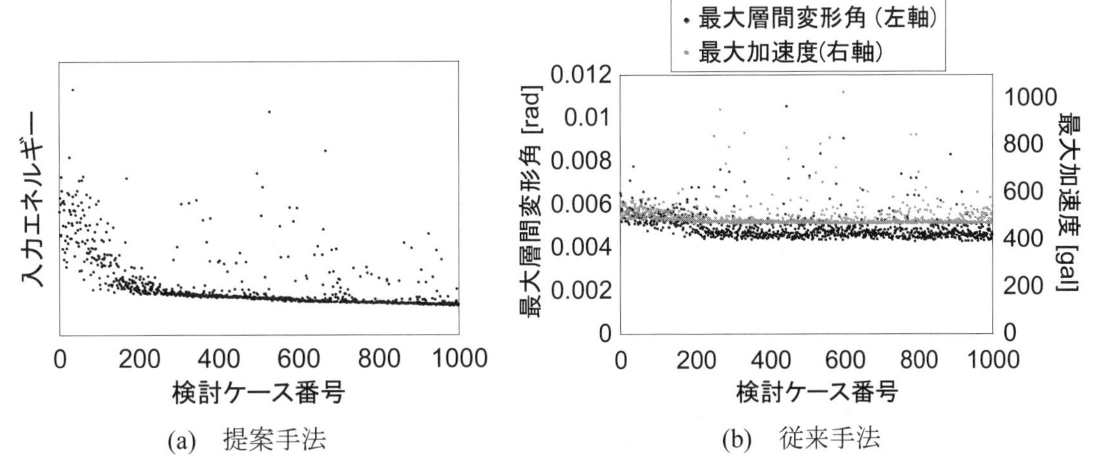

(a)　提案手法　　　(b)　従来手法

図 10.14　最適ダンパー諸元導出過程

表 10.1　連結ダンパー諸元最適解

	提案手法		従来手法	
	OD 量 hc	IMD 量μ_z	OD 量 hc	IMD 量μ_z
31 層	0.052	0.043	0.072	0.006
22 層	0.056	0.150	0.073	0.080
13 層	0.156	0.020	0.000	0.199
8 層	0.082	0.054	0.116	0.052

※OD：オイルダンパー

表 10.2　地震応答比較

地震動	手法	評価指標			
		指標 a	指標 b [cm/s^2]	指標 c	指標 d [cm/s^2]
El Centro	提案手法	0.0046	494	0.0035	**272**
	従来手法	**0.0043**	**471**	**0.0034**	278
Taft	**提案手法**	0.0049	**446**	**0.0034**	**243**
	従来手法	**0.0043**	447	0.0035	273
八戸	**提案手法**	**0.0037**	**318**	**0.003**	**200**
	従来手法	0.0043	365	0.0032	217
告示神戸	**提案手法**	**0.0043**	**398**	**0.0035**	**232**
	従来手法	**0.0043**	**398**	0.0036	237
告示関東	**提案手法**	0.0037	**307**	**0.0028**	**175**
	従来手法	**0.0035**	322	0.0029	196
告示乱数	**提案手法**	**0.0041**	**316**	**0.003**	**191**
	従来手法	0.0044	322	0.0034	198

※評価指標 a～d は本文中に示す

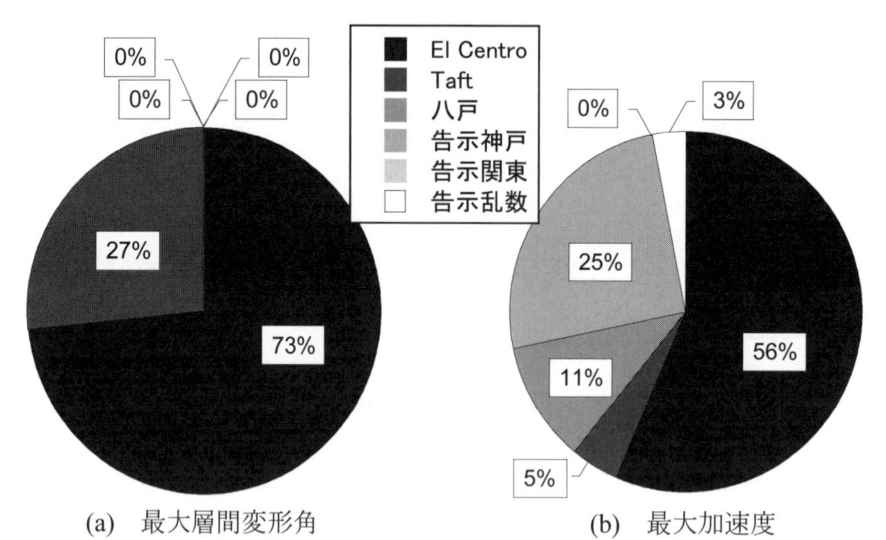

(a) 最大層間変形角　　(b) 最大加速度

図 10.15 従来手法の最適解探索過程において最大応答が生じる地震動割合

10.5 まとめ

入力エネルギー解析に基づく連結ダンパー設計法（提案手法）で設計した建物においては，地震応答が低減し，発災時の建物補修費用も低減できることを示した。

また，周波数領域の検討を用いた提案手法は従来の地震応答解析を用いた手法に比べ幅広いタイプの地震動に対して有効なダンパー諸元を見出すことができることを数値解析により示した。地震動特性の変動に対してロバストであれば，発災時に建物の持つ抵抗力が安定して発揮される。したがって，レジリエンス性能の向上が期待できるといえる。

参考文献

[10.1] Bruneau, M., and Reinhorn, A., Overview of the resilience concept, *Proceedings of the 8th US National Conference on Earthquake Engineering,* April 18-22, 2006.

[10.2] 村瀬充, 竹脇出: 地震動特性の変動にロバストな連結慣性質量ダンパーの入力エネルギー解析を用いた最適パラメター設定, 日本建築学会構造系論文集, 第87巻, 第799号, pp. 902-911, 2022. 9

[10.3] 村瀬充, 竹脇出: 慣性質量ダンパーを用いた連結制振構造の最適慣性質量ダンパー量, 日本建築学会構造系論文集, 第86巻, 第784号, pp. 912-923, 2021.6

[10.4] 小島紘太郎, 竹脇出: バイリニア型復元力特性を有する弾塑性構造物の断層近傍地震動に対する極限応答の閉形表現, 日本建築学会構造系論文集, 第81巻, 第726号, pp. 1209-1219, 2016. 8

[10.5] Mahin, S., RESILIENCE BY DESIGN: A STRUCTURAL ENGINEERING PERSPECTIVE, *Proceedings of the 16th World Conference on Earthquake Engineering*, 2017

11. レジリエンスを考慮した構造設計③
－制振構造のレジリエンス－

11.1 はじめに

サスティナブルな社会を実現するためには自然災害に対する備えが重要であるが，巨大地震の発生が懸念される日本において，いかなる災害に対しても無損傷でいることは難しい。そのため，損傷後の復旧過程を含めたレジリエンスに注目が集まっている。レジリエンスを向上するためには，外力に対して損傷を生じさせない抵抗力と早期に機能回復する復旧力が重要である。建物全体のレジリエンスを高めるためには構造体だけでなく 2 次部材や設備機器など多くのことに配慮しなければならないが，構造的な側面に限定すれば，経済性に配慮した上でなるべく機能低下を起こさないように配慮することが第一となる。

本章では，構造体とは別にエネルギー吸収要素を用いる制震（制振）構造を対象に，抵抗力を高める工夫をした事例を紹介する。抵抗力を高めるためには，変動に対するロバスト性と多重的安全性を意味する冗長性が重要である。制震構造は建物に構造体とは別にエネルギー吸収要素を設置し，減衰を付加することにより応答低減を図るものである。付加減衰量が大きくなると加振振動数に対する応答が鈍感となるため，地震動特性に対してロバストになる。制震構造は制震装置の設置形態により，①付加質量型，②棟間連結型，③層間設置型の 3 種類に分けられる。層間設置型で用いられる制震装置には鋼材の塑性変形や摩擦力を利用した履歴ダンパー，各種の粘弾性体を利用した粘性・粘弾性ダンパー，オイルダンパー等がある。本章では，付加質量型としてTMD，層間設置型としてオイルダンパーを用いた事例を紹介する。

11.2 TMD（Tuned Mass Damper）を利用したレジリエンスを高める工夫

付加質量型の制震装置として代表的なものは同調質量ダンパー（TMD : Tuned Mass Damper）である。主系（建物）にバネを介して設置された可動質量が副系を形成し，主系との同調効果により主系の運動エネルギーを副系の運動エネルギーへと変換し，副系の減衰により熱として消散するものである。1980 年代より建築物への適用が進められてきたが，許容されるスペースや重量制限のため，TMD の錘重量は建物重量の 1%以下に限定される場合がほとんどであった。TMD の効果は主系と副系の質量の比である質量比に大きく左右されるため，初期の研究では小さい質量比をアクティブ制御技術（AMD : Active Mass Driver）で補完することに注力された[例えば11.1]。しかし，TMD のストロークや AMD へのエネルギー供給量の制限から，制御対象とする外乱は風揺れや中小地震に限定されてきた。東北地方太平洋沖地震以後，制震改修が盛んになると従来よりも大きな錘を用いた大地震対応の TMD が実用化されるようになった[11.2]。大地震対応の TMD では錘重量は建物重量の 3%程度確保されている。制震改修では，TMD として設置する錘重量には柱や基礎の耐力に制約があるが，もともと存在する建物重量の一部を主架構から分離し，副振動系を形成して TMD として利用する試みが見られるようになった[11.3]。

11.2.1 TMD 設定のロバスト性

ここでは，文献[11.4]に基づき，質量比が建物応答や TMD のストロークに与える影響について定量的に評価する。簡単のため，図 11.1 に示すように建物を 1 質点系に縮約した 2 質点系モデル（制御系）を考える。2 質点系モデルの質量比μと振動数比λをそれぞれ式(11.1)で定義する。ここで，m,ωは質量と円振動数，添え字のm,sは主系と副系を表す。本検討における質量比は実建物では有効質量比に相当する。TMD の効果を TMD がない場合（非制御系と呼ぶ）と比較する。ここで，制御系は非制御系から質量を分離することを想定し，質量の総和と主系の剛性，減衰は共通とする。そのため，制御系と非制御系は主系の周期および減衰定数は一致しない。

$$\mu=\frac{m_s}{m_m},\qquad \lambda=\frac{\omega_s}{\omega_m} \tag{11.1}$$

主系を無減衰とした場合のホワイトノイズ地動に対する主系変位応答の 2 乗平均値を最小化する副系の設定（最適設定条件）は次式のように表される[11.5]。副系の最適設定条件に対し，主系の減衰が与える影響が小さいことを確認しているため，式(11.2)を最適設定として採用する。

$$\lambda_{opt}=\frac{\sqrt{1-\mu/2}}{1+\mu},\qquad h_{opt}=\sqrt{\frac{\mu(4-\mu)}{8(1+\mu)(2-\mu)}} \tag{11.2}$$

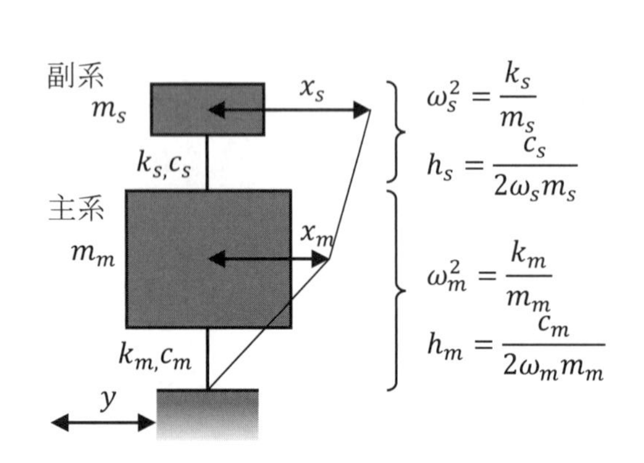

図 11.1　2 質点系モデル（制御系）

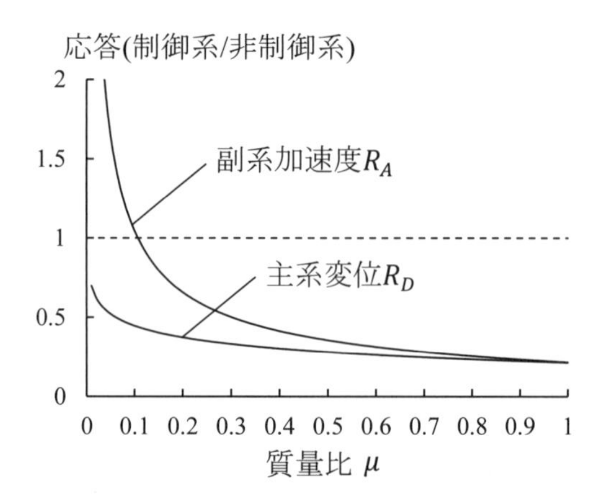

図 11.2　主系と副系の応答の比較

TMD の効果について，主系変位，副系加速度（絶対加速度）および主系と副系の相対変位（TMD のストローク）の 3 点について評価する。主系には 2%の内部粘性減衰を設定する（h_m=2%）。主系変位およびストロークは非制御系の最大応答変位，副系加速度は非制御系の最大応答絶対加速度で基準化し，それぞれR_D，R_A，R_sと表す。

図 11.2 は横軸に質量比μ，縦軸に主系の変位応答R_Dと副系の加速度応答R_Aを示したものである。主系変位の低減効果は質量比が 5%程度を超えたあたりから質量比の増大効果と比べて鈍化しており，主系変位の低減を目的とした大地震対応 TMD の場合，効果的な質量比μは 3～6%程度である[11.6]ことと対応している。主系変位は質量比μが 30%を超えると概ね収束している。副系加速度に着目すると，質量比μが小さい領域では 1 を大きく上回っているが，10%を超えたあ

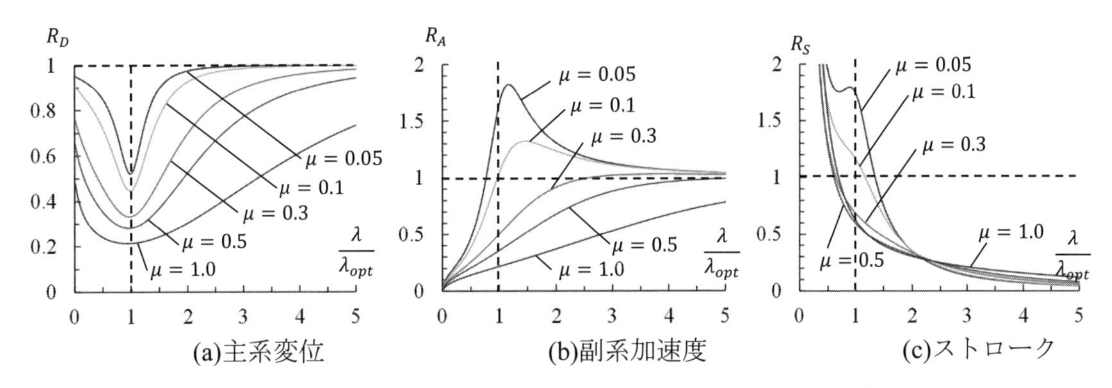

図 11.3　最適振動数に対する副系振動数の比が応答に及ぼす影響

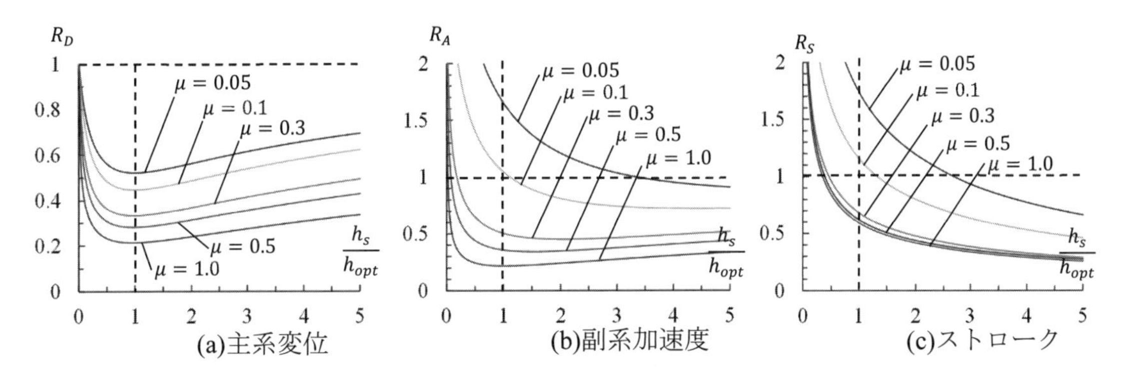

図 11.4　最適減衰定数に対する副系減衰定数の比が応答に及ぼす影響

たりから 1 を下回っていることが分かる。これは，質量比を大きく確保することができれば，主系と副系それぞれに対する応答低減効果の両立を図ることができることを意味している。

図 11.3 と図 11.4 は振動数比λあるいは副系減衰定数h_sの変化（一方を変化させる場合は他方は最適設定値に固定）が，主系変位R_D，副系加速度R_AおよびストロークR_Sに与える影響を示したものである。いずれの図も横軸は最適設定で基準化している。主系変位R_Dに着目すると，振動数比λあるいは副系減衰定数h_sが増大すると主系と副系が一体化して非制御系に近づくため，R_Dは 1 に漸近する。質量比μが小さい場合には最適設定λ_{opt}でR_Dは鋭い極小値を持ち，λの変化に敏感である一方で，μが大きくなると応答が安定する傾向が確認できる。副系減衰定数h_sの変化がR_Dに与える影響は振動数比λのそれに比較して小さく，特に最適設定値h_{opt}以上の減衰を与えても，応答に大きな変化は見られない。

次に，副系加速度R_Aに着目すると，主系変位R_Dと同様に，振動数比λあるいは副系減衰定数h_sが増大すると主系と副系が一体化して非制御系に近づくため，R_Aは 1 に漸近する。振動数比λが小さくなると理想的な免震状態に近づくため，R_Aは 0 に収束する。一方，副系減衰定数h_sが小さくなると，当然ながらR_Aは発散に向かう。副系加速度R_Aを詳細に観察すると，質量比μが小さい場合は最適設定値λ_{opt}近傍でR_Aはピークを持ち，主系の応答低減と引き換えに副系には大きな応答が生じることが分かる。しかし，μが大きくなるとともにこのピークは緩やかになり，μが 0.3 程度より大きくなると，振動数比λに対してR_Aは単調増加の傾向を示すようになる。最適設定値($\lambda = \lambda_{opt}$)での応答を見るとμが 0.1 より大きければ副系の応答低減効果が期待できることが分かる。一方，副系減衰定数h_sが応答に与える影響は振動数比λと比較して小さく，最適設定値h_{opt}を上回る範囲ではR_Aは概ね一定値をとる。

同様にストロークR_Sを見ると，振動数比λ，減衰定数h_sともに値を増大させるとR_Sは 0 に漸近し，減少させると発散する傾向を示す。質量比μが小さい範囲では，振動数比λに関して最適設定値近傍でピークが観察されるが，μが 0.1 より大きくなると見られなくなり，応答低減効果に与える質量比の影響も概ね飽和することが分かる。

以上のように質量比を大きくすることで TMD のストロークと主系の応答の両者を低減でき，かつ周期や減衰などの変動に対してロバスト性があることが明確に分かる。実際に TMD を利用するにあたっては，図 11.5 に示すように，屋上に TMD を設置する屋上設置型と主架構の一部を切り離して可動する上下分断型・可動床型などが考えられる。屋上設置型を採用する場合は TMD の重量が基礎にも影響を与えるため，制震改修での利用には質量比に制約を受ける。図 11.2～11.4 に示したように制震効果と特性変動に対するロバスト性に配慮することが重要である。一方，上下分断型や可動床型では質量比 0.1 を超える大重量 TMD として主架構だけでなく TMD として利用する部分も応答低減効果が期待できる。なお，可動床型は，副系となる床が異なる位置に複数配置されるので一見複雑であるが，それぞれの位置での刺激関数で展開すれば個別の有効質量を求めることができ，全体としての質量比を評価することができ，上記の検討結果を適用できる。

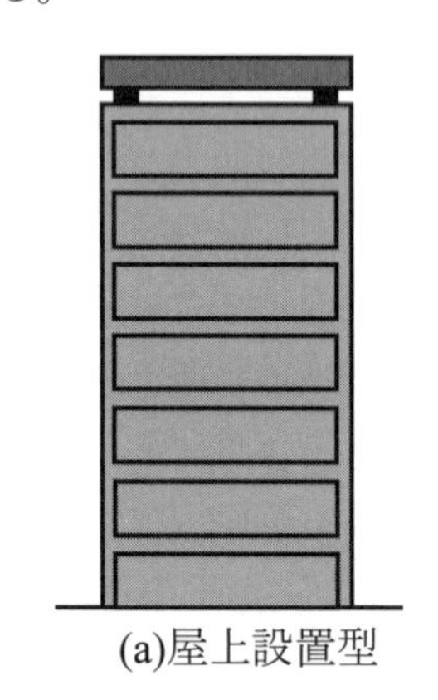
(a)屋上設置型

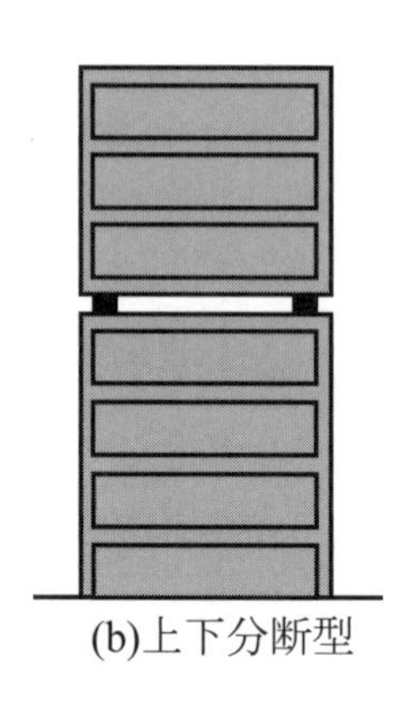
(b)上下分断型

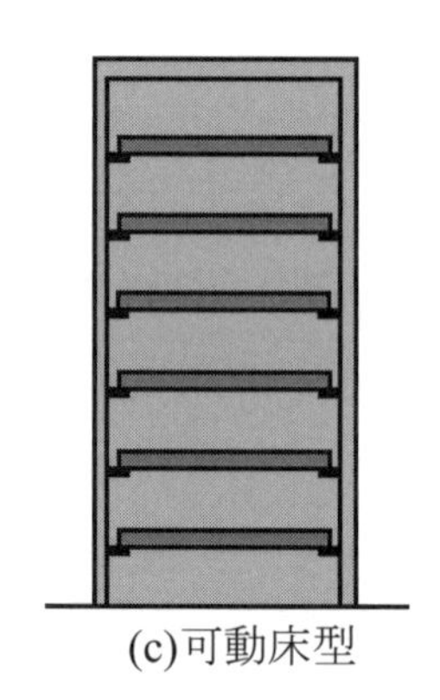
(c)可動床型

図 11.5　TMD の構成形態

11.2.2　大振幅ストロークに対する安全性と冗長性

近年では，超高層建物だけでなく中小規模の建物まで多様な周期・振動特性を有する建物に TMD が適用されてきた。TMD を実装するにあたり安全性の高い支持機構と設計想定以上の入力時においても振幅が過大にならないように制限するフェイルセーフ機構が必要とされる。ここでは，TMD のストロークに対するフェイルセーフ機構について紹介する。

TMD のストロークが過大になると支持機構が破損する可能性がある。質量比が小さい場合には必要なストロークが大きくなるため，支持機構のストロークに余裕を持たせることも難しくな

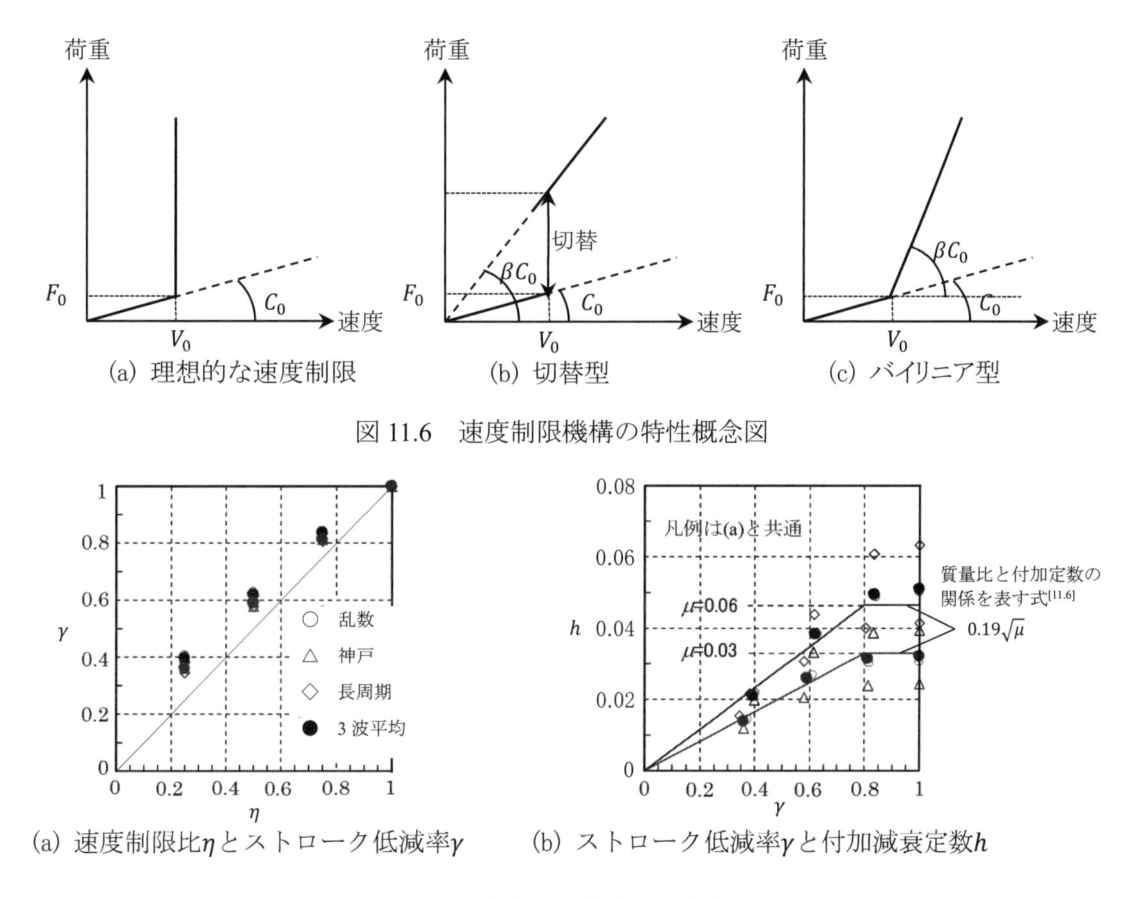

図 11.6　速度制限機構の特性概念図

図 11.7　速度制限機構の影響[11.6]

る。そのため，フェイルセーフ機構として変位制限機構が必要となる。変位制限機構には，設定した振幅を超えたときに錘にブレーキをかける変位制御型と運動エネルギーを制限することで最大振幅を抑制する速度制御型に分けられる。変位制御型には緩衝材との接触を利用するもの例えば[11.7]や，免震構造向けではあるがオイルダンパーの減衰係数を変位に応じて変化させるもの例えば[11.8]がある。ここでは，錘の速度があらかじめ設定した値に達すると減衰係数を増大させ，過大な変位を防止する速度制限機構を備えたオイルダンパーの効果について紹介する。

簡単のため，図 11.6(a)に示すような理想的な速度制限を考える[11.6]。図 11.1 の 2 質点系モデルの TMD を構成するダンパーに，TMD と主系の相対速度Vが設定速度V_0に達すると減衰抵抗が急激に増大し，相対速度VがV_0より低下すれば元の減衰係数に復帰する特性を与える。主系の周期を 0.5~6 秒まで 0.5 秒刻みで設定した 12 種類のモデルに告示波（乱数位相・神戸位相）および告示波の目標スペクトルの長周期成分を 1.25 倍した長周期地震動の 3 波を入力して応答を求めた。図 11.7(a)は質量比μが 0.03 および 0.06 について，横軸に速度制限比η（= V_0/線形減衰時の速度V_m）をとり，縦軸にストローク低減率γ（線形減衰時のストロークに対する速度制限時のストロークの比）を示したものである（0.5～6 秒の平均値）。速度制限により，ほぼ線形な関係でストロークが制御されていることが分かる。図 11.7(b)は速度制限時の付加減衰定数の同定値を示したものであり，横軸はストローク低減率γである。図中には質量比と付加減衰定数の関係を表す式[11.6] と原点からストローク低減率 0.8 の付加減衰定数 h を結ぶ直線を示すが、ストロークを80%程度に制限するまでは付加減衰定数に変化はなく，60%程度に制限しても付加減衰定数は25%減程度に保たれることが分かり，速度制限によるストローク制御の有効性が確認できる。理想的な速度制限機構を実装するにあたり，図 11.6(b)の切替型と図 11.6(c)のバイリニア型の 2 種類の機構が考えられる[11.9]。図 11.6 のV_0は減衰係数を切替もしくは硬化させる制限速度，F_0は制限速度時の荷重，C_0は通常時の減衰係数を表し，βは制限速度時の減衰係数のC_0に対する倍率を示している。それぞれの機構における制限速度や効果については文献[11.9]にまとめられている。

なお，速度を制限してもなおストロークが増大する場合には，ダンパー内に設置したオイルバッファが作用し,ダンパーのストロークエンドに達した場合にはオイルダンパーがブレースとして錘の変形を抑える。この二重三重の備えが建物上部に設置する TMD の多重的安全性を確保している。

11.2.3　TMD により抵抗力を増大した設計案

質量比が大きい大重量 TMD を用いた設計事例として, 2022 年度日本建築学会技術部門設計競技「将来の環境変化を見据えた学校施設の改修設計」[11.10]にて最優秀賞を受賞した事例を紹介する。このコンペの課題は，既存の学校施設を対象に，現在から将来にわたる環境変動を見据えた平時の教育環境の充実・発展に加え，そこで想定される災害に対する安全性，災害時の建物の利用形態を考慮した空間・構造とする改修計画である。全体コンセプトや建築・設備計画は文献を参照されたい。ここでは構造計画に絞って紹介する。

提案で採用した E^3 School System（E3：Energy dissipation×Extension×Environmental）は，既存建物（既存層）上部にエネルギー吸収層（制震層）を介して新たに増築する部分（増築層）を，大重量の TMD として挙動させる学校建築用の制震改修システムである。図 11.8 に構造システムのイメージを示す。既存層の上に制震層を介して増築層を構成する。増築層は複合用途として用いるとともに既存層に対する大重量 TMD として利用する。既存層は TMD により応答が低減される。また，オープンスペースを構成する目的で床や壁を撤去して軽量化する。その結果，建物の総重量を改修前後で維持し，基礎などの長期負担を増加させることなく TMD の効果を効果的に発揮できる。先述したとおり，質量比を大きくすることで，地震時には既存層の応答を大幅に低減するだけでなく，増築層の応答抑制も両立することができる。また，一般的な屋上設置型の TMD では同調ずれが生じると大幅に応答低減効果が低下するが（図 11.3，図 11.4），本システムでは地震時の RC 部材のひび割れに伴う周期変化や増築部の重量のばらつきに対しても，安定した効果を得ることが可能である。図 11.9 に架構構成を示す。構造性能とフレキシビリティを高次元で両立する架構構成であり，地域問わず適用可能な汎用技術を目指し，施工性に考慮した平易な架構形式およびディテールを採用する。各層の架構構成のポイントは以下のとおりである。

増築層

- 既存層の有効質量と同等の大質量比を確保
- 鉄骨フレームと RC スラブとし，錘としての重量・剛性と防災拠点としての耐久性を確保

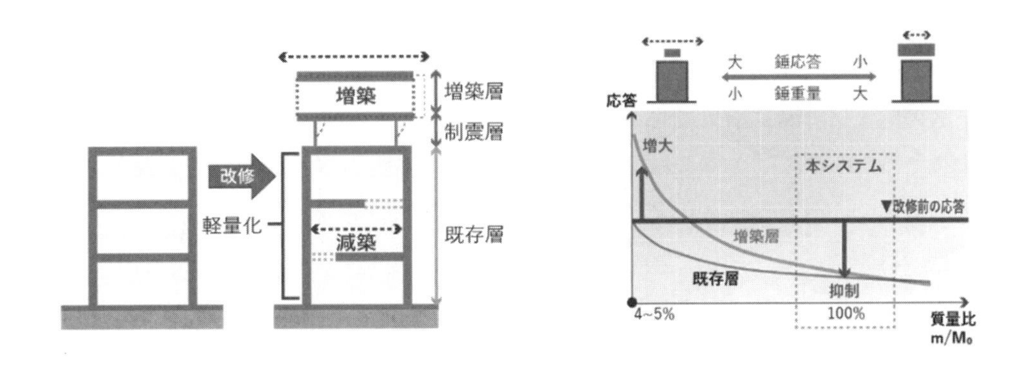

図 11.8　構造システム E3 School System の概要[11.10]

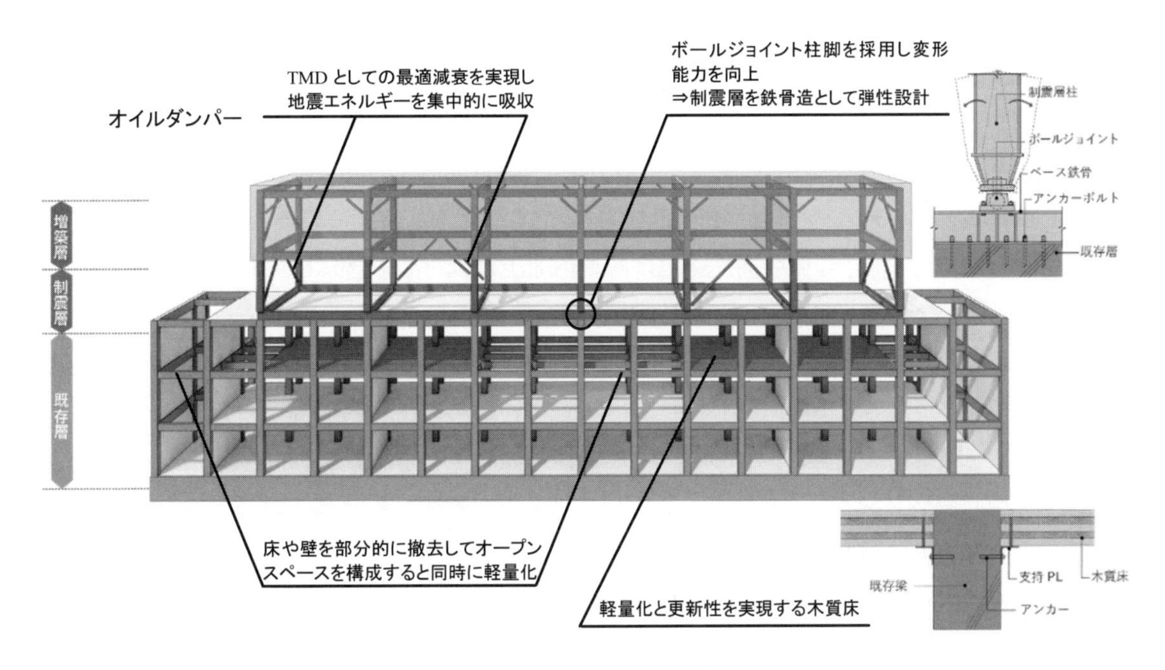

図 11.9　E3 School System の架構構成[11.10]

制震層

- 高階高の鉄骨骨組とボールジョイント柱脚で構成し，変形を許容しつつ弾性設計を実現
- ベース鉄骨を介して既存層へ接続し，柱配置の自由度を高め，局所的な応力伝達を回避
- 大重量 TMD の効果により地震時の変動軸力を抑制，圧縮力・せん断力のみ既存層へ伝達

既存層

- TMD の応答低減効果に加え梁間方向は相対的に耐震性が高いため，耐震壁を一部撤去しフレキシブルな空間を実現
- 教育環境向上のための木質床への改修は，耐震壁・床スラブの撤去とともに軽量化に寄与

以上が提案の構造計画に関する骨子である。

文献[11.10]には，他にも学校を対象とした耐震性向上案が掲載されているので参考にされたい。

11.3 オイルダンパーによりレジリエンスを高める工夫

地震時に制震装置に変形を集中し，架構をできるだけ無損傷に維持する損傷制御設計の考え方はレジリエンスの向上に非常に有効である。鋼材ダンパーのような疲労特性に制限のある制震装置を用いた場合では，地震後に交換することで性能を復旧することができるだけでなく，あらかじめ損傷する部位が限定されているため，被害調査も迅速に行えるメリットがある。一方で，オイルダンパーは鋼材ダンパーと同様に振動エネルギーを熱に変換して消散するが，オリフィスと呼ばれる絞りや弁を通過する油の抵抗を利用したオイルダンパーは，油の粘性の影響を受けないため温度依存性が少なく，実質的にエネルギー吸収量に制限がない。鋼材ダンパーと比較すると一般的に高価なデバイスではあるが，交換が不要となる利点はレジリエンスを考えると大きい。本節ではオイルダンパーによるレジリエンスの向上事例について紹介する。

11.3.1 装置の高性能化による抵抗性の向上

オイルダンパーは内封された作動油の圧縮性に起因する剛性の制限があり，動特性がMaxwellモデルで表されるだけでなく，エネルギー吸収効率にMaxwellモデルの剛性条件が制約となる。また，一般的にオイルダンパーには許容圧力が設定されており，装置の破壊を防止するための許容荷重による制限もある。装置の高性能化は減衰付加能力の向上を意味し，建物の応答低減につながるため，様々な装置が開発されている。機械的な機構によりオイルダンパーのストロークを拡幅するもの[11.11]，慣性質量とMaxwellモデルのバネにより形成される振動系の同調効果を利用したもの[11.12]などがある。また，オイルダンパーを力学モデル上，並列配置することで高耐力化（高容量化）を実現する装置[11.13]もある。一方，オイルダンパーには制御弁を組み込むことで容易に減衰係数可変型ダンパーに拡張できるという構造上の特徴があり多くの研究があるが，減衰係数を最大／最小の2段階に切り替えることでMaxwellモデルの剛性条件の制約下でエネルギー吸収効率を最大化する装置[11.14],[11.15]が開発されている。最近では，エネルギーを回収・再利用する「エネルギー回生」の概念を導入することにより，Maxwellモデルの減衰係数を可変にするだけでは実現できない高いエネルギー吸収能力を発揮する装置[11.16],[11.17]も開発されている。図11.10は，最適設定された減衰係数が一定のオイルダンパー（減衰固定型）と減衰係数切替型

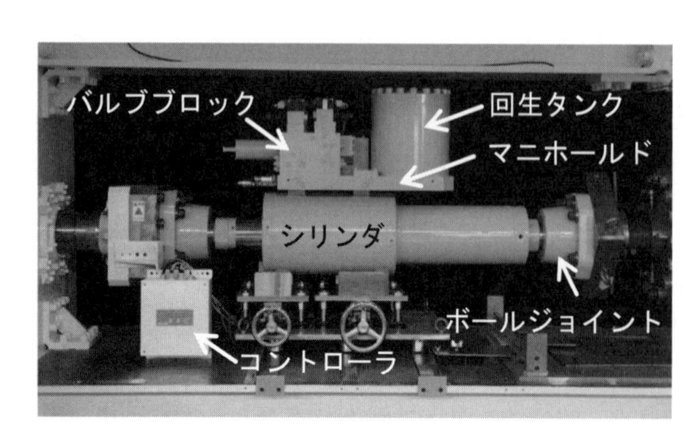

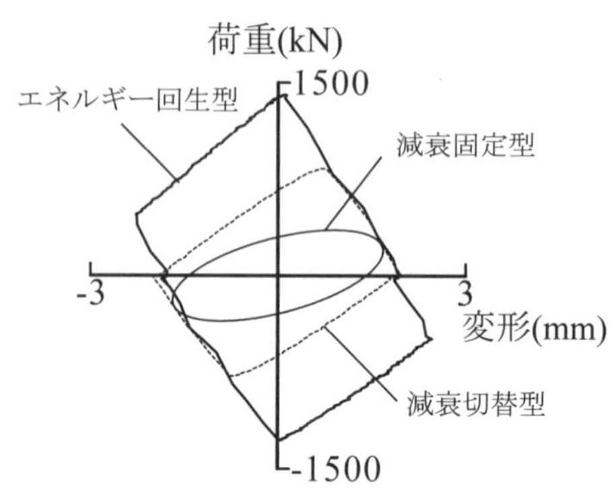

図11.10　エネルギー回生型オイルダンパーの外観とエネルギー吸収量の比較

オイルダンパー（従来切替型）[11.14],[11.15]およびエネルギー回生型オイルダンパー[11.16],[11.17]のエネルギー吸収能力を比較したものである。エネルギー回生式オイルダンパーは減衰固定型の約 4 倍，従来切替型の約 2 倍のエネルギー吸収能力があることが分かる。

11.3.2　架構の工夫との組合せによる抵抗性の向上

オイルダンパーの配置を工夫することで応答低減効果を向上した例として，2011 年度日本建築学会技術部門設計競技「ロバスト性・冗長性を向上させた建物の構造デザイン」[11.18]において最優秀賞を受賞した提案内容について，構造計画に焦点を絞って紹介する。

図 11.11 に示すように，ダンパーチューブ架構[11.18],[11.19]は静的耐震要素である積極的に偏心させた構造コアと外周架構を自重のみ負担するポスト柱で構成した柔架構で構成したものである。通常の耐震設計と比較すると剛性は小さく大きな偏心を有する構造となるが，外周構面に網目状に配置したオイルダンパーがねじれ振動を利用して，振動エネルギーを効率的に吸収することで構造体の損傷を大幅に低減することができる。図 11.12 は耐震設計とダンパーチューブ架構の偏心によるモード変化と応答の関係を示したものである。偏心がない耐震設計を表す 1 自由度系のモードが「偏心なし」，ダンパーチューブ架構として偏心を与え，さらに柔架構とした並進 1 自由度と回転 1 自由度の 2 自由度系のモードが「偏心 1 次モード」と「偏心 2 次モード」である。偏心がない柔架構とした場合には耐震設計と比較して周期は伸びるがオイルダンパーにより減衰が付加され，同等の変位となる。そこに偏心を加えることにより，外周面のオイルダンパーが効率よくエネルギーを吸収し，応答を低減できていることを表している。

外周面に多数配置したオイルダンパーは，積載荷重の偏在や地震入力方向の変動，火災などによるオイルダンパーの消失などの外力やシステムの変動に対しても応答の変化が小さくロバストなシステムとなる。さらに，自動車などの衝突により鉛直荷重を支持する外周柱が喪失してもオイルダンパーがストロークエンドでメタルタッチすることにより，鉛直荷重を再配分し，高い冗長性をも示す架構となっている（図 11.13）。

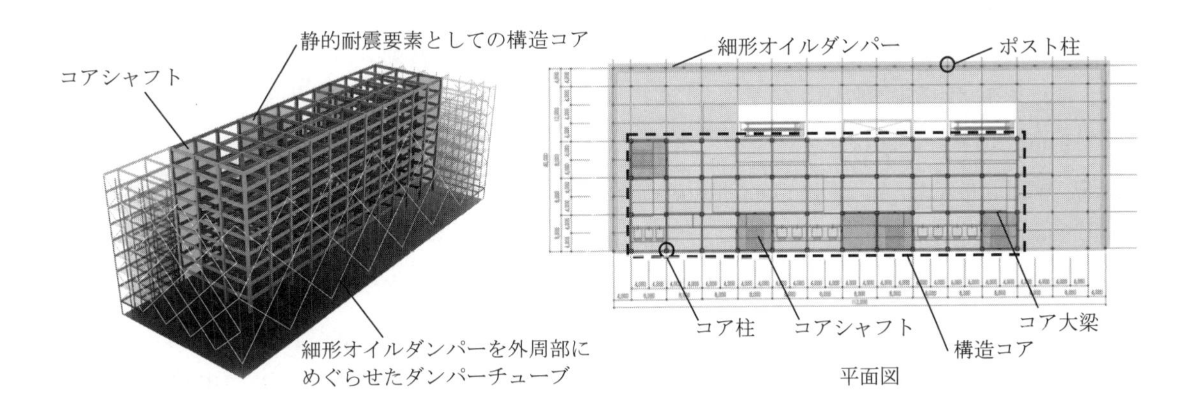

図 11.11　ダンパーチューブ構造[11.18]

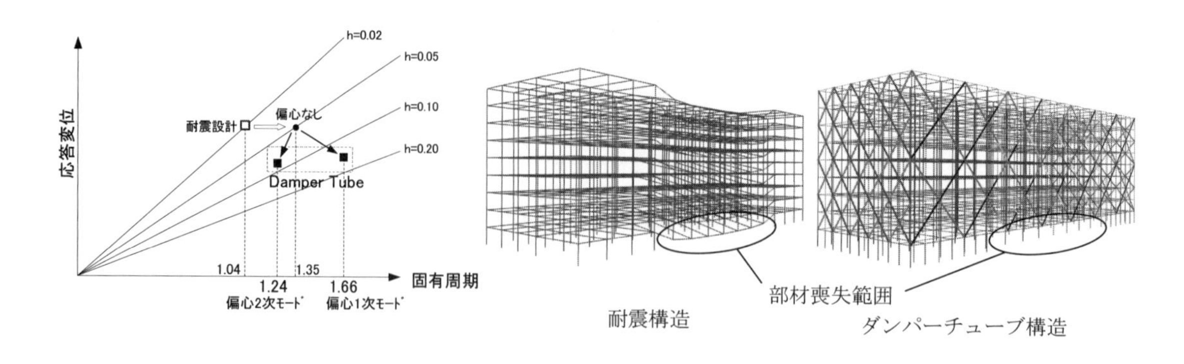

図 11.12　偏心によるモード変化と応答[11.18]　　図 11.13　部材喪失に対する冗長性[11.18]

11.4　まとめ

本章では，主にレジリエンスを高める制震デバイスの利用方法について述べた。本章で示した装置・システムは一例であり，また個々の技術の優劣を述べているものではない。建築計画や経済事情などの制約条件下において建物のレジリエンスを高めるためには，どのようなデバイス・システムをどのように使うのかが重要である。

参考文献

[11.1] 西村功, 佐々木勝康, 小堀鐸二, 坂本光雄, 小鹿紀英, 大類哲 : アクティブ動吸振器の最適化　その1, 日本建築学会大会学術講演梗概集, 構造I, pp.939-940, 1992

[11.2] 栗野治彦, 中井武：ストローク制御機能を有する超高層ビル用大地震対応TMDの開発その4, 日本建築学会大会学術講演梗概集, 構造II, pp.657-658, 2017

[11.3] 石塚馨, 加藤隆, 近藤豊史, 早野裕次郎, 城戸隆宏, 山下大 : 屋上緑化を利用した制震構造（グリーンマスダンパー）による建物の設計　その1～3, 日本建築学会大会学術講演梗概集, 構造II, pp.451-456, 2001

[11.4] 矢口友貴, 栗野治彦： 動吸振器効果を狙った大重量副振動系を有する制震架構におけるストローク制御法に関する研究, 日本建築学会構造系論文集, 第82巻, 第738号, pp.1201-1211, 2017

[11.5] Warburton, G. B. : Optimum absorber parameters for various combinations of response and excitation parameters, *Earthquake Engineering & Structural Dynamics*, Vol.10, pp.381-401, 1982

[11.6] 栗野治彦, 狩野直樹, 矢口友貴：ストローク制御機能を有する超高層ビル用大地震対応TMDの開発その1, 日本建築学会大会学術講演梗概集, 構造II, pp.749-750, 2014

[11.7] 森下邦宏, 笹島圭輔, 冨谷祐史, 田坂良治, 久保充司：東京スカイツリー用制振装置の開発, 三菱重工技報, Vol.49, No.1, 2012

[11.8] 田部井直哉, 堀則男, 井上範夫 : 性能可変オイルダンパーの開発および免震構造物への適用性, 日本建築学会構造系論文集, 第74巻, 第636号, pp.259-266, 2009

[11.9] 栗野治彦, 中井武：変位制御を目的とした減衰硬化型可変ダンパの必要特性に関する考察 その1-2, 日本建築学会大会学術講演梗概集, 構造II, pp.345-348, 2018

[11.10] 日本建築学会：将来の環境変化を見据えた学校施設の改修設計, 建築雑誌, pp.33-40, 2022

[11.11] 石丸辰治, 秦一平ほか：増幅機構を用いた制震構造システムに関する基礎的研究　その1~7, 日本建築学会大会学術講演梗概集, 1997, 1998, 1999, 2000

[11.12] 木田英範, 中南滋樹, 斉藤賢二, 五十子幸樹, 井上範夫：多重同調粘性マスダンパー制s振システムとその応答制御法, 日本建築学会構造系論文集, 第74巻, 第643号, pp.1575-1583, 2009

[11.13] 山本雅史, 嶺脇重雄ほか：高容量オイルダンパーの開発　その1-2, 日本建築学会大会学術講演梗概集, 構造II, pp.727-730, 2014

[11.14] 栗野治彦：Maxwell型セミアクティブダンパの振動制御能力に関する基礎的考察, 日本建築学会構造系論文集, 第564号, pp.63-70, 2003

[11.15] 栗野治彦：ON/OFF型セミアクティブダンパの分散制御手法に関する研究, 日本建築学会構造系論文集, 第571号, pp.79-86, 2003

[11.16] 栗野治彦, 福田隆介：エネルギ回生の導入による制震オイルダンパの効率向上に関する研究, 日本建築学会構造系論文集, 第81巻, 第722号, pp.713-723, 2016

[11.17] 福田隆介, 栗野治彦：エネルギ回生を導入したセミアクティブ制震オイルダンパの開発, 日本建築学会構造系論文集, 第81巻, 第726号, pp.1221-1231, 2016

[11.18] 日本建築学会構造委員会応用力学運営委員会：ロバスト性・冗長性を向上させた建物の構造デザイン, 2011年度日本建築学会大会構造部門（応用力学）パネルディスカッション資料, pp.4-13, 2011

[11.19] 栗野治彦, 狩野直樹ほか：振れ応答を利用した制震架構に関する研究　その1～4, 日本建築学会大会学術講演梗概集, 2012, 2013

12. レジリエンスを考慮した構造設計④
－レジリエンス性能を高めるための構造設計における工夫－

12.1 はじめに

近年，建物の倒壊を防止して人命を守るという建築基準法による最低限の耐震性能（表 12.1，例 1）を満たすだけでなく，建物の損傷の程度を小さくする建築基準法を上回る耐震性能（表 12.1，例 2−1，2−2）を目指して設計される建物が増えている。建物が受ける地震被害による補修費の建設費に対するコスト比率（PML）が小さい建物は，不動産としての資産価値が高いと認識されている。官庁建物などの重要な建物は災害後の活動拠点として機能する必要があり，免震化や地震力を割り増しした設計が求められている。耐震性能を向上させることで販売やリースにおいて有利となるなど一般ユーザー側の認識も高まっている。これらの考え方は，被害を被った場合の損失が計り知れない超高層建物では，より一般的になっている。さらに，加速度応答のクライテリアを設け，EV，設備機器などの主体構造以外にも配慮し，地震後においても建物の機能を維持し，事業継続（BCP）を目指した耐震性能（表 12.1，例 3−1，3−2）が適用される事例も増えている。

表 12.1 耐震性能クライテリア

<table>
<tr><th rowspan="2"></th><th colspan="3">地上</th><th>基礎</th><th rowspan="2">外装</th><th rowspan="2">備考</th></tr>
<tr><th>耐力</th><th>変形</th><th>加速度</th><th>耐力</th></tr>
<tr><td>例 1</td><td>損傷あり</td><td>1/100</td><td>—</td><td>損傷あり</td><td>脱落なし</td><td>倒壊防止</td></tr>
<tr><td>例 2-1</td><td>軽微損傷</td><td>1/125</td><td rowspan="2">—</td><td>軽微損傷</td><td>損傷なし</td><td rowspan="2">躯体継続使用</td></tr>
<tr><td>例 2-2</td><td>損傷なし</td><td>1/150</td><td>損傷なし</td><td>機能維持</td></tr>
<tr><td>例 3-1</td><td>軽微損傷</td><td>1/125</td><td>300 $\mathrm{cm/s^2}$</td><td>軽微損傷</td><td>損傷なし</td><td rowspan="2">躯体継続使用
EV 維持
天井落下防止
家具転倒防止</td></tr>
<tr><td>例 3−2</td><td>損傷なし</td><td>1/150</td><td>250 $\mathrm{cm/s^2}$</td><td>損傷なし</td><td>機能維持</td></tr>
</table>

このように，損傷を軽減する建築基準法を上回る耐震性能が求められる事例が増えているにもかかわらず，損傷したときの回復性（レジリエンス性能）に視点を置いて設計された事例はほとんどない。以降では，レジリエンス指標の視点から耐震性能を再考することにより，耐震性能の新しい評価方法を提起する。

12.2 レジリエンス性能と耐震性能評価

レジリエンス性能の評価指標として，Bruneau と Reinhorn らが提唱するレジリエンス指標を例に挙げる[12.1]-[12.4]。図 12.1 は，地震による機能低下が生じてから回復するまでの時間と機能レベルを示しているが，Bruneau らは，機能低下の大きさとその継続時間の積を評価指標 R としている。つまり，地震発生後に損傷を受けてから元に復旧するまでの経過を示す曲線（回復曲線）で囲まれる面積が評価指標 R であるが，R が小さいほどレジリエンス性能が高いとする評価指標である。

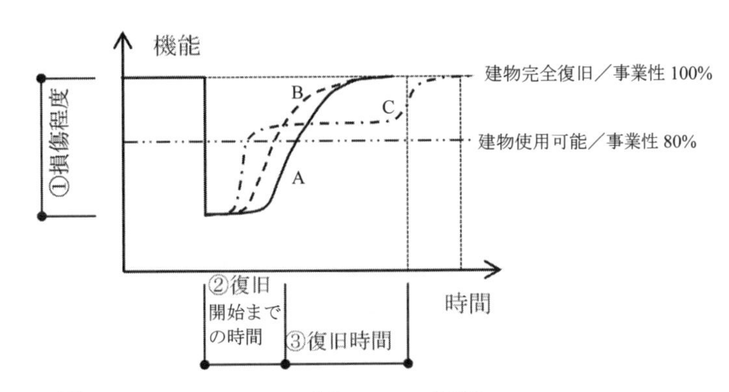

図 12.1 Bruneau のレジリエンス指標

この評価指標を用いると，図中の回復曲線において，建物の事業性が 100%回復するまでの時間は同じでも，事業性が 80%回復して建物が使用可能な機能レベル（図中，2 点鎖線）に早期に至る破線の回復曲線 B による評価指標 R は実線の回復曲線 A による評価指標より小さくなり，レジリエンス性能が高くなる。これは，従来の評価において同じとみなされた建物の耐震性能の評価に差が生じる適正な評価となりうる可能性があると考えられる。

一方，図中の 1 点鎖線 C の回復曲線のように，建物が使用可能で事業性 80%を確保可能な機能レベルまでの回復が早いが，事業性 100%に回復するまでに相当な時間がかかる場合には評価指標 R が大きくなり，レジリエンス性能が低いと評価される。しかしながら，一点鎖線の回復曲線 C の方が良いとされる場合がある。言い換えると，どの程度の回復を求めるかによって，評価指標 R が同じ値であっても、レジリエンスについての評価が異なることに留意したい。

このように耐震設計にレジリエンス性能の指標を加えることは，耐震設計における新しい観点となり，同じ抵抗力であっても，レジリエンスを高めることで，建物の価値を高めることができる。設計においては，図 12.1 に示す①~③のポイントに留意することでレジリエンス性能を高めることができる。

① 損傷程度を小さくする（従来の耐震性指標，抵抗力の向上）

② 復旧開始までの時間を短くする（被害状況の迅速な把握，損傷箇所が限定されている場合の損傷想定箇所の確認）

③ 復旧を早くする（補修期間を短縮するための被害状況の適切な把握，特定された損傷箇所を交換・補修しやすいディテールにすることでその損傷個所に集中した補修）

ここで，改めて留意したい点は，レジリエンス性能の観点においては，従来の耐震性指標である①に加えて，②や③で示すような復旧性能を高めることが重要であるという点にある。また，想定外の外乱に対する損傷を小さくすることは，①の観点において，レジリエンス性能を高めることにもつながる。

12.3　レジリエンス性能を高める構造設計

(1) 外力の特性が設定できる場合のレジリエンス性能を高める設計

表 12.2 に，あるレベルの地震に対する前節で示したレジリエンス性能を高める①～③のポイントを耐震，制振，免震の構造形式ごとに示す。ただし，いずれの構造形式においても，同程度の耐震性能へ近づけることはできるため，それぞれのポイントは共通化することができることを注記しておく。

表 12.2 で示すように，レジリエンス性能を高める設計においては，②の観点により，どこをどの程度損傷させる（させない）かに注力して設計し，地震後にその損傷程度を早期に把握することの重要性が増すことになる。この考えによると，耐震性能のクライテリアを設定する際に，杭や基礎は修復することが難しく，地上構造より上位のクライテリアとする必要があると考えられる。また，③の観点により，損傷の程度を把握するためのモニタリングシステムの導入，修復を想定した詳細や部材へのアクセス確保，交換も見据えた設計，入手しやすい材料の使用，建物へのアクセス確保などにも配慮することが重要となる。

表 12.2 レジリエンス性能を高める設計（外力の特性が設定できる場合）

	①損傷程度を小さくする	②復旧開始時間までの時間を短くする	③復旧を早くする
耐震	耐力を大きくする	損傷が予想される部位を限定することで点検部位を限定 モニタリングシステム（地震計を設置）により被害状況の早期把握	損傷した時に復旧時間がかかる修復が困難な箇所は損傷させない 修復が困難な箇所は損傷させない(損傷させないことが理想)
制振	耐力を大きくする 減衰性能を高める	損傷が予想される部位を限定することで点検部位を限定 エネルギー吸収部位を制振装置に集中 モニタリングシステム（地震計を設置）により被害状況の早期把握	損傷を継続使用可能なレベルに抑えることで損傷がある状態で事業を再開(事業継続性を高める) 詳細検討を行うことで交換容易（不要）な仕様とする
免震	耐力を大きくする 減衰性能を高める 免震性能を高める（応答加速度の低減など）	損傷が予想される部位を限定することで点検部位を限定 免震層の変形の記録による被害状況の早期把握	損傷させない 免震装置の交換を想定した設計を事前に行うことで交換時に周辺部材の補強を不要とする（補修期間を短縮）

(2) 外力の特性が設定されていない場合のレジリエンス性能を高める設計

地震レベルや位相のばらつきに対してレジリエンス性能を高める設計を表 12.3 に示す。ここで重要になるキーワードが，ロバスト性と冗長性であり，耐震，制振，免震の構造形式ごとに示す。いずれにおいても，部材耐力余裕度の確保によりロバスト性が高まり，修復可能な損傷程度に抑えられるため，レジリエンス性能が高くなる。

冗長性については，想定外の大きさの地震動を受けた場合においても，脆性的な崩壊や破壊を防止する配慮が必要である。特に，制振装置や免震装置の機能が低下した場合にどのような挙動になるかを見極めることは，冗長性を高めてレジリエンス性能を高める為に重要である。このように，レジリエンス性能の視点を加えることで，免震構造で損傷を受けないということで従来なら同じ構造性能とされてきたものでも，想定外の外乱に対する構造全体のポテンシャルによる違いにより，性能に優劣が生じる評価となる。

表 12.3 レジリエンス性能を高める設計（外力の特性が設定されていない場合）

	ロバスト性	冗長性
耐震	耐力余裕度の確保	部材の脆性破壊の防止 部分崩壊の防止
制振	耐力余裕度の確保 制振機能の余裕度確保*1	部材の脆性破壊の防止 部分崩壊の防止 制振機能の低下を想定した余裕のある設計*2
免震	耐力余裕度の確保 免震機能の余裕度確保*1	部材の脆性破壊の防止 部分崩壊の防止 免震機能の低下を想定した余裕のある設計*2

*1 免震・制振部材の変形余裕度の確保および破断に対する余力の確保など
*2 一部の免震・制振部材に不具合があっても一定の免震・制振機能が確保されること

12. 4　レジリエンス性能を高めた構造設計例

各構造設計例について，設計とレジリエンス性能との関連，外力レベルとレジリエンス指標 R の関係を解説する。

(1) 免震効果を高めた免震構造[12.5],[12.6]

アクティブ制御により，免震の上部建物の揺れを制御した事例（図 12.2）で，通常の免震建物の 1/10 程度にまで加速度応答を低減させることを実現している。

図 12.3 に免震層のレイアウトを示す。地震が起こると，建物と地面に設置したセンサーが地震力を感知し，コンピューターに情報を伝える。コンピューターは最適な制御力を瞬時に求めてアクチュエータであるアクティブ制御装置（図中，点線内）に指令を出す。アクチュエータは指令に基づき地盤が動いた分だけ，建物を反対方向へ動かす。その結果，建物は位置を変えることがなくなり，地面の揺れに影響されず，建物が空中に静止するかのような状態を実現することが

写真提供：大林組

図 12.2 建物外観

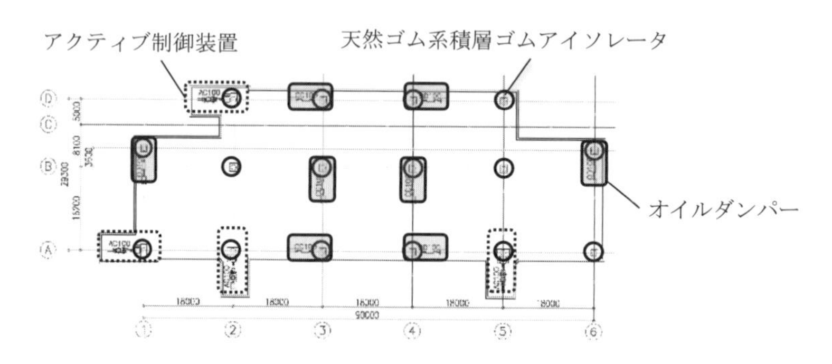

図 12.3 免震層のレイアウト[12.6]

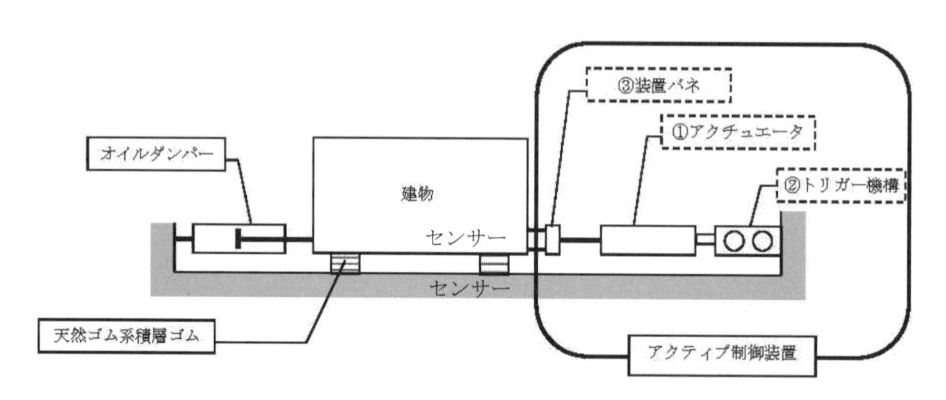

図 12.4 アクチュエータとトリガー機構概念図[12.6]

できる（図 12.4）。この結果，従来の免震では，概ね地面の揺れの 1/3 から 1/5 までに建物の揺れを低減することが可能であるのに対して，1/30 から 1/50 まで低減することが可能となる。

図 12.5 に振動実験モデル，図 12.6 に結果を示す。アクティブ制御していない通常の免震の結果に比べて，大幅に応答加速度の低減が確認されている。これにより，構造部材だけでなく，天井・設備などの非構造部材全てが損傷を受けることなく継続利用することが理論上は可能であり，レジリエンス性能を高めることができるが，現状では，アクチュエータの性能により，制御可能な地震レベルの範囲は制限される。

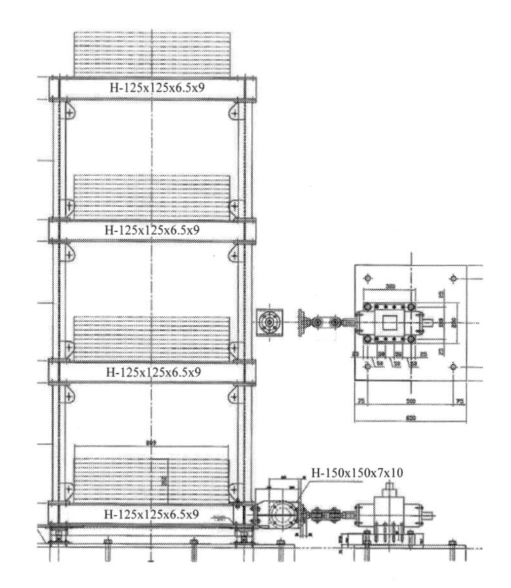

図 12.5 振動実験モデル[12.6]

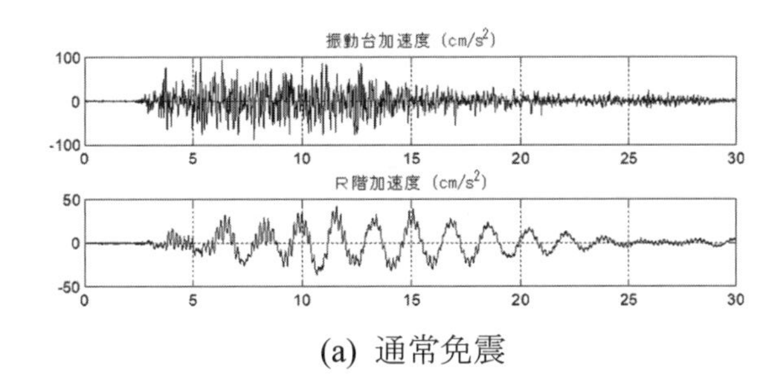

(a) 通常免震

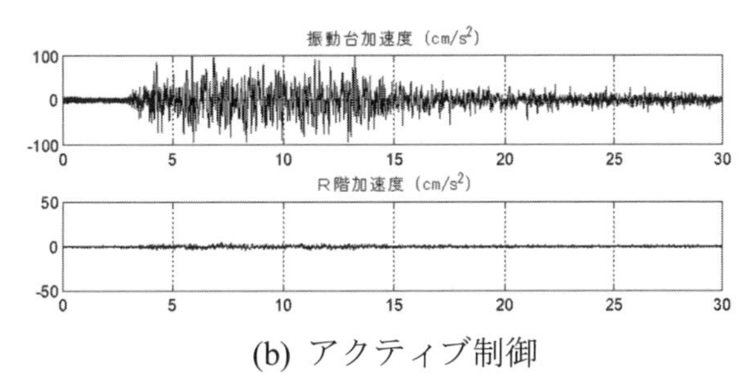

(b) アクティブ制御

図 12.6 振動台実験結果[12.6]

図 12.7 アクチュエータとトリガー機構[12.6]

図 12.8 トリガー機構[12.6]

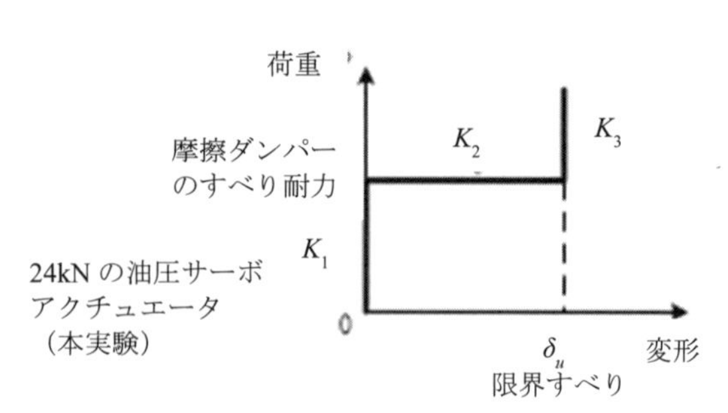

図 12.9 トリガー機構復元力特性[12.6]

アクチュエータの性能を超える場合に対しては，トリガー機構として摩擦ダンパーを直列に繋ぐことで,免震機能が損なわれないシステムとなっており,ロバスト性を高めている(図 12.7, 12.8, 12.9)。また，この機構は，アクティブ制御が作動しない場合のフェールセーフ機構としても機能して冗長性も高めており，レジリエンス性能を向上させている。

(2) 制振効果を高めた制振構造[12.7]

異なる周期の振動体をオイルダンパーなどの制振装置で繋ぎ，振動体間に生じる変位差を利用して制振装置にエネルギーを吸収させる連結制振構造は，通常の層間に設置する一般的な制振に比べて，大きな減衰を得ることができる制振形式である。図 12.10 には，建物の中央に立体駐車設備を囲むフリーウォールと周辺の柱梁架構の異なる周期の振動体による例を示す。

連結制振は，それらの振動体のそれぞれに対する剛性の比と重さの比が反比例の関係（剛性の比×質量の比＝１）にあるときに，適正なダンパーで連結することで，最適な減衰を得ることができる。このことを振動体の伝達関数で考えると以下の通りとなる（図 12.11)。

・異なる周期の 2 つの振動体が繋がれていない状態のそれぞれの伝達関数（細線）と剛結したときの伝達関数（点線）との交点（白丸）を必ず通る（以下，この点を定点と呼ぶ)。

・振動体の剛性の比と重さの比が反比例の関係（剛性の比×質量の比＝１）にあるとき，定点の高さが揃う。

・適切な減衰を持つ制振装置で繋ぐと，振動体のそれぞれの伝達関数（太線）が，定点でピークとなる。

・定点は不動なので，このときの減衰が，最適な減衰となる。

また，繋ぐものの周期の差が大きいほど，大きな減衰効果を得ることができる。これは，剛結したときの定点位置が下方に位置するようになるためである。

このように，連結制振は，大きな減衰効果を得ることにより損傷程度を低減し，レジリエンス性能を高めている。また，大きな減衰効果を得ることで，地震動の位相による応答のばらつきを低減しロバスト性も高めている。

先に示した図 12.10 の連結制振例では，柱梁架構の柔らかい方を免震構造とすることで，長周期化による入力低減に加えて，両者の周期差が大きくなり，さらに大きな減衰効果を獲得することができる。これにより，揺れの大きさと激しさをさらに低減させている。これと同時に，より

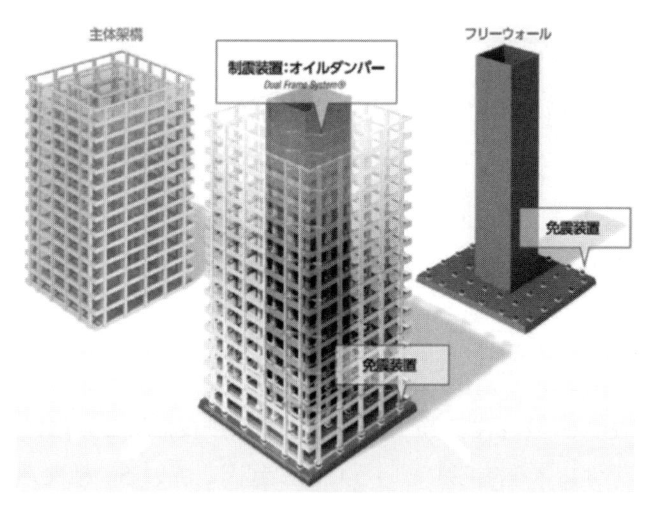

図 12.10 連結制振と免震のレイアウト[12.8]

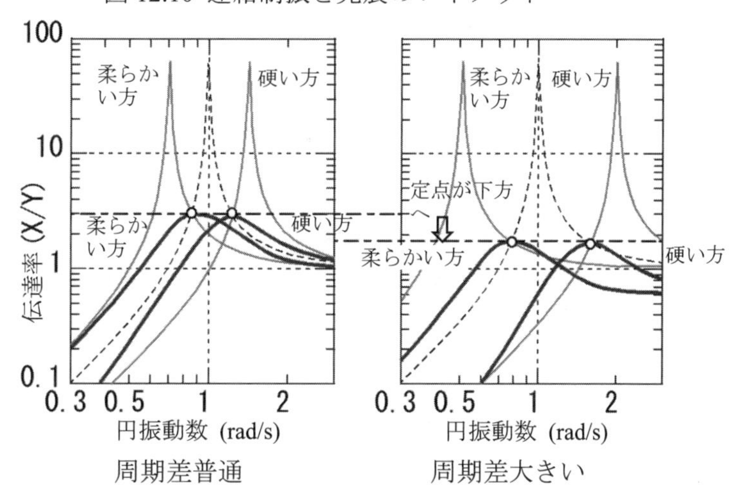

図 12.11 変位の伝達関数

入力地震動の広帯域にわたり減衰効果が得られることとなり，地震のばらつきに対するロバスト性も向上されている。

一方，建物の上層部の応答に対しては，主体架構とフリーウォールをオイルダンパーにて連結するため，固有周期が長い超高層の免震建物では制御しづらい上層部の応答をある程度制御することが可能となり，構造部材のみならず天井・設備などの非構造部材も地震による損傷を受けることがなく継続利用できる可能性が高くなり，レジリエンス性能を高めている。

また，想定外の地震を受けたときには，フリーウォールと主体架構を衝突させることにより，オイルダンパーが損傷しないで有効性を保ち，免震層の変形が過大になることによる免震装置の破断を防止することで，冗長性を確保している。なお，衝突に際してオイルダンパーは，衝撃吸収機能を果たしている。

(3) 経済性と回復性を備えた制振構造

制振構造においては，これまで，経済性の理由から，履歴系の鋼材ダンパーが多く使用されている。しかしながら，近年では，履歴系のダンパーのみで構成されることが少なくなってきてい

図 12.12 摩擦ダンパー

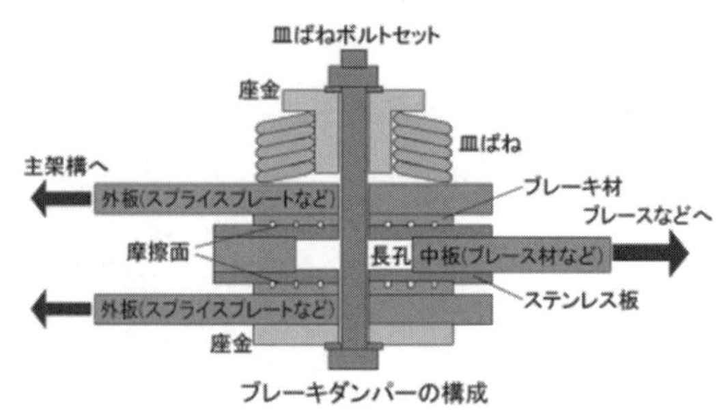

図 12.13 摩擦ダンパー機構図

る。これは，共振を避ける，残留変形を低減する，および後揺れを早期に低減させることに加えて，地震後のメインテナンスを減らすという目的に起因している。粘性系のダンパーでは，取り付け部に配慮して設計していれば，地震による損傷はほとんどなく，上記の目的も達成できる。一方，履歴系のダンパーでも，摩擦ダンパーは，損傷を受けない制振構造の設計が可能である。例えば，自動車のブレーキ材を応用した摩擦ダンパーは，繰り返し数に限界はあるものの，50 年から 100 年程度の建物の供用期間においては，問題となることがない（図 12.12）。ここでは，摩擦力を設計値に納めるために，導入軸力のばらつきは，皿バネ座金を用いたボルトにより制御されている（図 12.13）。また，万が一摩擦面の交換が必要となった場合にも，比較的容易に交換が可能となっているので，建物の損傷を低減するだけではなく，経済性を維持しつつ，点検や補修期間を短くすることで回復性を高めて，レジリエンス性能が向上している。

(4) 装置を外部に配置した制振構造

鋼材による履歴系ダンパーは，経済性に優れている反面，制振部材が損傷を受けることにより地震のエネルギーを吸収するため，地震後にその健全性評価が必須となる。

損傷程度は，振幅と繰り返し回数により評価されることが一般的であり，数回の地震後に，健全性の限界を超えて交換を余儀なくされる。このような場合を想定すると，制振部材の設置位置には，特に配慮する必要がある。

図 12.14 に示すように，制振部材を外部に設置することは，その 1 つの手法である。このように外部からの交換が可能であれば内部を触らなくて良いので，修復計画が立てやすく，重機による作業が可能となり，回復性を高めることができ，レジリエンスを高めている。また，鋼材による制振装置は，比較的入手が容易であると考えられることもレジリエンス性能に寄与している。

(5) 損傷部位を限定した制振例[12.9]

柱梁による耐震構造においては，梁端部を損傷させて全体崩壊系とすることにより，地震エネルギーを吸収している。この場合には，点検，補修ともに時間を要すことになる。図 12.15 に示すのは，梁端部に設置した方杖型の鋼材ダンパーにより，地震エネルギーを吸収する機構である。この機構により損傷箇所が明快となり，かつ，交換可能な部材となることにより回復性が高まり，レジリエンス性能を向上させることができる。

また，損傷する部分を摩擦ダンパーなどとすることで，レジリエンス性能はより高まると考えられる。一方，柱梁接合部がボルトのみで構成され，溶接者の技量により性能が左右される溶接

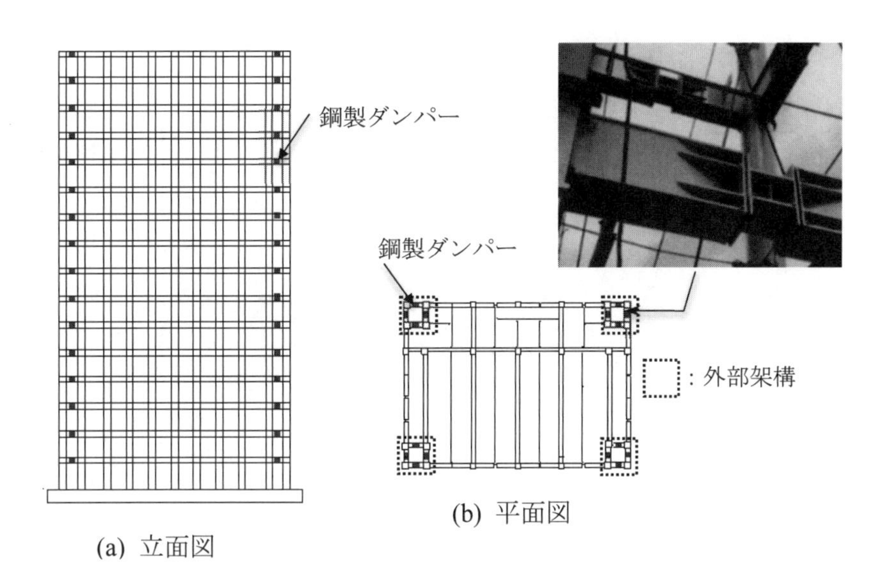

図 12.14 装置を外部に配置した制振構造

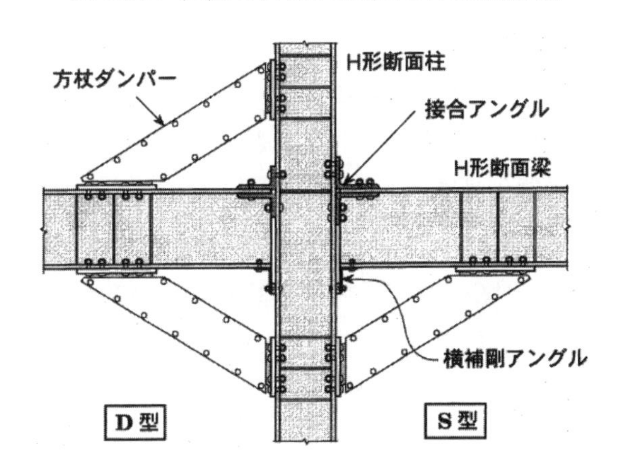

図 12.15 梁端部損傷制御機構[12.9]

部がなく，梁の構造性能のばらつきが抑えられるので，ロバスト性が向上している。

(6) 剛性の高い壁を用いた制振構造

コンクリート系の建物においては，柱梁による架構の剛性が大きいため，壁型の制振装置が用いられることが多い。これは，剛性の小さな制振装置では，柱梁などの主要構造体が損傷して剛性低下するまでの制振装置による効果が小さくなることに起因している。図 12.16 に，鉄筋コンクリート壁を伝達材として用いた壁型の制振装置を示す。ここでは，梁天端とのスリット部に配置したダボ鉄筋の降伏によりエネルギー吸収させているので，ダボ鉄筋の交換とそれに伴う鉄筋コンクリート壁の修復など地震後の補修が必要であるが，剛性が高いため，他の部位に損傷を生じない小さな水平変位から相対的に機能してエネルギーを吸収することができる。これにより，ある程度の地震までは，この制振部材のみに損傷を集中させることができ，他の部材の損傷レベルを抑えることにより，レジリエンス性能を高めている。

また，一般的な材料で構成されていて経済性に優位であり，修復計画は立てやすいという観点

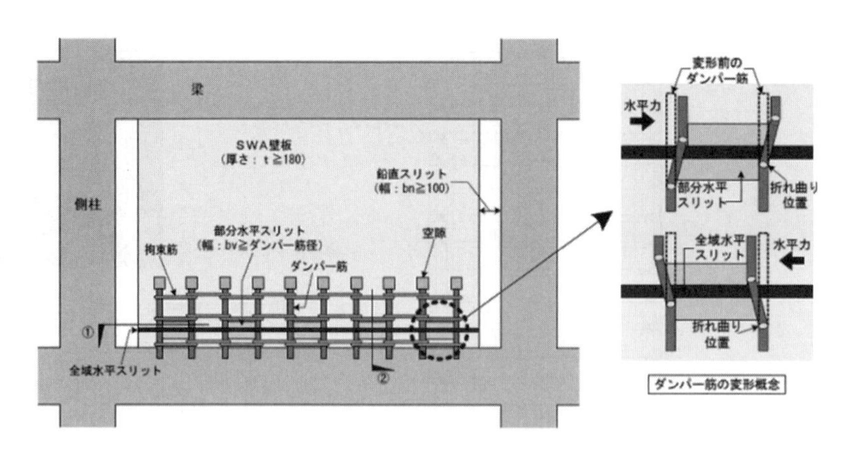

図 12.16　鉄筋コンクリート材料による制振装置

において，回復性を高め，レジリエンス性能を高めている。この装置についても，降伏させる部分を摩擦系ダンパーなどとすることで，レジリエンス性能がより高まることを注記する。

(7) 海外のレジリエンス評価制度[12.14]

Resilience-based Earthquake Design Initiative Rating System（REDi™）は海外の設計事務所が開発した評価システムであるが，建物が受ける損傷，災害時の行動規範，敷地外の回復性，損傷・事業中断による損失額の4つの評価軸に基づき（図 12.17），地震後の復旧性能を予想して評価することを目的としている（図 12.18）。そこでは，時刻歴解析や統計的手法により構造部材および非構造部材の損傷度合を予想し，修繕にかかる時間を計算する。建物だけでなく，より包括的に評価して，次世代のレジリエンス評価指標として提唱されている。

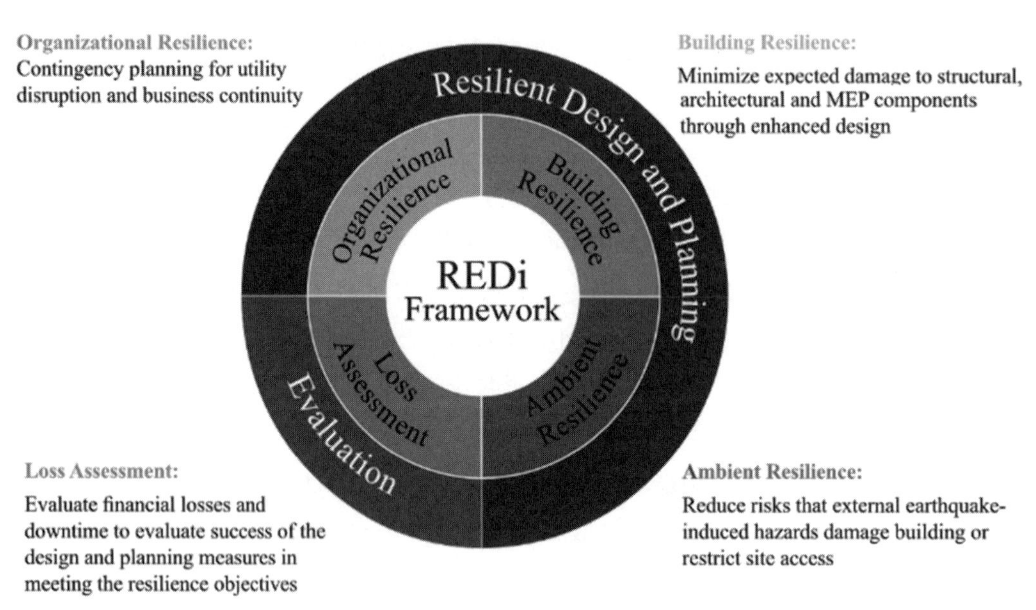

図 12.17　REDi™ の評価軸[12.14]

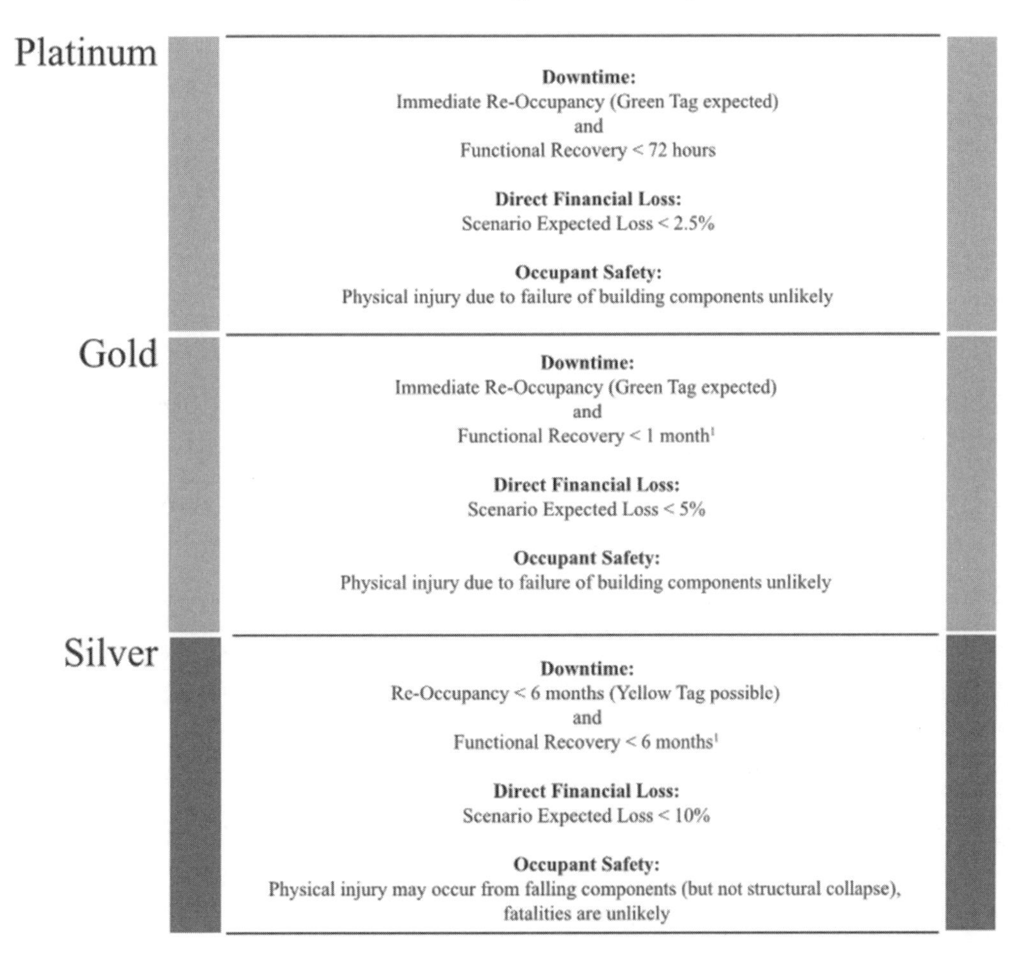

図 12.18 REDi™ の評価ランク[12.14]

12.5　復旧計画によるレジリエンス

回復を早期に実現することにより，レジリエンス性能を高める方法については，元の状態への回復を想定する必要は必ずしもなく，ある程度まで耐震補強により機能を回復して建物の使用を再開し，その後，元の状態へ回復させる計画も考えられる。これは，図 12.1 で示した一点鎖線の回復曲線のような手法であり，全回復までのレジリエンス指標 R として良い評価ではないかもしれないが，実質的な回復方法として，レジリエンス性能を高める手法と考えられる。また，耐震補強として建物のある範囲を集中的に補強し，その他の損傷箇所の不足分を補うことで建物を機能させる手法もあり，レジリエンスを高める手法として考えられる。

12.6　まとめ

Bruneau のレジリエンス指標の意図について考察し，レジリエンスを高める構造設計について述べた。耐震，制振，免震の比較においては，制振はその減衰性能，免震は減衰性能および入力低減により，損傷レベルの低減を実現しているだけでなく，その損傷を許容する箇所を限定しているという点でレジリエンス性能を高めることに貢献している。また，想定外の地震に対する視点を持つことで，従来は同じ性能と評価される建物が，異なる性能と評価されることを述べた。また，必ずしも元の状態・形式への回復を目指す必要がないという視点で考えれば，レジリエンス性能を高める手法が広がることを示した。

このように，回復性に配慮しながら構造設計を実施することが重要である。

参考文献

[12.1] Bruneau, M., and Reinhorn, A., Overview of the resilience concept, *Proceedings of the 8th US National Conference on Earthquake Engineering*, April 18-22, 2006.

[12.2] Bruneau, M., et al., A Framework to Quantitatively Assess and Enhance the Seismic Resilience of Communities, *Earthquake Spectra*, 19 (4), pp.733-752, 2003.

[12.3] Cimellaro G. P., Reinhorn A. M., and Bruneau M., Framework for analytical quantification of disaster resilience, *Engineering Structures*, 32 (11), pp.3639-3649, 2010.

[12.4] Cimellaro G. P., Reinhorn A. M., and Bruneau M., Quantification of Seismic Resilience, *Proceedings of the 8th US National Conference on Earthquake Engineering*, April 18-22, 2006.

[12.5] 渡辺哲巳，蔭山満，吉田治，遠藤文明ほか：大林組技術研究所本館 テクノステーション　スーパーアクティブ制震「ラピュタ 2D」, MENSHIN，Vol.070，日本免震構造協会，2010.11

[12.6] 渡辺哲巳，蔭山満，吉田治，遠藤文明ほか：絶対制震によるアクティブ免震手法の実建物への適用（その 1）～（その 4），日本建築学会大会学術講演梗概集，pp.501-508, 2010.9

[12.7] 蔭山満：定点理論による連結制振を対象としたパッシブ系の多モード最適制振の設計法に関する研究，日本大学学位論文，2005.12

[12.8] Yoshiyuki Fukumoto, Izuru Takewaki: Dual Control High-rise Building for Robuster Earthquake Performance, Frontiers in Built Environment, Vol. 3, 2017. 2 https://doi.org/10.3389/fbuil.2017.00012

[12.9] 百野泰樹，聲高裕治，井上一朗：方杖ダンパーを用いた柱梁高力ボルト接合骨組の地震応答解析，日本建築学会構造系論文集，第 586 号，pp.219-226，2004.12

[12.10] 日本建築構造技術者協会：応答制御構造設計法，彰国社，2000.

[12.11] 福田隆介：構造物のレジリエンスー自然災害に備えるキーワードー，コンクリート工学，Vol.53，No.1，pp.92-96，2015.

[12.12] 日本建築学会：応用力学シリーズ 12　建築構造設計における冗長性とロバスト性，日本建築学会，2013.

[12.13] 日本建築学会構造委員会応用力学運営委員会：ロバスト性・冗長性を向上させた建物の構造デザイン，2011 年度日本建築学会大会構造部門（応用力学）パネルディスカッション資料，pp.4-13，2011.

[12.14] Arup：REDi Rating System
https://www.arup.com/perspectives/publications/research/section/redi-rating-system（参照 2023. 6. 23）

13. レジリエンスを考慮した構造設計⑤
－半導体製造工場における地震保険と耐震レジリエンス－

13.1 はじめに

半導体は社会で重要な役割を果たす製品であり，それを製造する半導体産業が社会へ与える影響は大きい。半導体を製造するクリーンルームでは，ナノメートルレベルの超微細なパターンを形成しているため，製造装置・設備は災害，特に地震に対し大きな脆弱性を有している。兵庫県南部地震における半導体部門の被害報告[13.1]，東北地方太平洋沖地震での半導体工場の被害と復旧過程報告[13.2]-[13.4]，熊本地震での被害状況と復旧過程報告[13.5]では，工場建屋の被害よりも生産設備の被害額の大きさが報告されている。例えば，生産設備である露光装置およびイオン注入装置の1台あたり再調達価格はそれぞれ5億円，2.5億円と非常に高価[13.6]である。地震により建屋に大きな損傷が生じていなくとも，生産設備の損害額は極めて大きくなることがある[13.5]。半導体産業は幅広い業種や分野に関係することから，生産ラインの不稼働による物的損失およびそれを大幅に上回る機会損失が発生する。半導体産業の復旧ガイドラインが2003年に公表され[13.7]，また，半導体産業のBCP（事業継続計画）[13.8]，BCM（事業継続マネジメント）[13.9]，耐震対策[13.10]も検討されている。半導体製造工場では，事業的観点から脆弱性を補うために地震保険[13.11]が大きな役割を負っており，この保険設計においても地震による建物の物的被害から復旧期間までの体系的なレジリエンス評価が求められている。

本章では，地震保険で扱う対象やリスク評価を紹介し，半導体製造工場における耐震レジリエンス評価例をとりあげる。半導体製造工場の生産設備は，建屋の構造体と比較すると小さなレベルの地震動でも大きな被害を受け，さらにその被害額も建屋におけるものと比べ極めて大きなものとなる。生産設備の物的損失は地震保険の対象[13.5]になり，リスク転嫁による金融対策とソフト・ハード面からの地震対策との併用が一般的である。そのため，金融保険業界では地震リスク評価のための基礎的データを収集しており，このようなデータに基づき，生産設備のフラジリティ曲線，被害率曲線から地震被害率を算出することが可能である。この地震被害率と復旧曲線の関係からレジリエンス評価の検討を行う。建物の補強は脆弱性を低減し，地震被害を抑え人命を救うことにつながる。その上で建屋や生産設備の地震被害を低減することが望ましい。そのような観点から，建屋の免震化によるレジリエンス改善についての検討を行う。

13.2 地震被害と地震保険

地震保険とは地震に起因する被害を補償するものであり，一般的には，地震，噴火，津波による被害が対象とされる。被災後，迅速に被害を特定することは難しく，さらに大地震では甚大な被害が発生する恐れがある。事前に地震被害の想定を行い，その想定に基づきリスクを外部に転嫁することの社会的意義は大きい。保険会社は，これらの事象に起因するリスクを評価し，商品として保険を提供する。保険という互助の性質上，適正かつ公正な評価のもとで保険が設計され，提供されることが求められる。よって，保険商品の根拠となるリスク評価には十分な客観性が求められる。

地震保険の対象は，主に財物（建屋や付帯施設，付帯設備，製造装置，スペア品，材料，製造中製品である仕掛品，完成品，在庫等敷地内にある財物）であり，事業中断を対象として扱うこともある。地震保険の引き受けでは，図13.1に示すように主にLocation RiskとProtection Levelに基づき地震リスクが評価され，引き受けの可否や保険料が提示される。ここで，Location Riskは特定の地理的位置より算出されるリスクであり，地震ハザード情報[例えば13.13]，敷地周辺の海溝や活断層に起因する地震時の揺れや液状化の程度，津波による浸水状況などから，保険会社が提供するリスクモデル[例えば13.12]を用いて評価する。一方， Protection Levelは，図13.2に示すように保険の対象となる財物などが地震に起因する事象からどの程度守られているかのレベルを表す。新耐震基準に基づく設計の建物であるか，杭基礎や免震装置の採用，津波防護壁や変電設備の嵩上げによる浸水被害の低減措置，製造装置への感震器の設置による緊急停止，什器などのアンカーによる固定状況，さらには調達困難な装置や部品のスペア品の適切な在庫管理，遠隔地でのデータ管理，適切な連絡系統のマネジメントなど，その評価項目は多岐に及ぶ。

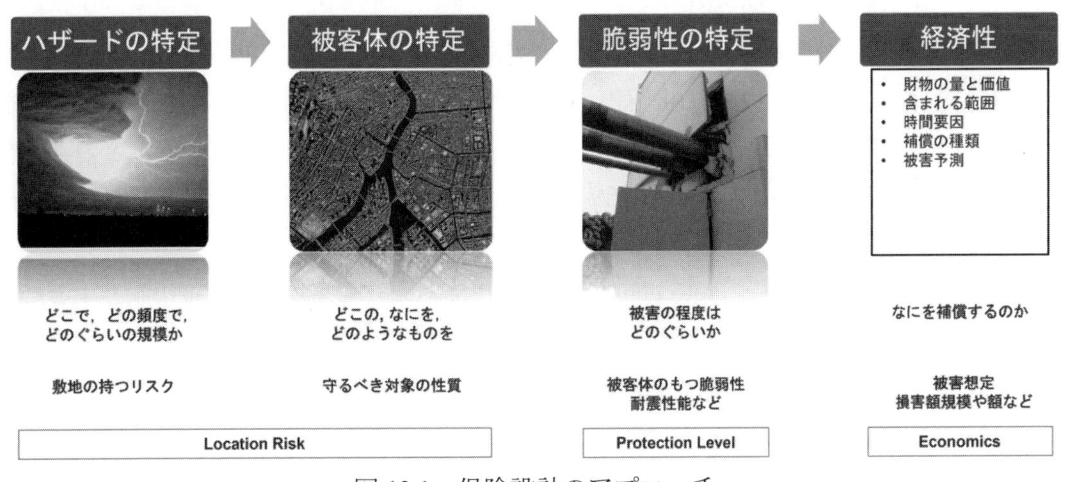

図 13.1　保険設計のアプローチ

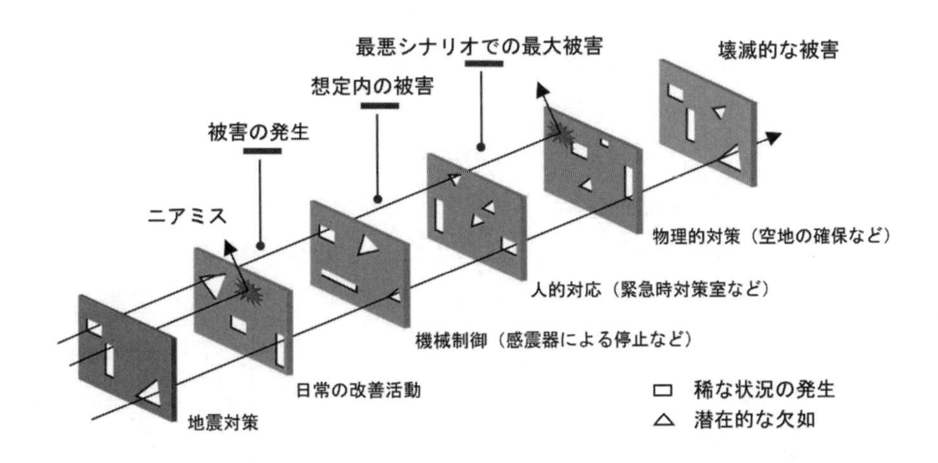

図 13.2　Protection levelと被害の図式（Swiss cheese model）

地震被害を受ける財物の範囲は広く，保険の対象を定める必要がある。一般的な地震保険においては，地震に起因すると特定可能な顧客の敷地内で発生した損害を対象とする。公共道路や橋の損傷などによる機会損失には適用されず，浸水などの敷地外で発生した被害により事業が中断した場合にも適用されない。敷地外のリスクに対する責任の所在を適正かつ公正に調査することが難しく，顧客の地震対策の範疇を超えるリスクが保険料に転嫁されてしまうことが理由である。同様に，仕掛品の破棄による機会損失についても，完成した部品となり多種多様な商品に組み込まれた時点での価値を特定することは難しいので保険の適用外となる。半導体工場においては，停電や瞬低（瞬時電圧低下）による設備停止が，製造工程に影響し仕掛品の破棄につながる。仮に停電や瞬低を引き起こす原因が，地震により敷地外の電線が断線し，その影響で装置が停止したなどの自社に起因しない損害の場合，保険の適用外となる。被害を与えた1次的な地震被害が敷地外にあり，敷地内の装置には損傷がない場合は評価が難しくなる。

半導体産業にとって，敷地内の財物は，数十兆円から数十億円の規模であり，保険料は毎年数億円以上になる。よって，外部に転嫁する保険の対象を限定し，リスクの外部転嫁と内部保有を加味して自社および事業の地震リスクを判断することになる。地震による数秒の停電・瞬低であっても数百億円規模の被害が発生する可能性があるため，半導体工場の地震保険は保険料も補償も高額となり複数社の保険会社が関わる。各保険会社が支払限度額の階層を担い，例えばA社は50億円まで，B社は50億円から100億円，C社は100億円から300億円まで，D社は300億円を超える被害額の階層を支払うなどの外部にリスクを転嫁する仕組みとなっている。どのような損失を保険の対象としてリスクを外部に転嫁するか，あるいは内部に保有するか，この設計を行うことが地震保険の第一歩となる。

産業にとって重要な事象とProtection levelを特定し，社会や顧客の損害を最小限とするための専門的な職能が，レジリエンスの観点から必要である。この職能においては，産業ごとの製造工程における潜在リスクの把握や，取り扱う薬品に対する地震後火災や爆発等の被害レベルの知見，過去の災害事例などに対する深い理解が必要とされる。保険会社が行う保険設計においては，Protection Levelを適切に評価するためにリスクエンジニアという職能が確立されている。リスクエンジニアが現地調査を行うことで，顧客は自社のリスクへの対策レベルや外部の知見を得ることができ，保険会社は適正な保険を提供しリスクを外部に転嫁できる。

通常の建築構造設計では，建屋および付帯施設・付帯設備での安全性確保を中心に考える。ただし，半導体のような産業では，装置や仕掛品の経済的価値が建屋に比べて大きいため，これらへの被害対策を十分に考慮する必要がある。地震による損傷がなくても，振動による停止，仕掛品の破損，クリーンルーム内で発生した埃によるウェハ汚損など，被害額は甚大なものとなる。半導体の製造工程は，投入から完成までに約3か月の期間を要し，仕掛品の破棄は産業全般に甚大な支障をきたす。地震保険は損害を補償するものであるが，地震に対するProtection levelの向上が不可欠であり建築構造側からの対応が望まれている。この種の損傷度で評価できない地震被害は被災後の復旧における大きな課題である。

13.3　半導体製造工場における地震被害報告

2016年の熊本地震による被害事例として，震源地付近の半導体製造工場での被害が文献[13.5]に報告されている。これら報告内容の概要を以下に紹介する。

A)　ルネサスセミコンダクタマニュファクチュアリング 川尻工場

ルネサスセミコンダクタマニュファクチュアリング 川尻工場（以下,「ルネサス川尻工場」）は熊本市南区八幡に立地しており，熊本地震の前震の震央から約11km，本震の震央からは約13km離れ，震度6弱の揺れが観測された[13.5]。この地震による人的被害は報告されておらず，建屋，クリーンルームにも大規模な損傷は確認されなかった。一方，免震台上の精度の高い製造装置の設定にくるいが生じ，装置配管の破損も確認された。半導体の製造材料では，石英ガラス治具に大きな被害が生じ，製造途中ウェハは35%が被害を負った。

4月16日の本震被災後，18日から復旧作業に取りかかり，ウェハ測定工程の生産が22日より再開，後工程委託先も5月10日までに復旧し，5月22日には震災前の生産能力（生産着工ベース）へと復旧されている。これら地震被害からの復旧過程を表13.1(a)にまとめる。ルネサスエレクトロニクスの有価証券報告書[13.14]では，地震による損失額として，固定資産の修繕費4355百万，操業休止の固定費2114百万円，棚卸資産廃棄損1835百万円，その他611百万円，計8915百万円（未収受取保険金10億円を含む。）が計上されている。また，同社の2016年12月期 第1四半期業績予想[13.15]においては，生産ラインの稼動停止による影響として140億円の減収，売上（生産）減による利益減として80億円の減益が報告されている。これらの被害額を表13.1(b)にまとめて示す。構造躯体に被害がなく，比較的早く復旧が行われたにもかかわらず，物的損失と同等程度の機会損失が生じたことが分かる。

表13.1　ルネサス川尻工場における地震被害と復旧過程

(a) 復旧過程

日付	復旧過程
4/14~16	前震・本震
4/18	復旧作業開始
4/22	前工程復旧
5/10	（委託先）後工程復旧
5/22	生産能力復旧

(b) 被害額

項目	損失額
物的損失	（計8,915百万円）
固定資産修繕費	4,355百万
操業休止固定費	2,114百万円
棚卸資産廃棄損	1,835百万円
その他	611百万円
（未収受取保険金）	（10億円）
機会損失	
売上減収（全社）	140億円
営業減益（全社）	80億円

B)　ソニーセミコンダクタマニュファクチャリング 熊本テクノロジーセンター

ソニーセミコンダクタマニュファクチャリング 熊本テクノロジーセンター（以下,「ソニー熊本TEC」）は熊本地震の前震の震央から約17km 離れ，前震では震度5強の揺れを，本震の震央からは約12km 離れ，本震では震度6強（推定）の揺れが発生した[13.5]。前震・本震とも全員が無事避難できており，ソニー熊本 TEC においても従業員の人的被害はなかった。本震の際には，加速度708cm/s^{2}の振動（推定）が発生し，建屋については，建屋を支えるH形鋼の変形，H形鋼の土台の粉砕，ブレースの座屈変形，配管の破損，ねじ切れたボルト，パネルの剥落，天井の落下，事務棟と工場棟の連結部の損壊などの被害が生じた。低層階のクリーンルームでは，拡散炉の破損，石英ガラス治具の損壊，自動搬送装置のレール落下，天井や壁，排気ダクト，配電設備の剝がれ・落下，ウェハの散乱が生じ，また，露光装置の免震架台にも破損が生じた。高層階のクリーンルームでは，地震の揺れがより激しかったと考えられ，クリーンルーム自体が損壊し，製造装置，空調設備，配管・配電などに多大な被害を受けた。この地震ではクリーンルーム内の製造装置の2割が被害を負ったことが報告されている。

4月16日の本震後，22日から復旧作業が開始された。高層階の後工程の一部は5月9日より，組立工程などは17日より段階的に稼働再開された。低層階のウェハ処理工程は21日から順次稼働を開始し，7月末までに全工程の生産再開，9月末には震災前の水準（出荷ベース）への回復が報告されている。これら地震被害からの復旧過程を表13.2(a)にまとめる。生産再開までに3か月半の長期間を要したが，適切に対応していれば1か月程度の復旧期間短縮は可能であったと述べられている。ソニーの有価証券報告書[13.16]では，物的損失（修繕費および棚卸資産の廃棄損などを含む追加の損失および費用）として16682百万円，稼働停止期間中の製造事業所の固定費等を含む費用9365百万円が計上され，物的損失については，保険未収入金で10682百万円が相殺されるとしている。同社の2016年度連結業績概要[13.17]では地震影響（営業利益への影響額）として，上記の物的損失167億円に加え，復旧費用・その他18億円，機会損失203億円の計388億円が半導体分野で計上され，全社連結では機会損失が343億円に増え，計528億円が連結営業利益への影響額として計上され，物的損失以上の機会損失が発生している。これらの被害額を表13.2(b)に示す。

表 13.2　ソニー熊本 TEC における地震被害と復旧過程

(a) 復旧過程

日付	復旧過程
4/14~16	前震・本震
4/22	復旧作業開始
5/9	クリーンルーム(高層階)稼働再開
5/21	クリーンルーム(低層階)稼働再開
7月末	全工程生産再開
9月末	震災前水準回復(出荷ベース)

(b) 被害額

項目	損失額
物的損失	16,682百万円
（保険収入）	(10,682百万円)
復旧費用・その他	18億円
機会損失	
営業減益（半導体分野）	203億円
営業減益（全社連結）	343億円

C) 三菱電機パワーデバイス製作所熊本事業所

三菱電機パワーデバイス製作所熊本事業所（以下，「三菱電機熊本事業所」）は，前震の震央から約18km 離れ，前震では震度5弱の揺れを，本震の震央からは約11km 離れ，本震では震度6弱の揺れが観測された[13.5]。この地震による人的被害は報告されておらず，建屋自体にも大きな損傷はなかった。ただし，空中渡り廊下の段ずれ，天井の落下，水漏れが生じ，クリーンルームでも，パーティションの位置ずれ，脱離による倒壊，天井の落下により壁が崩れた所があった。製造装置は特殊な金具を用いて固定していたが，金具が破損し，位置ずれや転倒，天井の落下による破損が生じた。

4月14日の地震発生後直ちに全社災害対策室を設置し，17日の夕方からインフラ関係の修理に取りかかり，18日に復旧作業を開始した。クリーンルームは27日に復旧し，5月9日にウェハテスト工程から生産を再開した。その後，生産工程の後工程から前工程へと順に立ち上げ，5月31日に地震発生前の生産能力に復帰した。三菱電機の有価証券報告書[13.18]では，物的損失として地震による被害の原状回復等に係る固定資産の補修・撤去費，棚卸資産の廃却・検査費，操業度低下期間中の固定費など8326百万円が計上されている。また，電子デバイス事業として前年度から売上は1865億円の減収，営業利益は84億円の減益が報告されているが，当時の円高の影響なども含まれており，地震被害による機会損失分がどの程度であったかは記載されていない。地震被害からの復旧過程と被害額を，表13.3にまとめて示す。

表13.3　三菱電機熊本事業所における地震被害と復旧過程

(a) 復旧過程

日付	復旧過程
4/14~16	前震・本震
4/27	クリーンルーム復旧
5/9	生産再開
5/31	生産能力復旧

(b) 被害額（当時の円高の影響なども含む）

項目	損失額
物的損失	83億円
売上減収（電子デバイス事業）	1865億円
営業減益（電子デバイス事業）	84億円

13.4　地震リスク評価の手法

13.4.1 半導体製造装置のフラジリティ

半導体製造工場に関わる財物･利益保険のうち再調達価格の高い5種類の製造装置を対象とし，文献[13.6]に示された半導体製造装置の地震時被害モデルを用い，被害要因ごとの被害モード，加速度に換算した耐力中央値（被害形態の発生確率が0.5となる加速度），被害率，機能停止日数を表13.4のように設定する。ここで，被害率は再調達価格に対する被害の割合と定義する。

表13.4　半導体製造装置のフラジリティ

装置名(重量)	被害要因	被害モード	耐力中央値 (cm/s^2) 床上	耐力中央値 (cm/s^2) グレーチング上	被害率	停止日数(日)
露光装置(15kN)	本体損傷	軽微	790	-	20%	14
		大破	1590	-	100%	180
	光軸のずれ	あり	200	-	5%	7
	ウェハ台のずれ	あり	200	-	5%	7
	レンズ損傷	あり	330	-	10%	7
	搬送系ロボット・アーム類損傷	あり	520	-	15%	14
	ウェハ台・レチクル台損傷	あり	520	-	10%	7
イオン注入装置(100kN)	本体損傷	軽微	780	1000	20%	14
		大破	1560	2000	100%	180
	ビーム・スキャニング機構損傷	軽微	390	300	10%	7
		大破	520	400	20%	14
	高電圧タンク損傷	軽微	390	300	10%	7
		大破	520	400	20%	14
	グレーチング損傷	大破	-	900	20%	14
CVD・DRY装置(10kN)	本体損傷	軽微	820	950	20%	14
		大破	1650	1890	100%	180
	石英管損傷	あり	100	80	10%	7
	セラミックパーツ損傷	あり	100	80	10%	7
	搬送系ロボット・アーム類損傷	あり	520	400	10%	7
	制御系エラー	あり	520	400	10%	7
	シャワーヘッド・ヒーターなど損傷	あり	780	600	10%	7
	グレーチング損傷	大破	-	900	20%	14
エッチング装置(15kN)	本体損傷	軽微	850	1000	20%	14
		大破	1650	2010	100%	180
	グレーチング損傷	大破	-	900	20%	14
CMP装置(20kN)	本体損傷	軽微	820	930	20%	14
		大破	1640	1860	100%	180
	軸のずれ	あり	520	400	5%	7
	搬送エラー	あり	650	500	10%	7
	装置内配管・ドレインパン損傷	あり	650	500	10%	7
	グレーチング損傷	大破	-	900	20%	14

13.4.2 地震リスク

損失（被害）の発生確率と損失の積，すなわち損失期待値

$$L = \sum_i P_i C_i \tag{13.1}$$

を評価し，リスクとして扱う[13.19]。ここでLは損失期待値（被害率期待値），P_iは被害形態iの発生確率，C_iはそれに伴う損失（被害形態iの被害率）とする。表 13.4 に基づき，文献[13.20]に示された方法で式(13.1)の地震被害におけるリスク（地震リスク）の評価を行う。

地表面最大加速度，最大速度，応答加速度，計測震度などの地震動指標に対する損傷度の条件付確率（損傷確率）を定める関数をフラジリティ曲線という。イベントツリーにおける各被害要因の発生確率に対し，フラジリティ曲線による評価を行う。本章では，被害要因jの被害モードkの発生確率$P_{j,k}(\alpha)$を，応答加速度を指標にした対数正規分布を用いて

$$P_{j,k}(\alpha) = F_{j,k}(\alpha) - F_{j,k+1}(\alpha) \quad (1 \le k \le l_j), \tag{13.2}$$

$$F_{j,k}(\alpha) = \begin{cases} 1 & (k=1) \\ \displaystyle\int_0^{\alpha} \frac{1}{\sqrt{2\pi}\zeta z} \exp\left[-\frac{1}{2}\left(\frac{\ln z - \ln \mu_{j,k}}{\zeta}\right)\right] dz & (2 \le k \le l_j) \\ 0 & (k = l_j + 1) \end{cases} \tag{13.3}$$

と与える。ここで，αは製造装置が設置されているフロアの床応答最大加速度，$\mu_{j,k}$は被害要因jの被害モードkに対応する床応答最大加速度に換算した耐力中央値，ζは複合偏差，l_jは被害要因jにおける無損傷を含む被害モード数とする。以降，$\mu_{j,k}$は表 13.4 に示す値を用い，$\zeta = 0.67$として評価する[13.6]。被害形態iに対応する被害要因jと被害モードkの番号の組の集合をI_iと表し，発生確率の積$\Pi_{(j,k)\in I_i} P_{j,k}(\alpha)$を被害形態$i$の発生確率とする。例えば，$\alpha = 800\text{cm/s}^2$の応答加速度が生じた場合，露光装置の「本体損傷」（被害要因）における「無損傷」，「軽微」，「大破」（被害モード）の発生確率は図 13.3 に示すように評価される。露光装置のイベントツリーは表 13.5 に示す通りであり，各被害形態の発生確率を表 13.5 に被害発生確率として示す。また，被害形態iの被害率は，各被害要因での被害形態iに対応する被害率の総和とする。

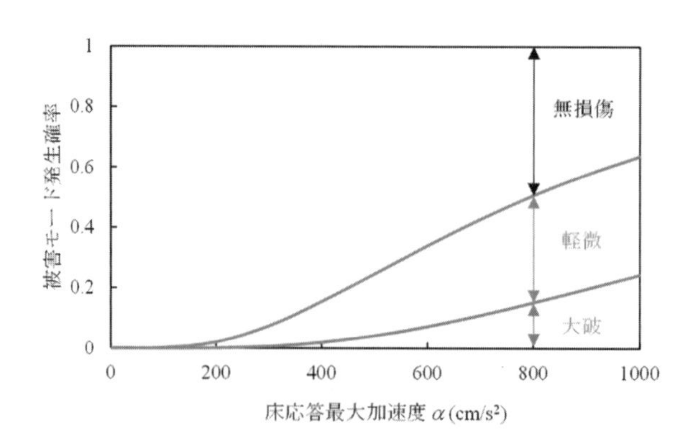

図 13.3 露光装置（本体損傷）のフラジリティ曲線

イベントツリーとフラジリティ曲線に基づき，被害形態の発生確率と被害率の積により各被害形態の被害率期待値，これらの総和として各装置の被害率期待値を求め，被害率曲線とする。

表 13.5　物理的な損失に対するイベントツリー（露光装置の場合）

(被害要因)	本体損傷	光軸ずれ	ウェハ台ずれ	レンズ損傷	搬送系ロボット・アーム類損傷	ウェハ台・レチクル台損傷	被害率	被害形態	算定例 (α=800cm/s^2) 被害発生確率	被害率期待値	機能停止確率	停止日数期待値
	なし 0%	なし 0%	なし 0%	なし 0%	なし 0%	なし 0%	0%	(1)	0.0000	0.000	0.0000	0.0
						あり 10%	10%	(2)	0.0000	0.000	0.0000	0.0
					あり 15%	なし 0%	15%	(3)	0.0000	0.000	0.0000	0.0
						あり 10%	25%	(4)	0.0000	0.000	0.0001	0.0
				あり 10%	なし 0%	なし 0%	10%	(5)	0.0000	0.000	0.0001	0.0
						あり 10%	20%	(6)	0.0000	0.000	0.0003	0.0
					あり 15%	なし 0%	25%	(7)	0.0000	0.000	0.0003	0.0
						あり 10%	35%	(8)	0.0001	0.000	0.0006	0.0
			あり 5%	なし 0%	なし 0%	なし 0%	5%	(9)	0.0001	0.000	0.0004	0.0
						あり 10%	15%	(10)	0.0002	0.000	0.0008	0.0
					あり 15%	なし 0%	20%	(11)	0.0002	0.000	0.0008	0.0
						あり 10%	30%	(12)	0.0005	0.000	0.0018	0.0
				あり 10%	なし 0%	なし 0%	15%	(13)	0.0006	0.000	0.0020	0.0
						あり 10%	25%	(14)	0.0016	0.000	0.0045	0.0
					あり 15%	なし 0%	30%	(15)	0.0016	0.000	0.0045	0.1
						あり 10%	40%	(16)	0.0046	0.002	0.0102	0.1
		あり 5%	なし 0%	なし 0%	なし 0%	なし 0%	5%	(17)	0.0001	0.000	0.0004	0.0
						あり 10%	15%	(18)	0.0002	0.000	0.0008	0.0
					あり 15%	なし 0%	20%	(19)	0.0002	0.000	0.0008	0.0
						あり 10%	30%	(20)	0.0005	0.000	0.0018	0.0
				あり 10%	なし 0%	なし 0%	15%	(21)	0.0006	0.000	0.0020	0.0
						あり 10%	25%	(22)	0.0016	0.000	0.0045	0.0
					あり 15%	なし 0%	30%	(23)	0.0016	0.000	0.0045	0.1
						あり 10%	40%	(24)	0.0046	0.002	0.0102	0.1
			あり 5%	なし 0%	なし 0%	なし 0%	10%	(25)	0.0030	0.000	0.0064	0.0
						あり 10%	20%	(26)	0.0085	0.002	0.0143	0.1
					あり 15%	なし 0%	25%	(27)	0.0085	0.002	0.0143	0.2
						あり 10%	35%	(28)	0.0242	0.008	0.0321	0.4
				あり 10%	なし 0%	なし 0%	20%	(29)	0.0291	0.006	0.0357	0.2
						あり 10%	30%	(30)	0.0827	0.025	0.0801	0.6
					あり 15%	なし 0%	35%	(31)	0.0827	0.029	0.0801	1.1
						あり 10%	45%	(32)	0.2352	0.106	0.1798	2.5
	軽微 20%	なし 0%	なし 0%	なし 0%	なし 0%	なし 0%	20%	(33)	0.0000	0.000	0.0000	0.0
						あり 10%	30%	(34)	0.0000	0.000	0.0000	0.0
					あり 15%	なし 0%	35%	(35)	0.0000	0.000	0.0000	0.0
						あり 10%	45%	(36)	0.0000	0.000	0.0001	0.0
				あり 10%	なし 0%	なし 0%	30%	(37)	0.0000	0.000	0.0001	0.0
						あり 10%	40%	(38)	0.0000	0.000	0.0002	0.0
					あり 15%	なし 0%	45%	(39)	0.0000	0.000	0.0002	0.0
						あり 10%	55%	(40)	0.0001	0.000	0.0003	0.0
			あり 5%	なし 0%	なし 0%	なし 0%	25%	(41)	0.0000	0.000	0.0002	0.0
						あり 10%	35%	(42)	0.0001	0.000	0.0005	0.0
					あり 15%	なし 0%	40%	(43)	0.0001	0.000	0.0005	0.0
						あり 10%	50%	(44)	0.0003	0.000	0.0011	0.0
				あり 10%	なし 0%	なし 0%	35%	(45)	0.0004	0.000	0.0012	0.0
						あり 10%	45%	(46)	0.0012	0.001	0.0027	0.0
					あり 15%	なし 0%	50%	(47)	0.0012	0.001	0.0027	0.0
						あり 10%	60%	(48)	0.0033	0.002	0.0060	0.1
		あり 5%	なし 0%	なし 0%	なし 0%	なし 0%	25%	(49)	0.0000	0.000	0.0002	0.0
						あり 10%	35%	(50)	0.0001	0.000	0.0005	0.0
					あり 15%	なし 0%	40%	(51)	0.0001	0.000	0.0005	0.0
						あり 10%	50%	(52)	0.0003	0.000	0.0011	0.0
				あり 10%	なし 0%	なし 0%	35%	(53)	0.0004	0.000	0.0012	0.0
						あり 10%	45%	(54)	0.0012	0.001	0.0027	0.0
					あり 15%	なし 0%	50%	(55)	0.0012	0.001	0.0027	0.0
						あり 10%	60%	(56)	0.0033	0.002	0.0060	0.1
			あり 5%	なし 0%	なし 0%	なし 0%	30%	(57)	0.0022	0.001	0.0038	0.1
						あり 10%	40%	(58)	0.0061	0.002	0.0085	0.1
					あり 15%	なし 0%	45%	(59)	0.0061	0.003	0.0085	0.1
						あり 10%	55%	(60)	0.0174	0.010	0.0191	0.3
				あり 10%	なし 0%	なし 0%	40%	(61)	0.0209	0.008	0.0212	0.3
						あり 10%	50%	(62)	0.0596	0.030	0.0476	0.7
					あり 15%	なし 0%	55%	(63)	0.0596	0.033	0.0476	0.7
						あり 10%	65%	(64)	0.1694	0.110	0.1068	1.5
	大破 100%						100%	(65)	0.1526	0.153	0.2122	38.2
								計	1.0000	0.540	1.0000	48.2

被害率曲線はαの関数として

$$\sum_{j \in J_i} P_j(\alpha) d_j \tag{13.4}$$

と表される。ここで，d_jはイベントツリーにより定められる被害形態jの被害率，J_iは装置iに関係する被害形態の添え字集合とする。ただし，文献[13.6]に従い，大破となる装置は最大でも全体の半数として式(13.4)に$1/2$を乗じた

$$D_i(\alpha) = \frac{1}{2} \sum_{j \in J_i} P_j(\alpha) d_j \tag{13.5}$$

を装置iの被害率曲線$D_i(\alpha)$として用いる。例えば，$\alpha = 800\text{cm/s}^2$の応答加速度が生じた場合，露光装置の各被害形態の被害率期待値は表 13.5 に示すように評価され，これらの総和 0.540 に 1/2 を乗じた 0.270 を露光装置の被害率期待値とする。

各装置の被害率と再調達価格との積の総和によりフロア全体の損失期待値

$$L(\alpha) = \sum_i D_i(\alpha) C_i \tag{13.6}$$

あるいはフロア全体の再調達価格に対する被害率曲線（被害率期待値）

$$D(\alpha) = \frac{\sum_i D_i(\alpha) C_i}{\sum_i C_i} \tag{13.7}$$

が求められる。ここで，C_iは装置iの再調達価格とする。ここでは，各製造装置の再調達価格，価値構成比を表 13.6 のように設定する。フロア当たりでは，露光装置が再調達価格全体の約半分，次いでイオン注入装置が全体の約 1/4 を占める。半導体製造装置の地震リスクとして被害率曲線および損失期待値は，図 13.4 に示すように描かれる。

表 13.6　半導体製造装置の再調達価格と価格構成比

	露光装置	イオン注入装置	CVD・DRY装置	エッチング装置	CMP装置
装置単価(百万円/台)	500	250	25	15	30
装置台数(台/フロア)	10	10	50	10	10
再調達価格(百万円/フロア)	5,000	2,500	1,250	150	300
価値構成比	54%	27%	14%	2%	3%

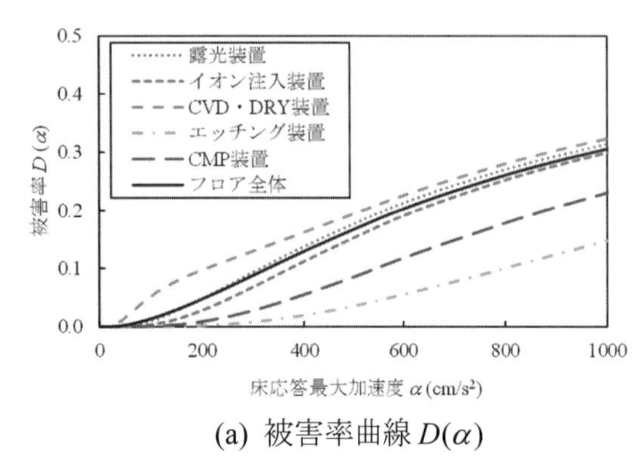

(a) 被害率曲線 $D(\alpha)$

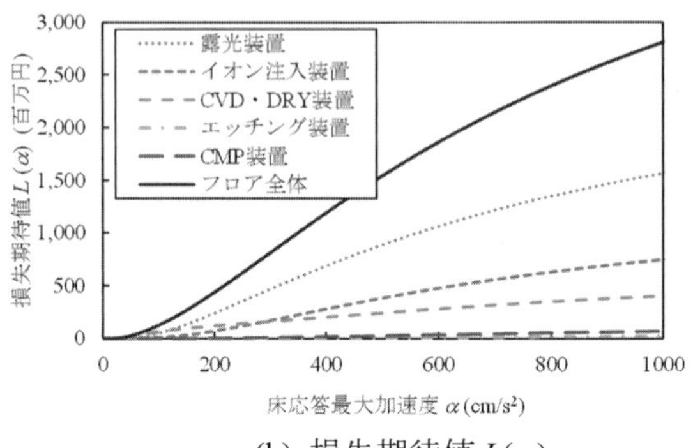

(b) 損失期待値 $L(\alpha)$

図 13.4　半導体製造装置の地震リスク

13.4.3 レジリエンスと R 指標

半導体製造装置の各被害要因・被害形態に応対する機能停止日数を表13.4に示すように設定し[13.6]，前節同様の手法により各被害形態に対応する機能停止確率および機能停止日数の期待値を求める。ただし，復旧作業は同時に行うと仮定し，被害率のように総和をとるのではなく，各被害要因での機能停止日数の最大値をその装置の機能停止日数とする。同様に各装置の機能停止日数の最大値をフロア全体の機能停止日数とする。なお，被害形態の相関性を考慮して式(13.3)の複合偏差を $\zeta = 0.86$ と与る[13.6]。例として，$\alpha = 800\mathrm{cm/s^2}$ の応答加速度が生じた場合，露光装置の各被害形態に関する機能停止日数期待値は表13.5に示すように評価され，これらの総和である48.2が露光装置の被害率期待値となる。このようにして描いた各装置およびフロア全体の復旧曲線（地震発生後からの機能停止日数期待値 $T(\alpha)$ ）を図13.5に示す。復旧曲線の算出法の詳細については，例えば文献[13.21]を参照されたい。

装置の復旧後，直ちに被災前の状態まで生産能力が回復するわけではなく，徐々に回復していくことが一般的である。生産能力が被災前の状態にまで回復するために要する日数を復旧日数および，13.2節に示した被害事例報告を参照してフロア全体の機能停止日数の5倍を復旧日数と設定する。図13.5におけるフロア全体の機能停止日数を $T(\alpha)$ （すなわち，復旧日数は $5T(\alpha)$ ）と表し，被災前の生産能力を Q_0，地震発生後の経過日数 t が $T(\alpha)$ までの生産能力を $Q_\mathrm{d}(\alpha)\ (\le Q_0)$，$T(\alpha)$ から $5T(\alpha)$ の期間では線形に回復すると仮定し，フロア全体の生産能力を

$$Q(t;\alpha) = \begin{cases} Q_\mathrm{d}(\alpha) & (0 \le t \le T(\alpha)) \\ \dfrac{t - T(\alpha)}{4T(\alpha)}\left(Q_0 - Q_\mathrm{d}(\alpha)\right) + Q_\mathrm{d}(\alpha) & (T(\alpha) \le t \le 5T(\alpha)) \end{cases} \tag{13.8}$$

とモデル化し，復旧曲線とよぶ。α が与えられれば，$Q(t;\alpha)$ は図 13.6 に示すように描かれる。図 13.6 における灰色領域の面積

$$R(\alpha) = 3\left(Q_0 - Q_\mathrm{d}(\alpha)\right)T(\alpha) \tag{13.9}$$

を指標として扱う。1.2 節で述べられたように指標 R はその値が小さいほどレジリエンスが高くなる。被災による生産能力の低減を被害率 $D(\alpha)$ にとり，$Q_0 = 1$，$Q_d(\alpha) = 1 - D(\alpha)$ と設定すれば，$R(\alpha) = 3D(\alpha)T(\alpha)$ と表される。また，生産能力の低減に損失期待値 $L(\alpha)$ を用いて，$R(\alpha) = 3L(\alpha)T(\alpha)$ とすれば，再調達価格に基づく金額ベースの表示となる。

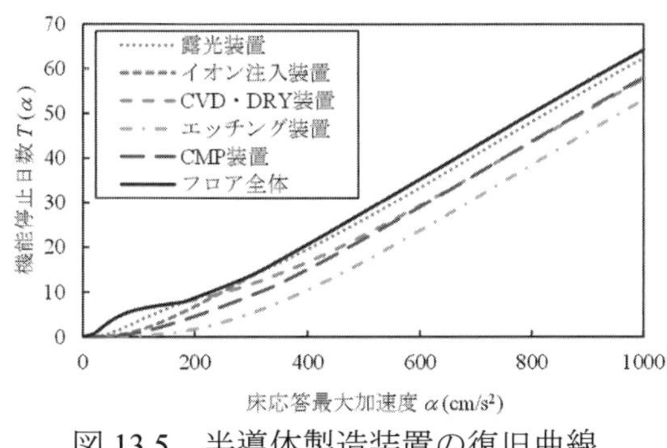

図 13.5　半導体製造装置の復旧曲線
（機能停止日数）

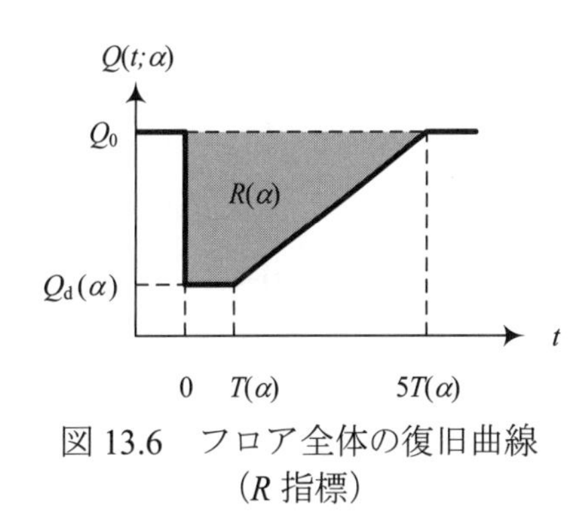

図 13.6　フロア全体の復旧曲線
（R 指標）

13.5 地震リスク解析に基づくレジリエンス評価例

13.5.1 建物モデルと設計用地震動

半導体製造工場の平均的な階高，層重量[13.6]を参照して地上6階建ての鉄骨造建屋を設定する。半導体を製造するクリーンルームを3階と6階に配置し，それらの直下階である2階と5階に設備室を配置する。以降の動的解析では6層せん断質点系モデルを用い，Ai分布に従う設計用地震力（標準せん断力係数$C_0 = 0.2$）に対し層間変形角が$1/250$以下となるように層剛性分布を設定する。1次固有周期は1.58秒である。層の復元力特性をバイリニア型に与え，層間変形角1/150で降伏層せん断力に達し，対応する2次剛性を初期剛性の0.1倍と与える。これらの諸元を表13.7に示す。また，減衰定数2%の剛性比例型として減衰係数を与える。このモデルを「耐震モデル」とよぶ。免震化がレジリエンス評価へ与える影響を検討するため，等価剛性による免震周期T_f[13.12]が4.0秒となるように高減衰積層ゴム（せん断弾性率0.392 N/mm^2, 等価減衰定数0.24）を配置し，「免震モデル」とよぶ。簡単のために免震モデルの上部構造は耐震モデルと同じとする。

表 13.7　耐震モデルの諸元

階	用途	階高 (mm)	重量 (kN)	初期剛性 (kN/mm)	降伏せん断力 (kN)
RF			200,000		
6F	製造	8,100	270,000	22,000	118,800
5F	設備	7,100	240,000	43,000	203,533
4F	倉庫	6,100	200,000	65,000	264,333
3F	製造	8,100	270,000	56,000	302,400
2F	設備	7,100	240,000	71,000	336,067
1F	事務	6,100	(350000)	87,000	353,800

建築省告示第1461号に規定されている解放工学的基盤における加速度応答スペクトルに適合し，1968年十勝沖地震 八戸港湾 (Hachinohe EW)，1978年宮城県沖地震 東北大学 (Tohoku NS)，1995年兵庫県南部地震 神戸海洋気象台 (Kobe NS)を位相特性に与えた地震動3波[13.22]を設計用地震動に用いる。各地震動を BL2-1, BL2-2, BL2-3とそれぞれ参照し，これらの地震動をまとめて告示波とよぶ。弾塑性地震応答解析ソフトウエア[13.24]を用いて，PGV50cm/s に基準化した告示波に対する耐震モデルおよび免震モデルの時刻歴応答を行う。得られた最大応答加速度，最大応答層間変形角の分布を図13.7に示す。耐震モデルでは1層の最大応答層間変形角が1/89となり1/100を超えているが，概ね1/100程度に収まる。免震モデルでは耐震モデルに比べ最大応答加速度が各階で60%～80%低減されている。また，免震モデルの免震層最大応答変位は BL2-1, BL2-2, BL2-3でそれぞれ25.3cm, 30.2cm, 34.3cm となり，現実的な範囲に収まっている。

図13.7(a)に示された各地震動での3階，6階（半導体製造装置設置階）の最大応答加速度の差異は小さいが，その中でも比較的大きな加速度が生じた BL2-3を以降では検討対象とする。また，実際には免震台などの部分的な免震化が採用されることが多いが，ここでは考慮しない。

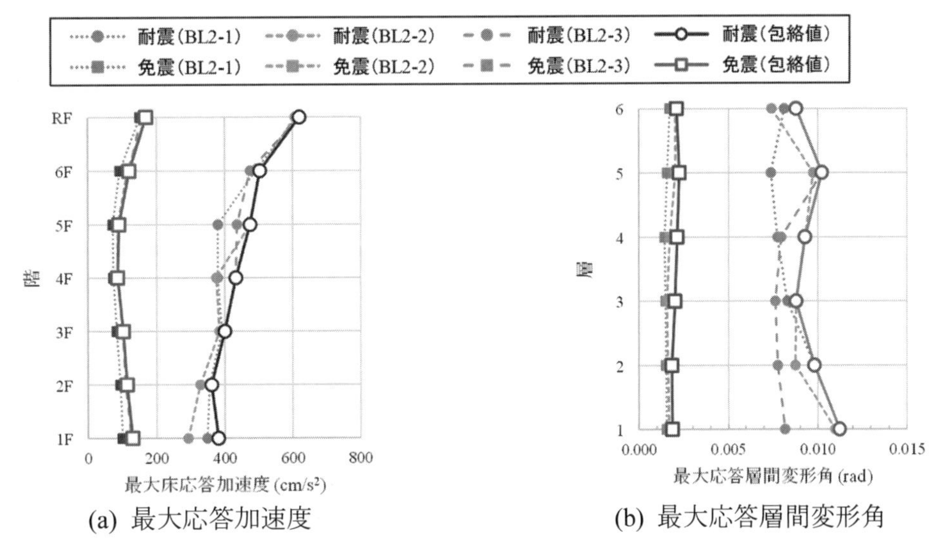

(a) 最大応答加速度　　(b) 最大応答層間変形角

図 13.7　告示波 (PGV 50cm/s) に対する時刻歴応答最大値（3 波包絡値）

13.5.2 レジリエンス評価

地震動 BL2-3を PGV:10cm/s, 20cm/s, …, 60cm/s に基準化して時刻歴応答解析を行った場合の各モデルの応答加速度を図13.8(a)に示す。応答加速度が定まれば，13.4.2項で述べた方法を用いて被害率 $D(\alpha)$ および損失期待値 $L(\alpha)$ を算出することができる。ここでは，前述のように表13.4に示す5種類の半導体製造装置の被害を考え，算出された被害率を図13.8 (b)に示す。ここで，図13.8(b)の被害率は2フロア分に対する比率を示しており，図13.4(a)の被害率曲線を縦軸方向に1/2倍したものに相当する。PGV:50cm/s での被害率は，耐震モデル0.144に対し，免震モデルでは0.017と88%低減されている。金額に換算した損失期待値でみれば，免震化による被害額低減は約23億円と算出される。損失期待値は物的損失を対象としたものであり，実際には13.3節の被害報告で述べたようにさらに大きな機会損失が生じる恐れもあり，最終的な被害額ではさらに差が大きくなると予想される。

同様にして13.4.3項の方法で算出した半導体製造装置の機能停止日数および復旧曲線を図13.8(b),(c)にそれぞれ示す。被害率と比較すると，耐震モデルと免震モデルでの復旧曲線の差異は小さくなる。これは被害が小さくとも復旧にはある程度の期間を要することを表している。しかしながら，PGV:50cm/s での復旧日数は，耐震モデル130日に対し，免震モデルでは34日と74%低減されている。前述のように物的損失は保険金である程度相殺することが可能であるが，機会損失は賄えないので復旧日数の低減は最終的な被害額に大きな影響を与える。

被害率曲線（あるいは損失期待値）と復旧曲線を用いて式(13.9)の R 指標値を算出する。被災による生産能力の低減に被害率および損失期待値を用いたものを図13.8(e),(f)にそれぞれ示す。特に図13.8(f)の R 指標値は，再調達価格に基づく金額ベースの表示となる。どちらの指標でも免震化による低減率は同じとなり，PGV:50cm/s の場合は97%と非常に大きな値を示し，また，他のPGV でも95%以上の低減率を示している。以上のケーススタディでは，免震化によるレジリエンス性能の向上は大きなものとなることを示唆している。

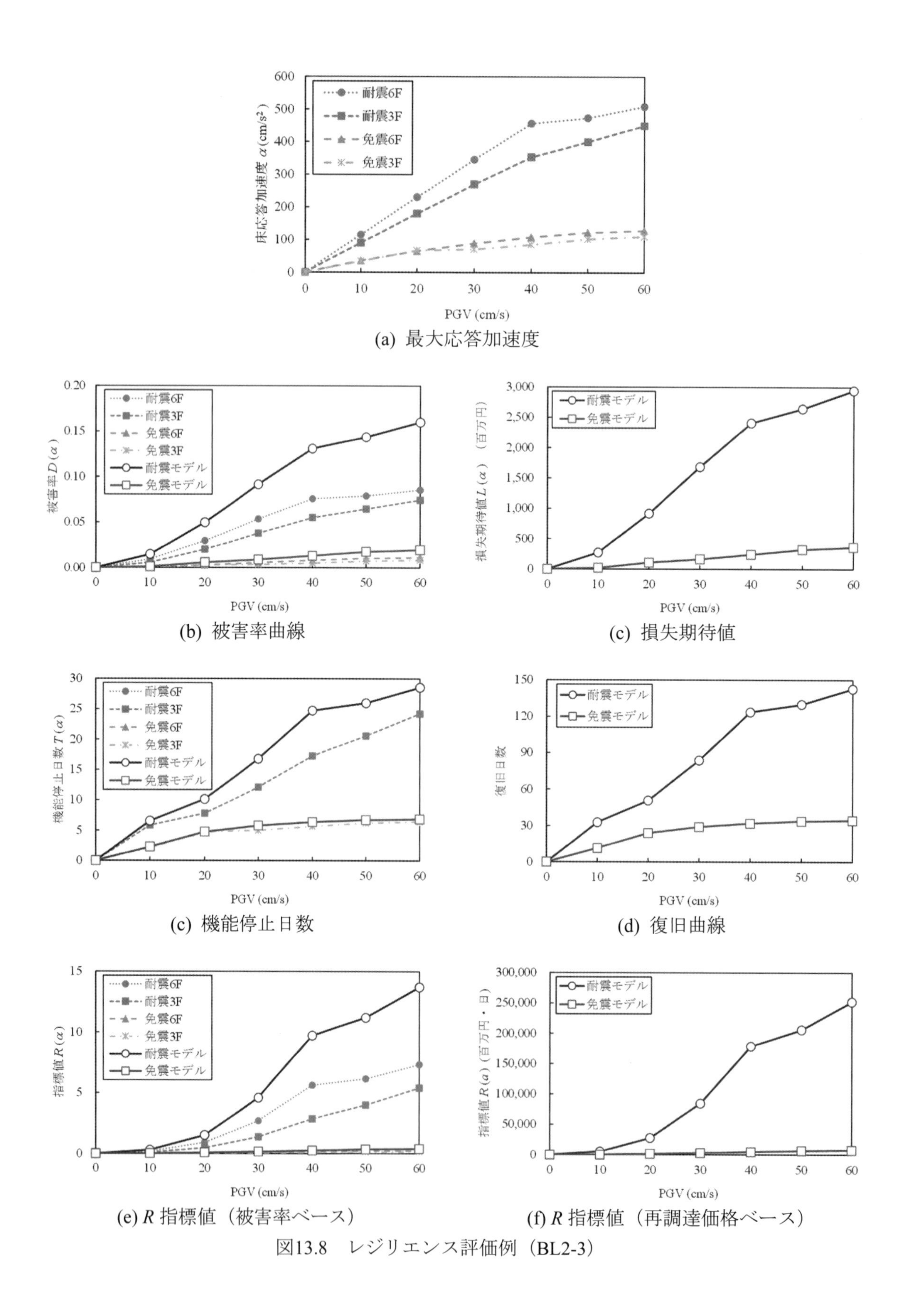

図13.8　レジリエンス評価例（BL2-3）

本章でのレジリエンス評価は，地震動強度（PGV）が与えられたもとでの条件付き確率（または期待値）と位置づけられ，第5章で解説されたフラジリティ評価から得られる各性能限界状態の地震動強度ごとの破壊確率（耐震フラジリティ評価）に相当するものである。想定地点での地震ハザード解析と合わせた耐震レジリエンス評価については第5章を参照されたい。

13.6 まとめ

本章では，地震保険で扱う対象やリスク評価を紹介し，半導体製造工場における地震リスク評価に基づく耐震レジリエンス評価例を解説した。金融保険業界では地震リスク評価のための基礎的データが収集されており，このようなデータを用いて生産設備のフラジリティ曲線，被害率曲線から地震被害率を算出し，地震被害率と復旧曲線の関係からレジリエンス評価を行った。さらに，建屋の免震化によるレジリエンス性能の改善について定量的な検討を行った。

供用期間中の地震保険に要する費用と得られる補償が，建物の補強に要するものと同等であった場合，補強を選択すべきである。補強は脆弱性を低減し，地震被害を抑え人命を救うことにつながるが，地震保険は事後の補償であり，直接的には人命の喪失には貢献しないからである。また，建屋や装置が無損傷でも生じる地震被害についても，業種によっては大きな被害となる恐れがある。地震に対するProtection levelの向上が不可欠であり，建築構造側が積極的な役割を果たすことが望まれている。

参考文献

[13.1] 平山誠：阪神・淡路大震災における三菱半導体開発部門の被害と対策，研究・イノベーション学会年次大会講演要旨集，第11巻, pp. 228-233, 1996

[13.2] 木村雅秀：Documentary ルネサス，震災からの復旧（第1回）これはもう直せない…，日経エレクトロニクス，第1081号, pp. 86-89, 2012

[13.3] 藤田聡，皆川佳祐：東日本大震災における半導体製造工場の被害と復旧，Dynamics & Design Conference，日本機械学会, pp. 655-1-655-9, 2012

[13.4] 林出吉生：災害に強い半導体工場への取り組み，応用物理，第82巻，第3号, pp. 243-246, 2013

[13.5] 伊藤維年：熊本地震に伴う大手半導体メーカーの被害状況と復旧過程，松山大学論集，第29巻，第4号, pp. 65-69, 2017

[13.6] Kawakubo, I, and Horie, K: Development of damage function for seismic risk assessment for semi-conductor manufacturing plant, *Proc. of the 15th World Conference on Earthquake Engineering* (15WCEE), Vol. 28, pp. 22698-22707, Lisbon, 2012

[13.7] SEMI North America: THE SEMI Business Continuity Guideline for the Semiconductor Industry and its Supply Chain, 2003

[13.8] 中村和仁：半導体関連産業における事業継続計画，『TRC EYE』東京海上日動リスクコンサルティング株式会社, Vol.99, pp. 1-4, 2006

[13.9] 黄野吉博：事業継続マネジメント（BCM）の考え方，『空気清浄』，第44巻，第5号，pp. 330-334, 2006

[13.10] 粕淵義郎，中野晋：効果的なBCPを進めるための設備耐震性強化に関する考え方―半導体工場を念頭にして―，土木学会論文集F6（安全問題），第67巻，第2号，pp. I_89-I_94, 2011

[13.11] 損害保険料率算出機構：地震保険基準料率表, 2013

[13.12] Swiss Re: CatNet, Our proprietary location intelligence tool, http://www.swissre.com/catnet (参照2023.4.17)

[13.13] 防災科学技術研究所：地震ハザードステーション J-SHIS, https://www.j-shis.bosai.go.jp (参照2023.4.17)

[13.14] ルネサスエレクトロニクス，第15期（自平成28年4月1日 至平成28年12月31日）有価証券報告書, 2017

[13.15] ルネサスエレクトロニクス，2016年12月期 第1四半期業績予想, 2016

[13.16] ソニー，2016年度（自2017年4月1日 至2018年3月31日）有価証券報告書, 2017

[13.17] ソニー，2016年度連結業績概要（2017年3月31日に終了した1年間）, 2017

[13.18] 三菱電機，第146期（自2016年4月1日 至2017年3月31日）有価証券報告書, 2017

[13.19] ISO: IS02394:2015, General principles on reliability for structures, 2015

[13.20] 星谷勝，中村孝明：構造物の地震リスクマネジメント，山海堂, 2002

[13.21] 中村孝明，宇賀田健：地震リスクマネジメント，技報堂出版, 2009

[13.22] 日本建築構造技術者協会：建築構造の計算と監理, 2002

[13.23] 日本建築学会：免震構造設計指針, 2013

[13.24] ユニオンシステム株式会社：SS21/Dynamic PRO 解説書, 2022

14. レジリエンスを考慮した構造設計⑥
－食・水・電気を供給する構造－

14.1　はじめに

物理学で使用されていたレジリエンスという用語が建築に対しても使われるようになって久しい。構造設計におけるレジリエンスとは何か，各所で議論が行われている例えば[14.1]。主として制振・免震による地震時の応答低減，モニタリングによる健全性の確認，外乱や材料のばらつきに対するロバスト性といった側面から語られることが多い。これらはどれも構造設計者が直接関与できるものであり，従来の職責に含まれる，あるいは延長線上にあるものと考えられる。

しかし，高度に複雑化した現代社会において，建築を構造躯体としての面から捉えるだけでは十分ではない。人・ものを災害から物理的に守ることは非常に重要であるが，それだけではレジリエントな建築とはいえないことを過去の事例は示している例えば[14.2]。構造設計者であっても建築の機能全体を俯瞰する能力が求められるが，構造設計者にできることとは何であろうか。

本章では，人が生きていくために不可欠な「食・水・電気」の災害時における供給に構造設計者として参画・貢献するための一案を示す。レジリエントな建築・都市の実現に向けて構造設計者がこれまで以上に関われるようになるための議論のきっかけとしたい。

14.2　「食」を提供する構造

「食べられる建築」という考えは一見突飛なものに感じられるかもしれないが，グリム童話『ヘンゼルとグレーテル』に出てくる「お菓子の家」は広く認知されているものと思われる。また，築城の名人と言われた加藤清正が手がけた熊本城では，畳や壁に芋の茎が編み込まれ，非常時に食べられるようになっている[14.3]。空想の世界にとどまらず，城という重要建築物にも取り入れられている実用的な考えといえる。

この考えを構造設計に取り込むには，ただ食べられるだけではなく，構造材として十分な強度を有している素材が必要となる。例えば，廃棄野菜を原料としたある新素材は曲げ強度 18N/mm^2 を有している（図 14.1）[14.4]。非常時に食用に供することを考えると長期荷重を支える部材への適用はできないが，耐震要素としての適用であれば制約が少ない。地震時にはエネルギー吸収を行い，地震後には被災者へエネルギー供給することが可能となる新しい形の構造部材である。

図 14.1　廃棄野菜を原料とした新素材[14.4]

14.3 「水」を提供する構造

高層建物の屋上に設置された水槽を利用した制振装置の研究は古くから行われている[14.5]。風揺れなどに対する居住性の改善を対象としたものが多いが，水槽の質量が十分に大きければ地震用としても効果を発揮する。地震後に水槽から階下に水を供給できれば，大量の水を必要とするトイレの洗浄などを賄うことができる。また，位置エネルギーを利用した発電も可能である。

しかし，水の使用に伴い水槽の固有周期が変化するため，最初の大きな揺れには有効に作用したとしても，その後に続く本震や余震に対して有効に作用するとは限らない。小さな水槽を複数個使用する場合はそれぞれの水槽間にクリアランスを設ける必要があり，設置スペースの確保が難しい。こうした問題を解決するため，摩擦係数の異なる複数の球面状の滑り支承を組み合わせるとともに，水槽をいくつかの小部屋に分けて給水の順番を工夫することで，水槽の質量によらず制振効果が持続するシステムが提案されている（図 14.2）[14.6]。

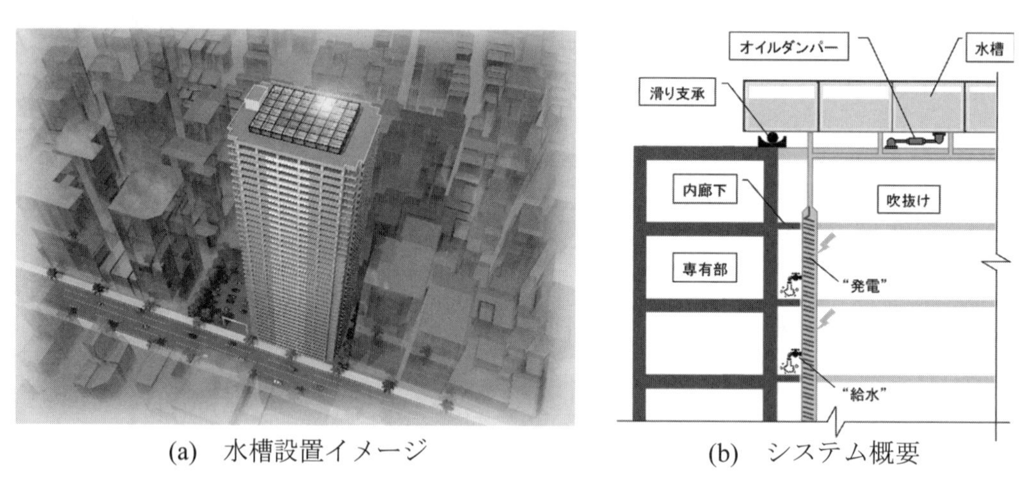

(a) 水槽設置イメージ　　(b) システム概要

図 14.2 水槽の質量変動に対応した質量ダンパー[14.6]

14.4 「電気」を提供する構造

大型ビルなどでは非常時においても電力供給ができるよう，発電装置や大容量電池を備えたものが増加してきている。また，戸建て住宅の屋根部への太陽光パネルの設置は広く普及している。しかし，これらの大半は新築建物に対してであり，既存の建物に新たにこうした装置・設備を導入するのは簡単ではない。費用の問題もあるが，十分な設置スペースや強度が確保できない場合も多いものと考えられる。

設置スペースの問題を解決する 1 つの方法として，建材自体が電池を兼ねるということが考えられる。例えば，電気を貯めることができるコンクリートが開発されている（図 14.3）[14.7]。このコンクリートを用いて耐震壁の増設を行えば，耐震性の向上とともに非常用電源としても機能する。現時点では蓄電性能が高いとはいえず，耐震壁程度のボリュームでは十分な電力供給ができるとはいえない。しかし，今後改良が進み，蓄電性能が向上すれば選択肢の 1 つとなる可能性がある。

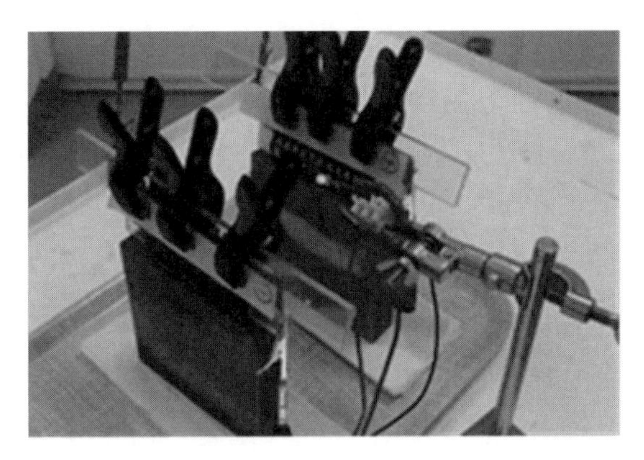

図14.3　蓄電可能なコンクリート[14.7]

他にも，質量ダンパーを有する建物であれば，より容易に発電機能を付加することができる。既設のダンパーを減衰調整が容易な電磁減衰装置に置き換えることで[14.8]，質量ダンパーに生じる振動を利用した発電が可能となる。

建物自身が発電装置や蓄電池を兼ねられるようになれば，レジリエンスのみならず，カーボンニュートラルの実現にも資することができる。

14.5　まとめ

構造設計者がより広い意味で建築・都市のレジリエンスの向上に寄与するため，構造要素に食・水・電気の供給という付加価値を与える方策を示した。レジリエンスを考慮することで，サステナブルな社会，カーボンニュートラルな社会にも貢献できる可能性がある。実際の建物に導入するにはいくつも課題があると思われるが，今後レジリエンスについて考える際のヒントとなることを期待したい。

謝辞

本章の図14.1および図14.3はそれぞれ東京大学准教授の酒井雄也氏，Chalmers工科大学のEmma Zhang博士より提供いただいた。ここに記して謝意を示す。

参考文献

[14.1] 日本建築学会構造委員会応用力学運営委員会：レジリエントで高い安全性を確保する構造設計とは，2016年度日本建築学会大会パネルディスカッション資料，2016

[14.2] 内閣府：平成28年（2016年）熊本県熊本地方を震源とする地震に係る被害状況等について，2017

[14.3] 稲垣栄洋：徳川家の家紋はなぜ三つ葉葵なのか，東洋経済新報社，2015

[14.4] 酒井雄也，町田紘太：廃棄食材から完全植物性の新素材開発に成功，東京大学生産技術研究所プレスリリース，http://www.iis.u-tokyo.ac.jp/ja/news/3567/，2021

[14.5] 野路利幸，舛田卓哉ほか：スロッシングを利用した制振装置の研究，日本建築学会大会学術講演梗概集，pp.867-877，1987

[14.6] 谷翼：蓄電機能を有する質量ダンパーによるレジリエント建築の実現，レジリエント建築シンポジウム，2020

[14.7] Zhang, E. Q. and Tang, L. : Rechargeable Concrete Battery, *MDPI Buildings 2021*, 11(3), 103, https://doi.org/10.3390/buildings11030103, 2021

[14.8] 岩吹啓史，佐々木栄一ほか：電磁減衰装置を有する発電型TMDの提案と実橋梁における制振効果検証実験，土木学会論文集A1（構造・地震工学），第74巻，第3号，pp.417-430，2018

付　　　　録

（付録）

建築および都市のレジリエンスに関する研究および関連する組織

本資料は，2021 年度日本建築学会大会パネルディスカッション（企画運営委員会：レジリエント建築）「多様な災害に対してレジリエントな都市・建築を目指して」資料をもとに再編集したものである。特に海外におけるレジリエンスに関する研究や関連する組織について記載している。

（日本における展開）

日本では，1981 年の新耐震設計法以前においては，超高層建築を除いて許容応力度設計法が採用されていた。1981 年の新耐震設計法以降，建物倒壊を防いで人命保護を行うことが主要な構造性能と考えられたが，1995 年兵庫県南部地震などを経て，1995 年に米国で出された Vision 2000 などの性能設計の考えが主流となり，免制振技術なども導入して可能な限り構造損傷を限定して継続使用を促進することが新しい方向性として認識されつつある。同時に，非構造材や設備の損傷も軽減して「抵抗性」と同時に「復旧性」を重視するレジリエンスの概念が盛んに議論されるようになっている。

建築の構造設計以外の分野においても，2011.3.11 の東北地方太平洋沖地震で経験した未曽有の過酷な津波被害や原発事故を通じて，国土強靭化を目指す動きが大きな流れとなっている（例えば，[A.1]）。また，最近の地球温暖化などに起因する気象の非常事態化による洪水などの災害は，建築・都市に大きな課題を突き付けている[A.2]。

レジリエンスという概念は，国外において生態学や心理学の分野で発展したが，最近では，自然災害に対する建築・都市の抵抗力・復旧力や経済活動における抵抗力・復旧力などにも用いられ，種々の視点から様々な議論が展開されている[A.3]-[A.14]。

最近出された重要な概念として，Hollnagel ら[A.15]は，レジリエンスエンジニアリングの概念を提唱している。北村[A.8]の紹介によると，Hollnagel らはレジリエンスエンジニアリングの提唱において，安全概念を Safety-I から Safety-II に拡張している。Safety-I の定義は，「安全」とは望ましくない事態が起こらないことや許容できないリスクがないことのように，いわゆる静的な定義であるのに対して，Safety-II の「安全」の定義は，システムが大きな外乱などによって通常時の動作環境を維持できない場合，性能は低下させても動作を継続できることや，破局的な状態は回避できる，状況が回復したら速やかに元の状態またはそれに準じる状態に復旧できる，という柔軟で回復力に優れた挙動ができること（すなわち動的なもの）と規定している。

（海外における展開）

前述の通り，レジリエンスの概念は，国外において元々生態学や心理学の分野で発展したが，建築・都市の分野で，レジリエンスの概念をしっかりとした定義のもとで提示したのは Bruneau ら[A.16]である。Bruneau はカナダから米国カリフォルニア大学バークレー校に留学した研究者であり，鋼構造を主要なテーマとしていた。また，1995 年の兵庫県南部地震の際には日本に滞在しており，日本建築学会による被害調査報告書の英文化に多大な貢献をした。本書の本文でも解説されているように，Bruneau ら[A.16]は，レジリエンスを議論する対象の性能を時間軸で捉え，外乱による性能低下と元の状態への復旧に関する「レジリエンストライアングル」という概念を提唱している。また，レジリエンスを構成する要素として，4 つの R（Robustness, Redundancy, Resourcefulness, Rapidity）を挙げている。Bruneau によるレジリエンストライアングルは，種々の対象物のレジリエンスを考える上での基本的な共通概念として幅広く用いられている。その後も，米国ニューヨーク州立大学バッファロー校に設置された地震工学に関する共同研究機関 MCEER を中心にレジリエンスに関する研究が精力的に展開され，Bruneau や Cimellaro らをはじめとして多くの研究が行われている（2010 年頃までの研究としては[A17]-[A.22]）。最新の研究の 1 つとして，高層木造建築に対する地震時応答性能指標およびレジリエンス指標に対する検討が行われている[A.23]。また，米国土木学会の構造工学関係の機関誌においても特別号が発刊されるなどして活発な議論が行われている。それについては後で言及する。

（レジリエンスの概念についての検討）

米国には，学術に関する中心的な組織としてサイエンス，エンジニアリング，医学などから構成されるナショナルアカデミーがある。その米国のナショナルアカデミーが，レジリエンスについてまとめた成果をレポートとして出版している[A.24]。また，Hollnagel ら[A.25]は，前述のように，レジリエンスエンジニアリングという新しい分野について解説を行っている。Takewaki ら[A.26]は，未曽有の災害をもたらした東北地方太平洋沖地震を経験して，予測不可能な側面が多い地震に対する建築構造物のレジリエンスを向上させるために，最悪事象を考慮した方法を提案している。英国の研究者である Alexander[A.27]は，レジリエンスの用語を最初に用いたとされる 17 世紀初頭のフランシス・ベーコンにまで遡り，災害リスクの軽減においてレジリエンスという用語がいかにして使われるようになったかについて説明している。また，19 世紀に英国の有名な物理や力学の研究者であった Rankine が，鉄の強度や靭性に対してレジリエンスという用語を用いていることを指摘している。最近では間違った用いられ方も見られることを指摘し，レジリエンスは，physical, technical, social, psychological の 4 つの側面と関連することを指摘している。カナダの研究者である Tesfamariam と Goda[A.28]は，地震リスク解析とインフラの管理についてまとめた本を編集し，その中にレジリエンスに関する章を含めている。Linkov ら[A.29]-[A.31]は，自然災害やパンデミックを含む種々の事象に対して，レジリエンスを工学ではない科学の一領域として位置づけ（上述の米国ナショナルアカデミーの中のサイエンス分野），その具体的な定義を示している。

（持続可能性とレジリエンス）

レジリエンスを論じる際には持続可能性との関係について深く議論する必要がある。一般には，レジリエンスを高めると持続可能性の観点からは好ましくない結果となることが多いが，グリーンインフラのように，両者をともに肯定的に捉える方向性も出てきている。

Ahern[A.32]は，新しい都市計画に関連した持続可能性とレジリエンスについて論じ，Stumpp[A.33]は，ヨーロッパにおける都市計画について調査を行い，持続可能性とレジリエンスの関係について論じている。Bocchini ら[A.34]は，インフラや建物の設計において，持続可能性とレジリエンスは 2 つの大きなテーマであり，大きな類似性とともに明確な差異も有していることを明らかにしている。さらに具体的なものとして橋梁を扱い，その内容について議論を深めている。Zhang and Li[A.35]は，これまでは，都市の持続可能性とレジリエンスが異なる概念として独立に論じられてきたのに対して，両者には多くの重複が存在することを示している。また，Meerow ら[A.36]は，都市のレジリエンスの詳細なレビューを通じて，都市の定義，システム平衡の理解，レジリエンスの功罪について議論し，システム変化のメカニズム，適応性，行動の時間スケールなどについて論じている。Sanchez ら[A.37]は，気候変動や自然災害などによってもたらされるリスクに対するレジリエンスについて検討し，都市レジリエンス政策およびその研究について論じている。さらに，Zhu ら[A.38]は，スマートシティーとレジリエントシティーには多くの重複が存在することを指摘している。

（種々の自然災害に対するレジリエンスの考え方）

都市の安全性において，病院は重要な役割を果たすため，Cimellaro ら[A.39]は，病院が自然災害やその他の緊急事態時に患者に対して提供するサービスの簡易モデルを提案している。特に離散事象のモデル化を提案している。Cimellaro はイタリアから米国ニューヨーク州立大学バッファロー校に留学し，Reinhorn や前出の Bruneau らとレジリエンスについて広範な検討を行った。また，その後，カリフォルニア大学バークレー校で Mahin とともにレジリエンスの概念を深く掘り下げる研究を行っている。Kammouh ら[A.40]は，地震時のライフラインのダウンタイムを経験的・確率的に予測する方法を提示している。さらに，Stevenson ら[A.41]は，カナダにおける住宅の強風に対するレジリエンスの捉え方について説明し，Sen ら[A.42]は，住宅のインフラについては洪水後のデータ不足のため十分には研究が進んでいないことに着目し，それについて詳細に議論している。

（組織やシステムによるレジリエンスへのアプローチ）

レジリエンスへのアプローチは，現実社会への適用を想定して世界中の種々の組織において行われている。例えば，Arup 社による REDi Rating System[A.43], [A.44]（ARUP が施主，建築家，建築技術者に提供するレジリエンスに基づく耐震設計フレームワーク），コロラド州立大学におけるリスクを対象としたコミュニティーレジリエンス計画センター[A.45]，オハイオ州立大学における工業システム・環境のレジリエンスに関する研究センター[A.46]，リバプール大学におけるリスクと不確実性センター[A.47]，ストックホルム大学のストックホルムレジリエンスセンター[A.48]，カリフォルニア大学バークレー校に隣接するローレンスバークレー研究所にあるレジリエントコミュニティー研究所[A.49]，スタンフォードにある都市レジリエンスフレームワーク[A.50]，コロンビア大学にあるレジリエント都市・ランドスケープ研究所[A.51]，ケンブリッジ大学にある持続可能性研究所[A.52]，オックスフォード大学のレジリエント建物・ランドスケープ研究所[A.53]，スイス ETH の未来レジリエントシステムフレームワーク[A.54]，南デンマーク大学の国際都市レジリエンスアカデミー[A.55]，ロックフェラー財団の支援のもとで ARUP が開発した都市のレジリエンスに関する研究フレームワーク[A.56]などである。

あまり広くは知られていないが，災害後の設備などを復旧させる世界的な会社としてベルフォアジャパン株式会社[A.57]があり，保険会社などとも連携を行っている（詳細は前出の，日本建築学会：建物のレジリエンスと BCP レベル指標検討特別調査委員会報告書[A.11]で説明されている）。Haselton ら[A.58]は，FEMA-58 を用いて地震を含めた種々の荷重に対するリスクを評価する方法を示し，構造設計者にとって使いやすいツールを提案している。ASCE[A.59]は，Risk and Resilience Measurement Committee を立ち上げ，レジリエンスに基づく性能について述べ，コミュニティーのレジリエンスと建物・インフラのレジリエンスについて刊行した本で解説している。そこでは，ASCE の委員会でまとめた建物およびインフラの設計基準におけるレジリエンスに基づく性能評価法について述べている。また，国連大学におけるレジリエント都市に関する研究フレームワーク[A.60]が存在し，米国地震工学会 EERI では white paper[A.61]を刊行し，地震に対する安全性を検討する建物安全基準（設計コード）についてだけでなく，復旧性能についても議論する必要性があることを解説している。

（COVID-19 とレジリエンス）

2019 年から 2020 年にかけて世界中で始まった COVID-19 はレジリエンスの考え方に大きな影響を与えた。Linkov ら[A.62]，Hynes ら[A.63]および Takewaki[A.64]は，COVID-19 に関連して，その拡大を阻止するために必要な方策について議論を行っている。これらの報告では，COVID-19 は広い意味では自然災害と考えられなくもないため，過去のパンデミックについて調べるとともに，感染症に対して人類が今後とるべき方策についても検討を行っている。

（持続可能性も含めた総説）

前述の通り，レジリエンスは持続可能性との関連において深く検討する必要がある。Fujita と Takewaki[A.65]は，建築構造における不確定なパラメター（部材特性や外乱特性）をどのように扱えば持続可能な構造設計が可能となるかについて論じている。また，Takewaki ら[A.66]は，制振構造を用いて建物の地震に対するレジリエンスを高める方法について論じ，Takewaki[A.67]は，レジリエンスに直接関係する最悪ケースを想定して建物の地震に対するレジリエンスを高める方法のサーベイを行っている。Kojima ら[A.68]は，構造物へ入力される地震エネルギーが，主として構造体の塑性変形を伴う履歴消費エネルギーと塑性変形を伴わない粘性減衰による消費エネルギーに分類されることに注目し，粘性系ダンパー等を用いて後者に重点を置くことにより建物や都市のレジリエンスを向上させる試みについて解説を行っている、さらに，Cimellaro[A.69]は，建物およびインフラのレジリエンスに基づく構造設計について解説している。

（ネットワーク関係）

前述の通り，Cimellaro はレジリエンスに関して広範な検討を行っている。例えば，Cimellaro ら[A.70]は，ガス供給ネットワークを対象としてレジリエンス評価の方法について論じ，Cimellaro ら[A.71]は，東北地方太平洋沖地震について，インフラストラクチャーの被害に関連する種々の要因間の関係がインフラやそれをとりまく社会の復旧にどのように関係するかについて検討している。

Martinelli ら[A.72]は，自然災害がコミュニティーの経済にどのようなインパクトを与えるかについて論じ，サンフランシスコベイエリアにおいて，階層化データベースを用いて経済レジリエンス指標の評価を行っている。Jones[A.73]は，計画的にデザインを進める際にレジリエンスを高めることを考える必要があることを述べ，政策立案者に科学的知見をもっと与えるべきであることを強調している。

Kammouh ら[A.74]はレジリエンスを，ハザード，暴露，欠くことのできないレジリエンスの関数と考え，州レベルのレジリエンスを定量的に評価する方法について検討している。また，Kammouh ら[A.75]は，コミュニティーのレジリエンスについて階層型フレームワークを用いて論じている。Zhen ら[A.76]は，BIM を用いて地震経験後の改修を行うプロセスを検討し，それを用いた方法を提案している。

Sen と Dutta[A.77]は，洪水ハザードに対する道路ネットワークのレジリエンスを高める Geographic Information System (GIS)と Bayesian Belief Network (BBN)をインテグレートした新しい方法を提案している。また，Sen ら[A.78]は，住宅の洪水に対するレジリエンスを定量化する階層型ベイズネットワークによる方法を提案している。さらに，MIT Technology Review[A.79]では，COVID-19 を経験して，デジタルトランスフォーメーションによるサプライチェーンの構築の重要性が報告されている。

（耐震改修におけるレジリエンスの考え方）

入力レベルに対するシステムの抵抗力や損傷レベルを表現するツールとして，従来からフラジリティ曲線が提案されている。Barberis ら[A.80]は，新たに復旧力に関するフラジリティ曲線を提案している。Mahini ら[A.81]は，病院建築のレジリエンスに基づく耐震改修に関する研究を行い，応答評価法として RC 建物の Displacement-based Design に基づく方法を用いている。また，FRP (Fiber-Reinforced Polymer)は塑性変形能力を向上させるという意味で鉄骨ブレースよりも優れていることを示している。Mahini ら [A.82]は，Capacity Spectrum Method を用いて，RC 建物の性能に基づく設計とレジリエンスに基づく設計の比較を行っている。Biondini ら[A.83]は，劣化するコンクリート構造物の地震に対するレジリエンスについて確率的なアプローチを提案し，劣化の原因として鉄筋の錆を考慮している。さらに，Hadigheh ら[A.84]は，レジリエンスに基づく設計の有用性を検討するために，改修された RC 建物の性能評価を行い，ATC-40 の Capacity Spectrum Method を用いて地震時の性能評価を実施している。

Mahin[A.85]は，最近では建物の構造設計において，抵抗力だけでなく復旧力が重要な位置づけとなっていることを示し，実際にカリフォルニアにおけるビル建物の地震時最大層間変位や加速度が建物要素の損傷などにどのような影響を及ぼすかについて検討している。Anwa と Dong [A.86]は，耐震改修された RC 建物の抵抗力に加えて復旧力を高める方法を提案している。

（建物レジリエンスとコミュニティーレジリエンス）

建物やインフラなどの人工物やそれを取り巻く環境を一般的にビルトエンバイアロンメントと呼ぶ。ビルトエンバイアロンメントに関する最近の注目すべき研究として次のようなものがある。Community=Resilience Goal として扱っている研究において，ビルディングコード（建物設計基準）と工学基準の張り合わせ（パッチワーク）ではビルトエンバイアロンメントに関するコミュニティー全体のレジリエンスを有効に向上させることはできないという課題が提示され，それに向けた議論が盛んに行われている（Mieler ら[A.87], Masoomi と van de Lindt[A.88]）。また，You ら[A.89]は，ネットワークを使って個々の建物の耐震性能とコミュニティーのレジリエンスを関係づける新たな方法を提示している。

(ASCE)

米国土木学会（ASCE）の構造工学関係の機関誌において 2016 年に特別号[A.90]が発刊され，活発な議論が行われている。そこでは，コミュニティーレジリエンスの中でも特に構造工学分野の内容について議論している。以下の内容は，ASCE の特別号において発表された論文を紹介したものであり，Conceptual, Quantitative technical papers 1, 2 の 3 つの分類については，当該特別号の序文で示された編集者による分類を採用している。また，以下の解説の多くは，特別号の序文に示されている編集者によるものを紹介している。なお，ASCE では，前出の Risk and Resilience Measurement Committee において，*Resilience-Based Performance* というレジリエンスに基づく性能と呼ばれる概念について詳細な説明を行っている。

(分類１：Conceptual)

分類１では，現在の設計パラダイムに関する概念的評価を行っている。Cimellaro ら[A.91]は，コミュニティーにおけるレジリエンスの役割や意味について論じている。これまでの，リスクに基づく設計や性能に基づく設計に対して，レジリエンスに基づく設計がどのように異なるかについて説明している。その中では，PEOPLES という，人口，環境，組織，物質的遺産，ライフスタイル，経済，社会文化などを含む人間と技術を結合したシステムを構築している。PEOPLES の階層型システムを通じて初めて外乱に対する抵抗力と復旧力を発揮することができることを示している。また，異なる性能次元を考えた新しいレジリエンスの定量化システムについて論じている。最終的には，システム実装や関連する社会技術的な事象がいかに総合的なレジリエンスに関係するかを明らかにしている。一方，McAllister[A.92]は，決定解析と決定サポートを可能とするためにリスク解析フレームワークの中でコミュニティーレジリエンスの概念を定義している。

(分類２：Quantitative technical papers 1)

分類２では，レジリエンスに基づく構造設計や，コミュニティーにおける構造設計ポートフォリオを構成する要素としてのレジリエンスの役割について論じている。Huttら[A.93]は，設計段階だけでなく，ライフタイムスケールにおける損傷や機能の回復について論じ，実際的なものとしてレジリエンスの評価システムを構築している。具体的には，サンフランシスコ市内の高層建物について，改修による少しの経済的な負担がその後のレジリエンス向上に大きく寄与することを述べている。また，経済損失の低減やダウンタイムの低減を復旧の指標として用いている。Tircaら[A.94]は，無偏心ブレース構造について，実行可能な改修のためには，経済的な損失を抑えるだけでなく時間的なロスも抑えることの重要性を述べている。Rodgersら[A.95]は，改修を行わずにレジリエンス向上を実現する革新的な損傷回避設計について述べている。また，Quielら[A.96]は，爆発に対する構造物の幾何学的・位相的な対処方法について論じている。さらに，BonstromとCorotis[A.97]は，建物ポートフォリオにおけるロバスト性や修復時間について論じ，一次および二次信頼性解析に基づき，ハザード前後に検討を行うことがいかに有効であるかについて論じている。Burtonら[A.98]は，建物レベルの復旧経路や機能状況の確率的評価法について論じ，コミュニティーレベルのレジリエンス基準を定量化する方法についても論じている。

(分類３：Quantitative technical papers 2)

分類３では，単体としての取扱いではないシステムレベルの方法や分散システムとしてのインフラを取り扱っている。Domanesch と Martinelli[A.99]は，履歴ダンパーを有するケーブル橋の耐震性能を取り上げ，地震時に制振装置が損傷した場合のシステム全体としての性能の定量化を行っている。制振装置が損傷時の構造性能の低下を的確に補うことができれば，応答感度に関するロバスト性やレジリエンス性能が向上すると結論づけている。Chandrasekaran と Banerjee[A.100]は，GA を用い，地震などを含むマルチハザードに対する橋梁の復旧性能の向上（損失低減や復旧時間短縮など）について論じている。Echevarria ら[A.101]は，マルチハザードに対する橋梁の復旧性能について検討している。特に，コンクリート充填・ファイバー補強柱の性能について論じ，柱の軸力の余裕度がレジリエンス性能に及ぼす影響について検討している。また，Mackie ら[A.102]は性能に基づく耐震設計を扱い，復旧コスト，復旧時間，炭素量に関連する持続可能性について検討している。Kurtz ら[A.103]は，統計学習，フラジリティ解析，システム信頼性を通じて，輸送システムの性能をシステム全体のレベルで議論している。Alipour と Shafei[A.104]は，橋梁の経年変化が地震時の交通輸送ネットワークに及ぼす影響について論じている。Matthews[A.105]は，水の供給に関するネットワークの災害レジリエンスについて論じ，災害時の局所的な損傷はその他の地域によるバックアップなどで補うことができることや，システム全体のレベルでの相互関係を論じることでレジリエンス性能が向上することを指摘している。Mensah と Dueñas-

Osorio[A.106]は，電力供給に関するレジリエンスについて，ベイズ手法によるアルゴリズムを提案している。さらに，Reed ら[A.107]は，電力供給システムについて，入出力の非操作性定式化に基づくレジリエンスの補間について論じている。

参考文献

[A.1] 国土強靭化基本計画, 2014 年.

[A.2] OECD 報告書，レジリエントな都市, 2016.

[A.3] 竹脇　出 (2014). レジリエンスという建築物の新しい耐震評価尺度の向上を目指して，建築雑誌，2014 年 10 月号, Vol.129, No.1663, p13.

[A.4] 竹脇　出，建築におけるレジリエンス, Structure (JSCA 機関誌), No.147, pp.46-47, 2018.7.

[A.5] 増田幸宏, (2014a). 建築・都市のレジリエンスと地域熱供給-サスティナビリティ・持続可能性の新しい視点, 熱供給, Vol. 89, 2014.

[A.6] 増田幸宏 (2014b). 重要業務継続を目的とした建物管理システムの開発-建物のレジリエンスを高める手法に関する基礎的研究, 日本建築学会環境系論文集, No. 700, pp. 535-544, 2014.

[A.7] 丸山　宏, Roberto Legaspi, 南　和宏 (2014). レジリエンスのタクソノミと共通戦略，オペレーションズ・リサーチ，2014 年 8 月号，pp.446-452.

[A.8] 北村 正晴 (2014). レジリエンスエンジニアリングが目指す安全 Safety-II とその実現法, Fundamentals Review, Vol.8, No.2, pp.84-95, IEICE.

[A.9] 2016 年度日本建築学会大会 PD 資料「レジリエントで高い安全性を確保する構造設計とは」.

[A.10] 日本建築学会：建物のレジリエンスと BCP レベル指標検討特別調査委員会，事業継続計画策定のための地震災害等に対する建物の機能維持・回復性能評価指標の提案に向けて, 2019 年度大会 PD.

[A.11] 日本建築学会, 建物のレジリエンスと BCP レベル指標検討特別調査委員会報告書, 2020.3.

[A.12] 日本建築学会，レジリエント建築シンポジウム論文集，2020 年 11 月 26 日.

[A.13] Architectural Institute of Japan: Report of the special investigation committee on index of building resilience and BCP level (2017-2020), April, 2021 (English version of report in 2020).

[A.14] 明橋弘樹, 竹脇　出, 系統別復旧シナリオに基づくレジリエンス性能評価モデルと粘性ダンパーによるレジリエンス性能の改善，日本建築学会構造系論文集, 2021 年 4 月，第 782 号, pp.577-588.

[A.15] Hollnagel, E., Woods, DD. and Leveson, N. (eds.) (2006). Resilience Engineering – Concepts and Precepts, Ashgate Publishing Ltd.

[A.16] Bruneau, M. et al. (2003). A framework to quantitatively assess and enhance the seismic resilience of communities, *Earthquake Spectra*, 19(4), pp.733-752.

[A.17] Chang, S. and Shinozuka, M. (2004). Measuring improvements in the disaster resilience of communities, *Earthq. Spectra*, 20(3), pp.739-755.

[A.18] Bruneau, M. and Reinhorn, A.M. (2006a). Overview of the resilience concept, *Proc. of the 8th US National Conf. on Earthq. Eng.*

[A.19] Bruneau, M. and Reinhorn, A.M. (2006b). Exploring the concept of seismic resilience for acute care facilities, *Proc. of the First European Conf. on Earthquake Eng. and Seismology* (A joint event of the 13th ECEE & 30th General Assembly of the ESC), Geneva, Switzerland, 3-8 September, 2006, Paper Number: 29.

[A.20] Cimellaro, G.P. (2008). Seismic resilience of a regional system of hospitals, *Multidisciplinary Center for Earthquake Engineering Research (MCEER) publication*, <http://mceer.buffalo.edu/publications/ resaccom/07-SP05/01 Cimellaro.pdf>, Buffalo University, USA.

[A.21] Cimellaro, G.P., Reinhorn, A.M. and Bruneau, M. (2010a). Framework for analytical quantification of disaster resilience. *Eng. Struct.*, 32(11), pp.3639-3649.

[A.22] Cimellaroa, G.P., Reinhornb, A.M. and Bruneau, M. (2010b). Seismic resilience of a hospital system, *Struct. Infrastruct. Eng.*, 6(1-2), pp.127-144.

[A.23] You, T., Teweldebrhan, B.T., Wang, W. and Tesfamariam, S. (2023). Seismic loss and resilience assessment of tall-coupled cross-laminated timber wall building, *Earthquake Spectra* (published online in Feb, 2023).

[A.24] National Research Council of the National Academies (2011). National Earthquake Resilience: Research, Implementation, and Outreach, Committee on National Earthquake Resilience—Research, Implementation, and Outreach, Committee on Seismology and Geodynamics, Board on Earth Sciences and Resources, Division on Earth and Life Studies, 2011.

[A.25] Hollnagel, E., Paries, J., Woods, D.D. and Wreathall, J. (eds.) (2011). *Resilience Engineering in Practice- A Guidebook*, Ashgate Publishing, Ltd.

[A.26] Takewaki, I., Moustafa, A. and Fujita, K. (2012). *Improving the Earthquake Resilience of Buildings: The worst case approach*, Springer (London).

[A.27] Alexander, D. E. (2013). Resilience and disaster risk reduction: an etymological journey, *Natural Hazards and Earth System Sciences*, Vol. 13, pp. 2707-2716, https://doi.org/10.5194/nhess-13-2707-2013.

[A.28] Tesfamariam, S. and Goda, K. (eds.) (2013). *Handbook of seismic risk analysis and management of civil infrastructure systems,* A volume in Woodhead Publishing Series in Civil and Structural Engineering.

[A.29] Linkov, I. et al. (2018). Tiered approach to resilience assessment. *Risk Analysis*, 38(9): 1772-1780.

[A.30] Kurth, M., Keenan, J.M., Sasani, M., and Linkov, I. (2019). Defining resilience for the US building industry. *Building Research and Innovation*, 47(4): 480-492.

[A.31] Linkov, I., and Trump, B. D. (2019). *The science and practice of resilience.* Springer, Amsterdam.

[A.32] Ahern, J. (2011). From fail-safe to safe-to-fail: Sustainability and resilience in the new urban world, *Landscape and Urban Planning*, 100, 341–343.

[A.33] Stumpp, E.-M. (2013). New in town? On resilience and ''Resilient Cities'', *Cities*, 32, 164–166.

[A.34] Bocchini, P., Frangopol, D.M., Ummenhofer, T. and Zinke, T. (2014). Resilience and Sustainability of Civil Infrastructure: Toward a Unified Approach, *Journal of Infrastructure Systems*, ASCE, 2014.20, 04014004-1

[A.35] Zhang, X., and Li, H. (2018). Urban resilience and urban sustainability: What we know and what do not know?, *Cities*, 72, pp.141–148.

[A.36] Meerow, S., Newell, J.P., Stults, M. (2016). Defining urban resilience: A review, *Landscape and Urban Planning*, 147, 38–49.

[A.37] Sanchez, A., van der Heijden, J., Osmond, P. (2018). The City Politics of the Urban Age: A Literature Review of Urban Resilience Conceptualisations and Policies, Palgrave Communications, 4 (The Politics of an Urban Age collection), article 25, DOI: s41599-018-0074-z, 2018

[A.38] Zhu, S., Li, D., Feng,H., Gu, T., Hewage, K., Sadiq, R. (2020). Smart city and resilient city: Differences and connections, WIREs Data Mining Knowl Discov, e1388.

[A.39] Cimellaro, G.P., Malavisi, M., and Mahin, S. (2017). Using Discrete Event Simulation Models to Evaluate Resilience of an Emergency Department, *Journal of Earthquake Engineering*, 21(2): 203–226.

[A.40] Kammouh, O., Cimellaro, G.P. and Mahin, S.A. (2018). Downtime estimation and analysis of lifelines after an earthquake, *Engineering Structures*, 173, 393–403.

[A.41] Stevenson, S.A., Kopp, G.A. and El Ansary, A.M. (2020). Prescriptive Design Standards for Resilience of Canadian Housing in High Winds, *Front. Built Environ.*, 6: 99.

[A.42] Sen, M.K., Dutta, S. and Kabir, G. (2021). Flood Resilience of Housing Infrastructure Modeling and Quantification Using a Bayesian Belief Network, *Sustainability*, 13, 1026.

[A.43] Almufti, I. and Willford,M. et al. (2013). Resilience-based Earthquake Design Initiative for Nest Generation of Buildings (REDi^{TM} Rating System), Version 1.0, October 2013.

[A.44] Arup (2013). REDi Rating System. https://www.arup.com/perspectives/publications/research/section/redi-rating-system（参照 2019-6-28）

[A.45] Center for Risk-based Community Resilience Planning, Colorado State University, http://resilience.colostate.edu/（参照 2021-7-13）

[A.46] Center for Resilience, Ohio State University, http://www.resilience.osu.edu/CFR-site/concepts.htm（参照 2013-6-28）

[A.47] Institute for Risk and Uncertainty, University of Liverpool, https://www.liverpool.ac.uk/risk-and-uncertainty/（参照 2021-7-13）

[A.48] Stockholm Resilience Center, Stockholm University, https://www.stockholmresilience.org/（参照 2021-7-13）

[A.49] Institute for Resilient Communities, Lawrence Berkeley National Laboratory, http://www.irc-berkeley.org/（参照 2021-7-14）

[A.50] The Stanford Urban Resilience Initiative (SURI), https://urbanresilience.stanford.edu/（参照 2021-7-14）

[A.51] Center for Resilient Cities and Landscapes, Columbia University, https://www.arch.columbia.edu/research/centers/4-center-for-resilient-cities-and-landscapes（参照 2021-7-14）

[A.52] Cambridge Institute for Sustainability Leadership (Risk and Resilience), University of Cambridge, https:// www.cisl.cam.ac.uk/business-action/sustainable-finance/investment-leaders-group/risk-and-resilience（参照 2021-7-14）

[A.53] Oxford Resilient Buildings and Landscapes Lab (OXRBL), Oxford University, https://www.oxrbl.com/（参照 2021-7-14）

[A.54] Future Resilient Systems, ETH, Switzerland, https://frs.ethz.ch/（参照 2021-7-14）

[A.55] International Urban Resilience Academy (IURA), University of Southern Denmark, https://www.sdu.dk/ en/iura（参照 2021-7-14）

[A.56] The Rockefeller Foundation and Arup, City Resilience Framework, April 2014 (Updated December 2015), https://assets.rockefellerfoundation.org/app/uploads/20140410162455/City-Resilience-Framework-2015.pdf（参照 2019-7-7）

[A.57] ベルフォアジャパン株式会社, https://www.belfor.com/sites/default/files/brochures/zai_hai_zao_qi_fu_jiu_ supesiyarisuto_0.pdf（参照 2019-6-28）

[A.58] Haselton, C.B., Hamburger, R.O. and Baker, J.W. (2018). Resilient Design and Risk Assessment Using FEMA P-58, *Structure Magazine,* March Issue in 2018, pp.12-15.

[A.59] ASCE Risk and Resilience Measurement Committee (2019). *Resilience-Based Performance: Next Generation Guidelines for Buildings and Lifeline Standards*.

[A.60] Ronak Patel, Leah Nosal (2018). Defining the Resilient City, United Nations University Centre for Policy Research, Working Paper 6, https://cpr.unu.edu/defining-the-resilient-city.html（参照 2019-6-28）

[A.61] EERI (2019). A white paper of the Earthquake Engineering Research Institute. Functional Recovery: A Conceptual Framework with Policy Options.

[A.62] Linkov, I., Fox-Lent, K., Keisler, J., Della Sala, S. and Sieweke, J. (2014). Risk and resilience lessons from Venice, *Environ. Syst. Decis.*, 34, 378-382.

[A.63] Hynes, W., Trump, B.D., Love, P., and Linkov, I. (2020). Bouncing forward: A resilience approach to dealing with COVID-19 and future systemic shocks. *Environment, Systems, Decisions*, 40(2).

[A.64] Takewaki, I. (2020). New architectural viewpoint for enhancing society's resilience for multiple risks including emerging COVID-19, *Frontiers in Built Environment* (Specialty Section: Transportation and Transit Systems/ [Research Topic] Coronavirus Disease (COVID-19): Socio-Economic Systems in the Post-Pandemic World: Design Thinking, Strategic Planning, Management, and Public Policy), Volume 6: Article 143.

[A.65] Fujita, K. and Takewaki, I. (2011). Sustainable building design under uncertain structural-parameter environment in seismic-prone countries, *Sustainable Cities and Society*, 1, pp.142– 151.

[A.66] Takewaki, I., Fujita, K., Yamamoto, K. and Takabatake, H. (2011). Smart passive damper control for greater building earthquake resilience in sustainable cities, *Sustainable Cities and Society*, 1, pp.3–15.

[A.67] Takewaki, I. (2013). Toward greater building earthquake resilience using concept of critical excitation: A review, *Sustainable Cities and Society*, 9, pp.39–53.

[A.68] Kojima, K., Fujita, K. and Takewaki, I. (2014). Building earthquake resilience in sustainable cities in terms of input energy, *Sustainable Cities and Society*, 12, pp.46–62.

[A.69] Cimellaro, G.P. (2013). Resilience-based design (RBD) modelling of civil infrastructure to assess seismic hazards, in Handbook of *Seismic Risk Analysis and Management of Civil Infrastructure Systems*, Woodhead Publishing, 912.

[A.70] Cimellaro, G.P., Villa, O. and Bruneau, M. (2014a). Resilience-Based Design of Natural Gas Distribution Networks, *Journal of Infrastructure Systems*, ASCE, 05014005-1.

[A.71] Cimellaro, G.P., Solari, D. and Bruneau, M. (2014b). Physical infrastructure interdependency and regional resilience index after the 2011 Tohoku Earthquake in Japan, *Earthquake Engng Struct. Dyn.*, 43(12), 1763-1784.

[A.72] Martinelli, D., Cimellaro, G.P., Terzic, V. and Mahin, S. (2014). Analysis of Economic Resiliency of Communities Affected by Natural Disasters: The Bay Area Case Study, *Procedia Economics and Finance*, 18, pp.959-968.

[A.73] Jones, L.M. (2015). Resilience by Design: Bringing Science to Policy Makers, *Seismological Research Letters*, 86(2A), pp.294-301, March/April 2015.

[A.74] Kammouh, O., Dervishaj, G., Cimellaro, G.P. (2017). A new resilience rating system for Countries and States, *Procedia Engineering*, 198, pp.985-998.

[A.75] Kammouh, O., Noori, A.Z., Taurino, V., Mahin, S.A. and Cimellaro, G.P. (2018). Deterministic and fuzzy-based methods to evaluate community resilience, *Earthq Eng & Eng Vib,*, 17: 261-275.

[A.76] Zhen, X., Furong, Z., Wei, J., Yingying, W., Mingzhu, Q. and Yajun, Y. (2020). A 5D simulation method on post-earthquake repair process of buildings based on BIM, *Earthq Eng & Eng Vib,*, 19(3): 541-560.

[A.77] Sen, M.K. and Dutta, S. (2020). An Integrated GIS-BBN Approach to Quantify Resilience of Roadways Network Infrastructure System against Flood Hazard, ASCE-ASME *Journal of Risk and Uncertainty in Engineering Systems*, Part A: Civil Engineering, 6(4): 04020045.

[A.78] Sen, M.K., Dutta, S. and Laskar, J.I. (2021). A Hierarchical Bayesian Network Model for Flood Resilience Quantification of Housing Infrastructure Systems, ASCE-ASME *Journal of Risk and Uncertainty in Engineering Systems*, Part A: Civil Engineering, 7(1): 04020060.

[A.79] MIT Technology Review Insights (2020). Building resilient supply chains, https://mittrinsights.s3.amazonaws.com/ SupplyChain.pdf（参照 2021-7-14）

[A.80] Barberis, F., Malavisi, M., Cimellaro, G.P. and Mahin, S. (2015). Fragility Curves of Restoration Processes for Resilience Analysis, *Proc. of 12th International Conference on Applications of Statistics and Probability in Civil Engineering*, ICASP12, Vancouver, Canada, July 12-15, 2015.

[A.81] Mahini, S.S., Hadigheh, S.A. and Setunge, S. (2015a). Seismic resilience of retrofitted reinforced concrete buildings, *Proc. of the Second Int. Conf. on Performance-based and Life-cycle Struct. Eng.* (PLSE 2015), Brisbane, Australia.

[A.82] Mahini, S.S., Setunge, S. and Hadigheh, S.A. (2015b). Performance vs resilience-based earthquake design for low and medium-rise retrofitted RC buildings, *Proc. of the Tenth Pacific Conf. on Earthquake Eng. Building an Earthquake-Resilient Pacific* (PCEE2015), Sydney, Australia.

[A.83] Biondini, F., Camnasio, E. and Titi, A. (2015). Seismic resilience of concrete structures under corrosion, *Earthq. Eng. Struct. Dyn.*, 44(14), pp.2445-2466.

[A.84] Hadigheh, S.A., Mahini,S.S., Setunge, S. and Mahin, S.A. (2016). A preliminary case study of resilience and performance of rehabilitated buildings subjected to earthquakes, *Earthquakes and Structures*, 11(6), pp.967-982.

[A.85] Mahin, S. (2017). Resilience by design: A structural engineering perspective, *Proc. of the 16th World Conference on Earthquake Engineering*, Santiago Chile, January 9th to 13th, 2017.

[A.86] Anwar, G.A. and Dong, Y. (2020). Seismic resilience of retrofitted RC buildings, *Earthq Eng & Eng Vib* , 19(3): 561-571.

[A.87] Mieler, M., Stojadinovic, B., Budnitz, R., Comerio, M. and Mahin, S. (2015). A Framework for Linking Community-Resilience Goals to Specific Performance Targets for the Built Environment, *Earthquake Spectra*, 31(3), pp.1267–1283.

[A.88] Masoomi, H. and van de Lindt, J.W. (2019). Community-Resilience-Based Design of the Built Environment, ASCE-ASME *J. Risk Uncertainty Eng. Syst.*, Part A: Civ. Eng., 5(1): 04018044.

[A.89] You, T., Wang, W. and Chen, Y. (2021). A framework to link community long-term resilience goals to seismic performance of individual buildings using network-based recovery modeling method, *Soil Dynamics and Earthquake Engineering*, 147, 106788.

[A.90] Cimellaro, G.P., Dueñas-Osorio, L and Reinhorn, A.M. (2016). Special Issue on Resilience-Based Analysis and Design of Structures and Infrastructure Systems, *Journal of Structural Engineering*, Vol. 142, No. 8, August 2016.

[A.91] Cimellaro, G. P., Tinebra, A., Renschler, C. and Fragiadakis, M. New Resilience Index for Urban Water Distribution Networks, *J. Struct. Eng.*, 2016, 142(8).

[A.92] McAllister, T. Research Needs for Developing a Risk-Informed Methodology for Community Resilience, *J. Struct. Eng.*, 2016, 142(8).

[A.93] Hutt, C.M., Almufti, I., Willford, M., Deierlein, G. Seismic Loss and Downtime Assessment of Existing Tall Steel-Framed Buildings and Strategies for Increased Resilience, *J. Struct. Eng.*, 2016, 142(8).

[A.94] Tirca, L., Serban, O., Lin, L., Wang, M., Lin, N. Improving the Seismic Resilience of Existing Braced-Frame Office Buildings, *J. Struct. Eng.*, 2016, 142(8).

[A.95] Rodgers, G.W., Mander, J.B., Chase, J.G., Dhakal, R.P.. Beyond Ductility: Parametric Testing of a Jointed Rocking Beam-Column Connection Designed for Damage Avoidance, *J. Struct. Eng.*, 2016, 142(8).

[A.96] Quiel, S.E., Marjanishvili, S.M., Katz, B.P. Performance-Based Framework for Quantifying Structural Resilience to Blast-Induced Damage, *J. Struct. Eng.*, 2016, 142(8).

[A.97] Bonstrom, H., Corotis, R.B. First-Order Reliability Approach to Quantify and Improve Building Portfolio Resilience, *J. Struct. Eng.*, 2016, 142(8).

[A.98] Burton, H.V., Deierlein, G., Lallemant, D., Lin, T. Framework for Incorporating Probabilistic Building Performance in the Assessment of Community Seismic Resilience, *J. Struct. Eng.*, 2016, 142(8).

[A.99] Domaneschi, M., Martinelli, L. Earthquake-Resilience-Based Control Solutions for the Extended Benchmark Cable-Stayed Bridge, *J. Struct. Eng.*, 2016, 142(8).

[A.100] Chandrasekaran, S., Banerjee, S. Retrofit Optimization for Resilience Enhancement of Bridges under Multihazard Scenario, *J. Struct. Eng.*, 2016, 142(8).

[A.101] Echevarria, A., Zaghi, A.E., Christenson, R. and Accorsi, M. CFFT Bridge Columns for Multihazard Resilience, *J. Struct. Eng.*, 2016, 142(8).

[A.102] Mackie, K.R., Kucukvar, M., Tatari, O., Elgamal, A. Sustainability Metrics for Performance-Based Seismic Bridge Response, *J. Struct. Eng.*, 2016, 142(8).

[A.103] Kurtz, N., Song, J., Gardoni, P. Seismic Reliability Analysis of Deteriorating Representative U.S. West Coast Bridge Transportation Networks, *J. Struct. Eng.*, 2016, 142(8).

[A.104] Alipour, A., Shafei, B. Seismic Resilience of Transportation Networks with Deteriorating Components, *J. Struct. Eng.*, 2016, 142(8).

[A.105] Matthews, J.C., Disaster Resilience of Critical Water Infrastructure Systems, *J. Struct. Eng.*, 2016, 142(8).

[A.106] Mensah, A.F., Dueñas-Osorio, L. Efficient Resilience Assessment Framework for Electric Power Systems Affected by Hurricane Events, *J. Struct. Eng.*, 2016, 142(8).

[A.107] Reed, D., Wang, S., Kapur, K., Zheng, C. Systems-Based Approach to Interdependent Electric Power Delivery and Telecommunications Infrastructure Resilience Subject to Weather-Related Hazards, *J. Struct. Eng.*, 2016, 142(8).

応用力学シリーズ15
レジリエンスに着目した構造設計の考え方

2025年3月10日　第1版第1刷

編集著作人　一般社団法人　日本建築学会

印刷所　昭和情報プロセス株式会社

発行所　一般社団法人　日本建築学会
108-8414　東京都港区芝5-26-20
電　話・(03) 3456-2051
FAX・(03) 3456-2058
http://www.aij.or.jp/

発売所　丸善出版株式会社
101-0051　東京都千代田区神田神保町2-17
神田神保町ビル
電　話・(03) 3512-3256

ISBN978-4-8189-0689-1　C3352